JN295966

NIRA
チャレンジ・ブックス

グローバル・ガバナンス

「新たな脅威」と国連・アメリカ

総合研究開発機構（NIRA）
横田洋三・久保文明・大芝 亮　編

日本経済評論社

はしがき

9・11米国同時多発テロの衝撃は、国際社会にテロをはじめとする「新たな脅威」への対応を強く迫ることとなった。しかし、それとともに国際社会に衝撃を与えたのが、9・11事件に対する米国の対応であった。単独行動主義を強め、圧倒的な軍事力をもとにアフガニスタンに対する先制攻撃や、イラクに対する予防戦争を開始した米国の対応は、「新たな脅威」に対する一つの答えであったが、それは先制攻撃や予防戦争を含め、武力行使を制限してきた国際規範を揺るがせるものでもあったのである。では今日の国際社会の平和と安全を脅かす「新たな脅威」に対し、どのように対応すべきか。これに対し国際秩序の指針と道筋を見いだすことが、今後の国際社会の安定にとっての喫緊の課題ではないか。

こうした問題意識から、NIRAでは平成一六年四月より、横田洋三・中央大学法科大学院教授を座長に、自主研究「グローバル・ガバナンス――新たな国際秩序を求めて」を行ってきた。そこでは、「新たな脅威」に対する戦いが行われているアフガニスタン、イラク研究者とともに、グローバル・ガバナンスのアクターである米国、国連、EU研究者等からなる研究会を組織し、グローバル・ガバナンスのアクターとしての課題を米国と国連の両面から捉える一方、アフガニスタンやイラクの現地情勢を踏まえたうえで、多様化しグローバル化する「新たな脅威」に対応していくための方途について、具体的に考察してきた。本書はその報告書である。

本書では、圧倒的な軍事力をもつ米国が単独行動主義を強めている背景について、国内政治や歴史を踏まえた分析を行う一方で、国際社会の連携協力を支えるうえで重要な国連の正統性の確立の問題を考察している。そこでは国連の正統性の確立のためにも、安保理改革をはじめ国連の政策決定過程の幅広い改革が必要であること、平和構築や復興支援、経済制裁など、国連がかつてないほど大きな経済的利害にかかわる活動が増えている中で、国連のガバナンスの向上が重要な課題となっていることを指摘している。また、「新たな脅威」に対するグローバル・ガバナンスのあり方について、米国、国連ならびに日本の役割を中心に考察するとともに、軍事力だけでなく、人間の安全保障をはじめ、非軍事的な対応を含めた包括的安全保障体制が必要であること、国連、米国、EU、市民社会など多様なアクター間の連携が必要であることなどを提言している。なお、提言については、NIRA三〇周年記念『ガバナンス改革の総合戦略―政府・市民社会・市場・東アジア・地球社会の新しいかたち―』(NIRA研究報告書0504)をあわせてご参照いただきたい。

以上のように、「新たな脅威」に対するグローバル・ガバナンスのあり方を、多面的・多層的に考察したのが本書である。このむずかしい課題に挑戦してくださった横田洋三座長、久保文明副座長、大芝亮副座長、研究会委員の方々、そして研究会や二〇〇四年七月に開催したシンポジウム「グローバルガバナンス・フォーラム―新たな国際秩序を求めて―」にご出席いただいた多くの方々に心から感謝申し上げるとともに、本書の出版を快く引き受けてくださった日本経済評論社社長栗原哲也氏、ならびに清達二氏に心より御礼申しあげたい。こうしたたくさんの人々に支えられてできた本書が、大きく変わろうとする二一世紀のグローバル・ガバナンスのあり方を考える一助となれば、幸いである。

二〇〇六年二月

総合研究開発機構

目次

第Ⅲ部　グローバル・ガバナンスと国連・EU
――「新たな脅威」に対して――

序章

グローバル・ガバナンスと今日の国際社会の課題

横田洋三

グローバル・ガバナンスという用語は、今日、さまざまな文脈で使われ、そこで与えられる意味も多種多様である。共有された定義は、いまだ存在しないと言っても過言ではない。しかし、グローバル・ガバナンスに関する個々の研究においては、個人研究であれ、また共同研究であれ、ある程度明確な概念規定を行い、その意味に従って分析を行う必要があることは言うまでもない。そこで、本章では、この共同研究で用いられるグローバル・ガバナンスの意味内容を明確にすることを試みる。

1 グローバル・ガバナンスの背景

グローバル・ガバナンスという用語が一般に国際関係の分野で汎用されるようになったのは、一九九〇年代のことである。これは、第二次世界大戦後の世界を大きく枠付けした冷戦構造の崩壊とある程度関連している。冷戦期においては、国際関係の捉え方は、国家間関係を前提とした〈資本主義対社会主義〉のイデオロギー的二元論が支配的であった。そこでは、資本主義的世界秩序を求める国家群（アメリカを中心とする自由主義諸国＝西側陣営）と社会主義的世界秩序を求める国家群（ソビエト連邦を中心とする社会主義諸国＝東側陣営）との対立と抗争が、国際関係の基本的構図であった。

一九六〇年代に入ると世界各地の植民地人民が独立を達成し、国際社会における固有の行為主体（国家）として登場し、東西いずれの陣営にも深くコミットせずに、第三世界（のちのG77＝七七カ国グループ）を構成した。これらの新興諸国は、政治的独立は達成したものの、内政、経済、社会面においては立ち遅れが顕著で、国際社会おいて自立することは困難であった。そこで一国一票を基本原則とする国連総会やその他の多くの国際機構の場において、数の力を背景に、先進工業国（その多くは西側陣営の国々）に対抗する一大勢力を作り上げた。ここに、東西対立という比較的単純な構図の中に、南北対立という異なった視点からの軸が形作られ、七〇年代から八〇年代にかけては、東西対立の軸と南北対立の軸が交錯する複雑な国際関係の構図が成立した。

九〇年代に入り、東西の対立軸は、基本的に解消した。その結果、南北対立が残余の対立軸として浮き彫りになり、冷戦後の世界の基本的構図を構成するようになった。そしてグローバル・ガバナンスは、まさにこの南北問題解決に向けての取り組みの中から生まれてきた実践的、政策志向的概念であると言える。

2　グローバル・ガバナンスと国際社会の底流

グローバル・ガバナンス概念が、政策的にも学問的にも広く使われるようになったのは、すでに論じたように冷戦後であるが、実は、その底流は、もっと以前から存在した。

そのもっとも顕著なものは、国際関係における脱国家的現象である。これを国際法学者は「トランスナショナル」（超国家的）という言葉を使って表現し、経済学者や政治学者はグローバリゼーション（地球化）と表現した。

伝統的国際関係（international relations）は、国家間関係（inter-State relations）であり、国家以外の行為主体（アクター）はすべて国家の領域内において、あるいは国家とのつながりにおいて、位置づけられるとみられた。しかし、交通通信手段の発達や科学技術の進歩の結果、人、モノ、カネ、情報などが国境を越えてさかんに移動するようになり、国家による規律がそうした越境活動には及びにくくなった。また、同時に、そうした越境活動を通して、犯罪や公害なども国境を越えて人々の生活を脅かすようになり、一つの国家では対応できない状況が生まれた。こうして、人々の生活、安全、健康、環境、文化などを守るには、国際的な対応が必要になったのである。

このような問題の国際化に対して、従来は、二国間ないし複数国間の交渉、協議、協力によって対応してきた。しかし、第二次世界大戦後、とくに一九六〇年代以降は、大量破壊兵器とその輸送手段の発達による地球規模の戦争の危機、工業化の進行による地球環境の破壊、多国籍企業の世界的展開による経済・金融の不安定など、問題が地球規模で提起されるようになり、その対応も、地球規模で行わなくてはならなくなった。こうして、安全保障、経済開発、環境保全、健康など多くの問題が、地球的規模の問題（グローバル・イシュー）として人類の生存を脅かすようになり、それに対する地球規模の対応が求められるようになったのである。グローバル・ガバナンスは、こうした過去数十年にわたって進行してきた、国際問題の脱国家化、言い換えると、国際問題の地球化の現象に対応する概念として、開発にたずさわる世界銀行や国連開発計画（UNDP）によって提唱され、それが次第に国際関係の議論の場において用いられ定着してきたのである。

以上の検討を踏まえて、この研究において前提とするグローバル・ガバナンスを定義すれば、次のようになる。すなわち、「グローバル・ガバナンスとは、地球的規模の問題に適切に対処する能力のことである」。

3　グローバル・ガバナンスとは何か

(1)　対象——地球的規模の問題

グローバル・ガバナンスは、地球規模の問題と取り組むための対応の仕方を問題にするから、まず、その対象となる地球的規模の問題を整理しておく必要がある。地球的規模の問題は、その性格によって政治的問題、経済的問題、社会的問題、文化的問題、科学技術的問題、自然的問題に類型化できる。

政治的問題としては、国家間戦争、内戦、破綻国家、テロ、大量破壊兵器、独裁国家、集団殺害、難民・国内避難民などがある。

経済的問題としては、貧困、世界恐慌、超インフレ、低開発、失業などがある。

社会的問題としては、人権侵害、社会福祉、健康・衛生、感染症、環境保全、人口などがある。

文化的問題としては、教育、文化遺産の保護、文化活動の促進、知的財産権の保護などがある。

科学技術的問題としては、科学技術の推進、度量衡の統一、技術移転、生命遺伝子科学などの問題がある。


これらの問題は、グローバル化が進展する今日の世界においては、いずれも一国では対応することのできないトランスナショナルな問題であり、国連やその関連機関あるいは地域的国際機構を通して処理される必要があるのである。グローバル・ガバナンスは、これらの問題に人類が適切に対処できるかを問う概念である。

自然的問題は、一九九五年の神戸・淡路震災や二〇〇四年のスマトラ島沖地震とそれに続くインド洋津波被害などが記憶に残る実例であるが、こうした地震や津波のほかにも、火山の噴火、台風（サイクロン、ハリケーン）、洪水、旱魃などがある。自然的問題の中には、温暖化のように、現象としては自然現象であるが、その原因が人間の活動に起因すると考えられ、環境問題と結びつく問題もある。

(2) 主　体

世界には統一的世界政府は存在しない。国連やその関連機関も、基本的には国家によって作られ、国家によって意思決定が支配され、活動に必要な人的・資金的資源も国家に依存しており、国家の連合体ないし国家によって作られた法人（社団）以上のものではない。しかし、これらの普遍的あるいは地域的国際機構は、今日、加盟国とは独立の法人格をもち、国家を上から支配する権力体ではないが、国家と並存して、国際社会において固有の重要な活動を行っている。

その意味で、地球的規模の問題と取り組む主体としては、まず、国連を中心とする国連システム内の国連諸機関や普遍的国際機構があげられる。具体的には①国連の主要機関（総会、安全保障理事会、経済社会理事会など）、②国連の主要機関の補助機関（国連開発計画［UNDP］、国連児童基金［ユニセフ］、国連難民高等弁務官事務所［UNHCR］、国連環境計画［UNEP］、国連人権委員会など）、③国連の専門機関（国連教育科学文化機関［ユネスコ］、国際労働機関［ILO］、世界保健機関［WHO］、世界銀行、国際通貨基金［IMF］、など一七機関ある）、④国連とゆるい連携関係をもつ普遍的国際機構（国際原子力機関［IAEA］、世界貿易機関［WTO］）、がこれにあたる。

次に、地域的国際機構がある。もっとも統合化が進んでいる欧州連合（EU）がその代表例であるが、これ以外にも、米州機構（OAS）、アフリカ連合（AU）、アジア開発銀行、アフリカ開発銀行、米州開発銀行、欧州復興開発銀行などがある。

さらに、通常の国家または国家の有志連合も、ときにグローバル・ガバナンスの主体として行動する。通常は、国家は自国の利益の擁護・促進のために行動するが、ときには、環境破壊を防止するためや侵略防止のためといった、国際社会の共通利益実現のために一国で、あるいは他の国と共同で行動することがある。

また、国際的民間協力団体（NGO＝非政府組織）もグローバル・ガバナンスの担い手として、今日、重要な役割を果たしている。とくに、開発、環境、人権、軍縮、人道などの分野では、NGOの存在を無視してはグローバル・ガバナンスを語ることができないとさえ言える。

以上のほか、国連事務総長のような個人や、ときには多国籍企業も、グローバル・ガバナンスの関係主体（stake-holders）として、位置づける必要がある。

(3) 構成要素―評価基準の明確化

グローバル・ガバナンスは政策志向的概念であるが、抽象的であるため、その具体的中身を明確にしなくては、実践性が伴わない。とくに、「地球的規模の問題に適切に対処する能力」と言った場合の適切性をどのように判断するかについては、ある程度明確にしておく必要がある。

この点で、二〇〇二年のUNDP『人間開発報告書』（副題として「ガバナンスと人間開発」が付されている）は、興味深い試みをしている。すなわち、ガバナンスを民主主義と関連づけた上で「民主的ガバナンス」をどのように測定するかを実践しているのである。たとえば、ガバナンスの指標として客観的指標と主観的指標に大きく分けた上で、客観的指標としては、「最後に実施された選挙の日付」、「投票率」、「女性に選挙権が与えられた年」、「女性の国会議員数」、「労働組合の組合員数」、「非政府組織」、「市民的及び政治的権利に関する国際規約の批准」、「結社の自由および団体交渉権条約（八七号条約）の批准」の八項目を挙げている。また、主観的指標としては、「Polity スコアー（政治体制指数）」、「市民的自由（度）」、「政治的権利」、「報道の自由（度）」、「発言と説明責任」、「政治的安定性と暴力の不在」、「法と秩序」、「法の支配」、「政府の効率性」、「汚職認知指数」、「不正利得（汚職）」の一一項目を挙げている。

このUNDPによるガバナンスの指数化の試みに対しては、項目の選定が適切か、各項目の数値は主として既存の民間団体や研究機関による調査の結果を用いているがその信頼性はどうか、各項目の比重をどのようにつけるか、といった問題点があり、必ずしもそのまま一般化することはできないが、ガバナンスが政策志向的概念であり実践性を求める概念である以上、その評価方法にまで立ち入って分析を行う姿勢そのものは、高く評価できる。

このUNDPの試みは特定の国のガバナンスを図る指標を明確にするためのものである。これをグローバル・ガバナンスという地球規模の「適切な対処能力」について一般的に指数化することには、さらに大規模な研究を必要とする。そこで、ここではひとまず、グローバル・ガバナンスの構成要素となる項目について、一通り検討することにとどめる。

これまでのガバナンス、とくにグローバル・ガバナンスの観点で論じられてきた要素をできるだけ広くとらえると、おおむね、以下の六項目にまとめることができる。

第一は、効果（effectiveness）である。ガバナンスは、地球的規模の問題に適切に対処することを目的としている。地球規模で考えれば、あらゆる地球的規模の問題が実際に適切に対処されているかどうかが評価の対象となる。また、個々のグローバル・ガバナンスの主体について考えれば、それぞれの活動目的が実際にどこまで実現されているかを見ることになる。国連で言えば「国際の平和と安全の維持」という主要目的が、国連の活動を通してどこまで達成されているかが評価されることになる。また、世界銀行で言えば、世界銀行の開発援助活動を通して、対象国の経済発展がどこまで実現されているかが問題とされる。

この効果という評価項目については、近年、行政学の分野で新しい分析手法が開発されている。それは、「新公共管理」（New Public Management : NPM）と呼ばれるもので、利潤追求という数値化が可能な客観的評価基準をもつ企業とは異なり、活動の成果が計りにくい政府や公共団体について、その意義をできるだけ客観的に評価しようとする試みである。具体的には、人的・資金的投入（input＝インプット）に対して産出（output＝アウトプット、作られた報告書の量や開かれた会合の数など）を計るよりは、産出の結果の公的サービスの向上（outcome＝アウトカム＝成果）を評価しようとするものである。この分析手法は、もともとは地方自治体の役割を経営学の手法を導入して独自に評価することから始まったが、最近は国連などの国際機構についてこの手法を適用する研究が進められている。いずれにしても、グローバル・ガバナンスの一側面としての効果を評価する場合、単に産出量で評価するのではなく、成果を重視するという視点は重要である。

グローバル・ガバナンスの第二の要素は、効率（efficiency）である。これはできる限り少ない人的・資金的投入で、できるだけ大きな成果をあげるという考え方である。国連の職員採用・昇任に際して、「能力主義」（具体的には、能率、能力、誠実の三つの要素からなる）を第一の基準に定めているが、そこには、事務局を有能な人材で構成し効率を高めようとする意図がこめられている。また、国連が必要とする財やサービスの調達の際に、競争原理を取り入れて国際入札で業者を決めるということも、効率を高める一つの方法である。

ところで、通常の一国内の組織の効率性と比較してよく国連は非効率であるということが言われるが、その場合、国連は一九一の独立国家によって構成された多様な機構であることを忘れてはならない。たとえば、国連の会議は六つの公用語によって運営され、会議通訳の手間と費用が膨大になるということは、国連の効率性を計る場合常に意識しておかなければならない。同様に、主要な国連文書も六つの公用語に翻訳されなければならない。

第三は、公平（equity, fairness）である。これは、地球的規模の課題に対処する際には、その費用が関係当事者の間で公平に負担され、また、その成果がすべての人に公平に均霑されなければならないという考え方である。国連職員の採用・昇任において「地理的配分」の原則が考慮されるのは、この公平の考え方が反映されるためである。また、一九六〇年代に、国連総会で、「植民地独立付与宣言」および「天然資源に対する恒久的主権宣言」が採択されたが、これらの宣言は、植民地住民に自治・独立権を与え、経済的な自立を図るための資源に対する権利を認めるという国際的な公平の実現を目指したものである。

第四は、公開（openness）である。最近は透明性（transparency）とも言われるが、地球規模の問題解決に向けて活動する場合、汚職や不正を防止し、効果、効率、公平などの諸原則を遵守するためには、すべてを公開で審議し決定することが基本となる。もっとも、安全性の確保や個人的情報の保護などの観点から、合理的な範囲で一定の非公開審議・決定手続が容認されることがある。たとえば、国連の人権委員会の一五〇三手続は、人権侵害を訴える個人の保護のために、非公開が原則である。国際の平和と安全の問題を扱う安全保障理事会の審議も、非公開が原則である。

第五は、民主主義（democracy）である。グローバル・ガバナンスの主体は民主主義原則によって支配されなければならない。また、その活動は民主主義を常に念頭に置いて行われる必要がある。最近派遣される国連の平和維持活動（PKO）の目的に、しばしば選挙監視が含まれるのは、民主主義に対する国連のこだわりを示している。また、二〇〇四年三月の英米連合軍によるイラク攻撃・占領の主要目的の一つに、イラクにおける民主的政府の確立があげられたが、これもこうした国家による国際的行動をグローバル・ガバナンスの観点から評価するうえで、民主主義が一つの価値目標として置かれていることを示す実例である。

グローバル・ガバナンスとの関連で民主主義を検討する場合には、国内の民主主義に見られない困難な理論的問題に直面する。たとえば、国際社会では、民主主義という場合、国家を単位とする社会における平等な政治的参加の権利を意味する。したがって、たとえば国連総会は一国一票が原則であり、そこでは一〇億を超える人口をもつ中国やインドと、人口一〇〇万にみたないモーリシャスやモナコが同じ一票を有している。一人ひとりの人間に着目すれば極めて不平等な状況であるが、国際社会では国を平等に扱うのが民主主義と考えられている。それゆえに、経済力に応じた投票制度（加重表決制）をもつ世界銀行やＩＭＦは、非民主的として批判されることがあるのである。また、アメリカは、アメリカ国民にとっては民主主義的に政府が構成され政策が実施される国と言えるが、それが、国際的任務を自らの責任で実行するときは、それによって影響を受ける他の国や人々に対しては、その政策決定や政策の実施に関して参加の権利を認めておらず、グローバル・ガバナンスの観点からは非民主的要素があると批判される余地がある。

第六は、責任（responsibility）である。この中には、説明責任（accountability）も含まれる。地球的規模の問題を扱う主体は、つねに自己の活動から生じた結果に責任をもつ必要がある。平和維持、テロ撲滅、環境保全、人権擁護などの公共目的のために国連や国家、NGOなどが関与することは歓迎すべきことであるが、それは無制限ではなく、法を守り、人権を尊重し、無辜の平和的人民に対する被害を回避する義務がある。かりにこうした制限を越えて実害が発生した場合には、事実の究明、謝罪、被害者の救済、責任者の処罰、被害者への賠償の責任を負う。これがグローバル・ガバナンスの観点から出てくる国際責任の原則である。国家はもちろん、国連などの国際機構からNGO、多国籍企業などの非国家行為主体も、このような観点で責任を免れることはできない。

(4) 手段

グローバル・ガバナンスの概念的検討においてこれまで比較的無視されてきた問題に、グローバル・ガバナンスの手段の問題がある。グローバル・ガバナンスの手段には、経験的に、資金、人、技術、物資、軍などが考えられる。

資金は、あらゆる国際的活動に不可欠の手段である。グローバル・ガバナンスが問われる問題の多くは途上国を含む南北問題であるから、この点で先進工業国の責任は大きい。また、世界銀行や地域開発銀行のように自らの活動を通して収益をあげ、それを次の活動資金に使ったり、他の国際機構に資金提供している国際機構や、欧州連合のように課税収入を上げている国際機構もある。最大のグローバル・ガバナンスの担い手である国連諸機関はこれまで加盟国による分担金と自発的拠出金によって必要な資金を集めてきたが、資金不足のために、必要な行動が迅速にとれないケースも最近は増えている。国連に独自の財源（たとえば課税、収益事業など）を確保する方法を今後検討する必要がある。

次は人である。地球的規模の問題に対処するためには、紛争の続行、治安の悪化、疫病などで危険な地域に人を派遣する必要がある。二〇〇三年八月にイラクで起こった国連職員に対する爆弾テロ攻撃を例にあげるまでもなく、これまで、さまざまな危険によって多くの国連職員、国連に協力する専門家、国の援助機関で働く人々、NGO職員などの人材が失われてきた。グローバル・ガバナンスの観点からは有用な人材の確保が重要な課題であるが、そのためには国際的な支援活動に従事する人たちの安全性を最大限に確保する方策を講ずる必要がある。

技術の提供も効果的なグローバル・ガバナンスにとって有用である。地雷除去活動のような危険を伴う活動を安全に実施するには、有効な地雷除去用の機材の開発と提供が求められる。感染症に対処するためには、安価なワクチンや治療法の開発とその実用化が不可欠である。砂漠化や旱魃で苦しむ地域に対しては、安価な井戸掘り技術や海水の淡水化技術などの技術開発とその利用が待たれる。グローバル・ガバナンスにおける技術の有用性をもっと強調すべきだろう。

グローバル・ガバナンスが対処すべき地球的規模の問題の多くは、その解決のために食料、医薬品、飲料水、衣類、寝具、簡易住居などの資材を大量に必要としている。また、そうした資材の輸送手段も確保する必要がある。その多くは資金が潤沢にあれば購入可能であるが、緊急の場合には間に合わないことが多い。緊急時のためにある程度のストックをつねに用意することも必要なことである。

最後に、グローバル・ガバナンスの手段としての軍の役割を考える必要がある。日本では、憲法第九条の規定の解釈をめぐって争いがあり、自衛隊をグローバル・ガバナンスの手段とすることにはいまだに消極論が根強い。一九九二年の国際平和協力法とその後の改正および一連の特別立法によって、限定的ではあるが、自衛隊を地球的規模の問題に対処するために海外に派遣する道が開かれた。日本の憲法論議をめぐる特殊な状況は別にして、国際社会においては、侵略やテロなどの武力攻撃の場合はもちろん、集団殺害、極端な独裁・圧政政権に対しても、場合によっては軍事的干渉も辞すべきではないという考え方が有力である。少なくとも、グローバル・ガバナンスの手段として平和維持活動をはじめとする軍の役割を過小に評価することはできない。

おわりに

グローバル・ガバナンスは、グローバル化、ボーダーレス化が進行する今日の国際社会において、人類が直面する地球的規模の諸問題を適切に処理するうえで欠かせない分析・評価枠組みを提供する。その概念は、本章で多少詳しく検討したように、対象、主体、構成要素、手段を検討することにより、具体化され、より有用性を増すと考えられる。さらに具体的な事例研究として、本書では「アメリカとグローバル・ガバナンス」、「アフガニスタンとグローバル・ガバナンス」、「イラクとグローバル・ガバナンス」、「国連とグローバル・ガバナンス」、「EUとグローバル・ガバナンス」、「グローバル・ガバナンスと日本の役割」などを検討することにより、この概念の深化を試みる。

第I部　アメリカで何が起きているのか

ウォール街（毎日新聞提供）

第1章 問題提起

久保文明

第I部では、アメリカの内外政を対象とする。アメリカが9・11事件においてテロリストの攻撃対象となり、アメリカが中心となってアフガニスタンとイラクに対する武力攻撃に着手した。アメリカは、グローバル・ガバナンスの観点からみると、テロリズムに対して、どのように反応し、また今後どのように対処しようとしているのであろうか。また、9・11事件は、アメリカにどのような影響を及ぼし、アメリカをどのように変え、あるいは変えなかったのであろうか。

このような問題関心を抱きながら、第I部では、三つの章において考察する。第2章では、アメリカの国内政治との関係を重視しつつ、最近のアメリカ政治と外交の軌跡をたどっている。第3章では、外交史の文脈から今日のアメリカ外交の性格を理解しようとしている。そして第4章では、アメリカを中心としたグローバル・ガバナンスの試みの例として、拡散に対する安全保障構想(Proliferation Security Initiative：PSI)を取り上げ、詳しく分析する。

1　アメリカ政治とグローバル・ガバナンス

最近のアメリカ外交を論ずるときに、しばしば耳にするのが、冷戦構造崩壊の影響である。国際環境の大きな変化を指摘し、それがアメリカ外交の変化を説明する必要にして十分な論拠である、という議論である。しかし、この議論ははたしてどの程度妥当であろうか。

そもそも、国際政治では、行為主体（主として国家を指す）を、国際システムを大きく形成する能力を持つ国、国際システムの変化に対して一方的に受身にならざるをえない国、そしてその中間の領域に位置する国に分類する議論がある。ここではアメリカは当然、第一のカテゴリーに分類される。これをヒントにして少々考えるだけでも、アメリカの外交を単に、国際システムの変化の受身とみなすことが、いかに不十分な理解であるかが明らかになろう。

むろん、冷戦の終焉も、あるいは9・11事件以降のテロとの戦争の時代の開幕も、アメリカの内政・外交に巨大な影響を与えた。これは否定しがたい。にもかかわらず、しばしばこのような国際環境の変化のみが、必要以上に強調されてきたような気がする。

さらに、次の点を考えてみる必要がある。同じ冷戦終結後のアメリカ外交でも、クリントン政権の外交と、一九九五年以後の議会共和党の外交路線はかなり異質のものであった。あるいは、クリントン政権と二〇〇一年発足のG・W・ブッシュ政権の外交も、9・11事件前で比較しても、相当大きな隔たりが存在していた。いうまでもなく、こうした違いはほぼ同一の国際環境の下で生じている。

このような問題関心から、第2章においては、アメリカの国内政治力学、とくに政党の変化に注目して、アメリカ外交の変化と関係づける試みを展開している。

また、アメリカとグローバル・ガバナンスの関係を考察する際、アメリカがどの程度、軍、人材、専門能力、財政支援などを国際社会に提供できるかが、一つの重要な論点となる。これは多分に、そのような政策に対して、国内に堅い政治的支持、ないし支持基盤が存在するかどうかにかかっている。それはある場合には世論であり、他の場合には議会である。むろん行政部も少なくとも短期的には重要である。第2章の議論においては、この点がつねに念頭におかれている。

また、アメリカが二〇〇三年の対イラク開戦の例にみられるように、国連、とくに国連安保理の多数意見と対立して行動する場合もある。そのような場合に、海外からのアメリカ批判が、どのようなメカニズムで、アメリカ国内の政治過程に浸透し、政権批判に連動するか、あるいはしないかについても、考察する必要があろう。

ただし、このような問題に応えるためには、本来ベトナム戦争以前の時代にまで遡って、アメリカ外交のありかた、ベトナムの教訓、その解釈、レーガン外交の影響、冷戦の崩壊の影響、湾岸戦争の影響など、逐一綿密に検討していく必要があろう。しかし、紙数の関係でここではそこまで包括的な検討は不可能であるために、第2章においては主として冷戦終結後の時期、とくに湾岸戦争以降に焦点をあてることとした。

このような枠組みのなかでまず問われるべきは、「湾岸戦争の教訓」である。「ベトナム戦争の教訓」については多くが語られるが、その割には、その後のアメリカ外交が必ずしもベトナムの教訓を肝に銘じ、軍事的介入を否定的に捉える国際主義を忠実に奉じてきたわけではないという事実についての説明は少ないように見受けられる。

「ベトナムの教訓」が意外に早く逆転した一つの原因は、レーガン政権の誕生であった。一九八〇年代に、民主党系および共和党穏健派系列の外交専門家の四五%が「ベトナム戦争は道徳的に間違っていた」と考えていた中で、レーガン政権に参画した外交専門家ではそのように考えた者は五%しか存在しなかった。彼らはソ連の封じ込め、あるいはソ連との対決を正しいと考え、また共産主義政権を相手に内戦を戦っている反体制派を支援することも支持していた。まさに「力による平和」(peace through strength) をスローガンに、レーガン政権はソ連に対して力の優位を追求した。そして、レーガン派は、これによってソ連を屈服させ、ソ連邦を崩壊させたとの教訓(ベトナムの教訓とは逆の教訓)を引き出したのである。(1) 現在のG・W・ブッシュ政権の外交政策担当者には、レーガン政権に参画した者が少なくない。

しかし、レーガン政権下での「教訓」と少なくとも同程度に重要なのが、湾岸戦争であるように思われる。レーガン時代には、結局大規模な軍事力行使は行われなかった。湾岸戦争こそが、ベトナム戦争終了後初の大規模な軍事力行使であった。そこに躊躇と泥沼化への強い懸念が存在したのも、けだし当然であった。湾岸戦争が与えた影響を分析することが肝要であることは、大方の理解を得られるであろう。同時に、結果的に大勝利に終わったこの戦争が与えた、政治的教訓も理解する必要がある。

次に一九九二年選挙の意味を適切に評価する必要がある。すなわち、ほぼ経済政策一本に絞って選挙戦を展開して当選したクリントン登場の意味である。またそのクリントン政権が、冷戦終結後に選出された最初の政権として、国連との関係、あるいはアメリカの役割について、どのような構想を抱いていたのかについても触れる必要があろう。

ただし、実はそれと同等に重要なのが、一九九五年初頭から議会で多数派となった共和党の動向である。共和党内ではその頃までに、保守派が圧倒的優位に立つようになっていた。そして彼らは、クリントン政権と、単に内政だけでなく、外交政策でも正面から対決した。このあたりからも、アメリカの外交は、単に国際環境への適応だけでなく、国内政治的力学からも形成されていたことが窺える。また、共和党保守派の外交政策は、中国に対して強硬であり、本土ミサイル防衛を含めて国防の強化を目指していたが、それが、現G・W・ブッシュ政権にどのように継承されたのか、されなかったのかも、きわめて重要な論点であろう。

共和党多数議会は海外援助を大幅に減額し、国連批判を強めるなど、いわば孤立主義的傾向を強めた。これが冷戦終結後のアメリカ世論の反映であるのか、あるいはそうでないのかも、重要な問題である。

これら一連の問いは、実は共和党自身の性格の評価に深く関係している。すなわち、一九七〇年代までの、国際派で中道穏健派が支配した共和党と、一九九〇年代後半以降の、圧倒的に保守派が支配するに至った共和党では、支持される外交政策の性格も大きな違いがあるのではないか。さらに敷衍すると、とくに近年のアメリカ外交に見られる単独行動主義的要素は、国際環境の反映というよりは、むしろこのような共和党の保守化、あるいは民主党・共和党両党間のイデオロギー対立の先鋭化に発しているのではないか、という疑問につきあたる。第2章においては、とくにこの点を重視して分析を行う。

ちなみに、共和党の保守化という場合、国内政策における保守化（すなわち小さな政府を求める動きと道徳・宗教重視の動き）を指しているが、これは外交政策にも巨大な含意を持っていたと考えられる。その意味で、一見、国内政策をめぐる共和党の変化を論じているように思われながら、それが実質的にはきわめて重要な外交政策論にもなっている場合がありうる。少なくとも経験的には、アメリカにおいて、国内政策で徹底した保守的立場をとる者は、外交政策でもタカ派的であり、共産主義やテロの脅威に力の論理で対抗しようとする傾向があるように思われる。

このような文脈で、第2章ではさらに、G・W・ブッシュ政権の性格を位置づけようとしている。この政権は、アメリカ政治の文脈ではどのように性格規定できるのであろうか。父親であるジョージ・H・W・ブッシュの政権、ないしその人脈との継続性が指摘されることもあるが、それは適当な理解なのであろうか。あるいは、この政権の支持基盤はどこにあるのであろうか。9・11事件が起きたときに、どのような性格の政権がそこに存在していたかは、アメリカの反応を理解しようとする際に決定的重要性をもつであろう。

9・11事件後、ブッシュ政権は、アフガニスタン、イラク、リビア、北朝鮮、イランなどに、それぞれ異なったアプローチを採用した。それぞれの政策は、どのような意図で、どのようなプロセスや効果を伴って実行されたのであろうか。またそれらは、グローバル・ガバナンスとどのような関係を持ったのであろうか。9・11事件後、とくにわが国では、「アフガニスタンへの武力行使やイラク戦争で見られるようなアメリカの単独行動主義的外交政策」といった表現を用いて、アフガニスタンとイラクに対するアメリカの政策を区別しないで論ずる傾向がある。国際社会との関係一つ取り出してみても、両者には大きな違いがある。アメリカ国内でも、異なったものとして理解する有権者は少なくない。その違いを見失わない視点が重要であろう。また、対イラク戦争のように、もっとも単独行動主義的な面が現れた事例が存在する反面、リビア問題におけるような成果も生まれている。ちなみに北朝鮮に対しては六カ国協議という多国間方式で臨んでいる。

ここで問われるべきは、ブッシュ政権が推進する外交が、アメリカ国内でどの程度強く支持されているかである。その点で、二〇〇四年大統領選挙は格好の判断材料となる。結局ブッシュ大統領が再選されたものの、それは歴史的な僅差での再選であり、政権の国内的基盤はさほど堅固でないことが判明した。他方で、民主党はテロ対策や安全保障政策、道徳的・宗教的価値の尊重などの面で、有権者からあまり信頼されておらず、テロとの戦争の時代に、今後どのように多数党に復帰していくか、困難な課題に直面していることが示唆されている。

実はすでに二〇〇四年段階で、アメリカの世論においてイラク戦争を誤りとする見方が約半数に上っていた。とくに民主党支持者の間では、米軍のイラクからの撤退論が過半数を大きく超える支持を得ている。他方で、二〇〇五年にイラクで行われた三回の選挙は必ずしも「失敗」ではなく、大きな転機となる可能性もある。今後の世論の動向が注目される。

またアメリカの対外政策の特徴として、占領統治や復興支援のために長期間軍隊を駐留させること、長期間多額の海外援助を提供することは、あまり得意でない点を指摘できる。このような一般的傾向が、イラクやアフガニスタンに対してどのように現れるかも、重要な論点である。

2　アメリカ外交の伝統とG・W・ブッシュ

第3章では、より長期的かつ外交史的な観点から、G・W・ブッシュ政権の外交政策を把握しようとする。これは、9・11事件後のブッシュ外交を、アメリカ外交の伝統からどの程度逸脱したものか、あるいはその枠内に収まるものかを理解するためでもある。

まず問われるべきは、アメリカ外交の伝統とは何であるかである。新興国家、弱小国家、そして共和国として誕生したとき、アメリカ合衆国はどのような外交観を抱いていたのであろうか。とりわけ、それはヨーロッパとどのような関係を作り出したのであろうか。また、建国当初だけでなく、一九世紀を通じて、アメリカを取り囲む外交環境は、どのような形でアメリカの外交政策に影響を与えたのであろうか。とりわけ、現在でもアメリカ外交の特徴の一部としばしば指摘される孤立主義、あるいは道徳主義は、建国の経緯、イデオロギー、当時あるいはその後の国際環境と、どのような関係にあったのであろうか。さらに、アメリカの軍事的伝統はどのようなものであり、イデオロギー的にどのように位置づけられていたのであろうか。

アメリカと世界の関係を論ずる際に、当然触れねばならないのが、二〇世紀に起きた二つの世界大戦である。どちらの場合も、アメリカは途中から参戦したに過ぎないが、勝敗の帰趨とその後の世界秩序の形成には決定的な影響を及ぼした。第一次世界大戦では、アメリカは大軍を送り込んでヨーロッパの歴史において初めて、ヨーロッパの歴史を左右する存在となった。

二〇世紀に入ってから現代のアメリカ外交にもっとも強烈な影響を与えたのは、第一次世界大戦への参戦を指導したウッドロー・ウィルソン大統領であった。その意味と意義を論ずるのも、第3章においてである。それはどのような意味で、その後のアメリカ外交に教訓を残したのであろうか。今日のいわゆるネオコン（新保守主義者）とどのような関係にあるのであろうか。アメリカの介入を頭ごなしに否定する見解も存在するが、二つの大戦に加わり、とりわけ第二次世界大戦においてアメリカ自身も大きな犠牲を払ったことは、いまだにイギリスやフランスから感謝されているのではなかろうか。

さらに重要な点は、第二次世界大戦を指導したF・D・ローズヴェルトが、ウィルソンの成功と失敗から何を学んだかである。彼は、戦後の国際秩序に関して、どのような構想をもち、何を達成したのであろうか。第二次世界大戦後の世界秩序の基礎となる制度や枠組みは、実際のところ、F・D・ローズヴェルトとトルーマンの時期にできあがった。また、アメリカは西ヨーロッパ諸国に対して、一貫してその経済統合を奨励してきた。第二次世界大戦後の西側秩序の根幹は、アメリカと西ヨーロッパ諸国の同盟・協力関係であったといってよかろう。今日、米欧対立が頻繁に指摘されるが、少なくとも歴史的には、米欧の協力関係の蓄積は小さくない。

ただし、ここで冷戦の衝撃を考察する必要がある。戦争が終われば直ちに動員解除するのが米軍の伝統であったが、それが冷戦の開幕によって大きく変わった。アメリカは以後恒常的に軍事大国に留まることになる。また、アメリカはソ連封じ込めのために、多様な同盟関係を構築した。冷戦がアメリカ外交の伝統に与えた影響を的確に理解することはきわめて重要である。また、このようなアメリカの冷戦外交を、イデオロギー外交としてとらえるか、あるいは勢力均衡外交としてとらえるべきかというきわめて重要な論点も存在する。同時に、このような外交を推進する国内での制度的基盤の整備はどのように進んだのであろうか。たとえば大統領権限の拡大はどのように進展したのか、また情報機関の新設・拡大はどのように行われたのであろうか。これらも重要な問題提起である。

他方で、第二次世界大戦後のアメリカ外交が、基調としては国際主義的になったとしても、孤立主義の要素が完全に払拭されたわけではなく、少なくともその一部は残らざるをえなかった。また、時代が下り、一九六〇年代になると、保守派の中から激しい国連批判が登場し、それは一九八〇年代には強くなる一方であった。これは、単独行動主義的傾向とみることができるのであろうか。またそこに、今日の保守派の外交態度との連続性はどの程度存在するのであろうか。

冷戦が終結し、ソ連邦は消滅した。これによって、アメリカの外交はどのような変化を見せたのか。これが次の重要な論点である。ここでは、ジョージ・H・W・ブッシュ、クリントン両政権の外交が評価される。クリントン政権期には一九九五年から共和党が議会多数派となり、たとえば上院外交委員長にはジェシー・ヘルムズが就任する。彼の影響力と、とりわけ強烈な反国連感情を理解することも不可欠であろう。

このような議論を前提にしてG・W・ブッシュ政権の外交が評価される。その特徴は何であろうか。その新しさと古さはどこにあるのであろうか。9・11事件は、ブッシュ外交に、どの程度、そしてどのような衝撃を与えたのであろうか。

そしてG・W・ブッシュの外交政策は、アメリカ社会の保守化の傾向とどのような関係にあるのだろうか。第3章ではとくに保守的な南部の政治的影響力の拡大という視点を入れて、国内政治力学の変動との関係からも、最近みられたアメリカ外交の変化の要因を掘り起こそうとしている。そして、このアメリカの保守化がグローバル・ガバナンスに及ぼす影響についても触れられるであろう。

3 拡散に対する安全保障構想の研究

グローバル・ガバナンスでは、いうまでもなく国連が中核的役割を担うことが期待されている。しかしながら、イラクに課せられた国連による査察が一九九〇年代後半に徐々に、イラクによって挑戦され、実質的に骨抜きにされたように、国連は一方で国際社会において高度な正統性をもちつつも、自ら成立させた決議すら執行する力を持たない。この例においては、フランスやロシアはむしろ制裁の緩和を支持しつつあった。また国連安全保障理事会では、常任理事国が一カ国でも拒否権を発動すれば決定にいたらず、膠着状態となる。

たとえば、二〇〇五年四月現在でも、北朝鮮による核開発問題を国連安保理に付託することには中国が反対している。いずれイランによる核開発問題がやはり国連安保理に付託されることはありうるが、ロシアなどが反対した場合、安保理としては効果的な決定ができない可能性が存在する。北朝鮮問題でも同様の展開がありうるであろう。

そもそも国連は冷戦期において米ソ対立ゆえに、基本的には設立当初の期待通りには機能できなかった。湾岸戦争における国連の活動はその意味できわめて例外的であり、実に画期的であった。ただ、その後も国連は、たとえばコソボ問題ではやはり効果的な行動をとることができなかった。イラク開戦前に国連の「問題性」は一挙に注目を集めたが、国連が世界の重要な安全保障問題において、効果的に機能した例の方がはるかに少ないことは否定できない。その意味で、国連の枠組みの外側で行われるグローバル・ガバナンスの試みは、きわめて大きな重要性をもつ。

また、近年のアメリカには、とくにイラク開戦をめぐって国連安保理で少数派に回り、それにもかかわらず開戦したために、「単独行動主義で国連無視のアメリカ」、あるいは「国際社会に背を向けるアメリカ」というイメージが少なからずつきまとうが、アメリカが安全保障の領域で、グローバル・ガバナンスに貢献しうる多国間的な試みを放棄しているわけではない。北朝鮮による核開発問題でブッシュ政権が採用している六カ国協議も、単独行動主義とはいえないであろう。民主党側が、同党の大統領候補となったジョン・ケリーを筆頭に強く要求している北朝鮮との直接交渉を、ブッシュ大統領はむしろ頑なに、そして一貫して拒否してきた。

イランの核開発に対しても、二〇〇五年に入るまではヨーロッパ諸国との対応の違いが目立っていたが、二〇〇五年に入ってからは、とくに三月以降、イギリス、フランス、ドイツと歩調を合わせ、アメリカもイランのWTO加入に反対しないなどの見返りを提供する意思を伝え、同時に、ヨーロッパ三カ国の側も、イランに対する堅い姿勢ではアメリカに歩み寄った。イギリス・フランス・ドイツは、もし交渉で進展が見られない場合には、それまで彼らが反対してきた国連安保理への付託に反対しないことを表明した。ブッシュ大統領の言葉では、これはアメリカとヨーロッパが歩調を合わせ、統一した行動をとることを意味する。今後どこまでこの協力関係が続くかは予断を許さないものの、とりあえず多国間的協調体制をそれまで以上に整えたことは確かであろう。

イラク問題では、周知の通り「有志連合」(the coalition of the willing)という言葉が使われた。イギリス、イタリア、ポーランド、オーストラリア、日本などが協力国であった。ただし、これは国連における少数派の連合という性格が濃厚であったことも確かである。

このような文脈で、アメリカが指導力を発揮して組織した試みとしてきわめて重要なのが、拡散に対する安全保障構想(PSI)である。第4章では、このPSIについて、グローバル・ガバナンスの一事例として詳しく分析する。

そもそも、大量破壊兵器拡散防止のための制度や仕組みは従前より多数存在する。核兵器不拡散条約(NPT)はその代表であり、また包括的核実験禁止条約(CTBT)もそのための条約の一つである。ただし、アメリカは一九九〇年代後半に、主として共和党多数議会が反対したために、CTBTの批准を否決している。

PSIの萌芽的なアイディアは、二〇〇二年末に提示された。そして二〇〇三年五月、ブッシュ大統領はポーランドにてPSIを正式に発表し、日本やイギリスを含む一〇カ国に参加を呼びかけた。アメリカがCTBTを拒否しながら、PSIを自ら率先して推進しようとしたのはなぜであろうか。この構想は、どのような過程を経て誕生したのであろうか。また、PSIの実効性はどのように評価できるのであろうか。二〇〇三年に公表されて以降、今日にいたるまで、PSIはどのような展開を見せているのであろうか。とりわけ、北朝鮮による大量破壊兵器の輸出を阻止する上で、それはどの程度の成果を挙げてきたのであろうか。もしPSIが効果的であるとの評価が定着すれば、これはより成熟したレジームとでも呼ぶべきものに「進化」していく可能性があるのであろうか。

PSIは、とりあえずは国連と無関係である。ただし、新たな国連決議が成立すれば、公海上の臨検や拿捕も可能になりうる。これは、見方によっては、まさに有志連合的なメカニズムを、国連が後押しすることで、国連体制の外延に位置づける可能性を示唆しているのではなかろうか。以上のような文脈で、PSIは、安全保障におけるグローバル・ガバナンスを推進する上で、実に興味深い例を提供している。まだわが国で本格的な事例研究が存在しない中、第4章はきわめて貴重な貢献となるはずである。

注

（1）久保文明「国内政治の変容と外交政策—とくに東アジアとの関連で」久保文明・赤木完爾編『アメリカと東アジア：現代東アジアと日本　第六巻』慶應義塾大学出版会、二〇〇四年、二九頁。

第2章　アメリカ政治がグローバル・ガバナンスに与える影響

久保文明

アメリカは世界で最大最強の軍事大国である。他方で、その外交・安全保障政策は実際には世論の影響を受けやすく、もとより一定の継続性も保ちながらも、ときに大きく揺れる。冷戦初期には「超党派外交」の存在も指摘されたが、実は政党により、政権により、さらには同じ大統領の下ですら、相当異なった外交・安全保障政策が展開されることが珍しくない。

アメリカ政府がある程度長期間にわたって海外で積極的な外交安全保障政策、とくに国民に財政的あるいは人的負担を強いる政策を展開するためには、一定程度堅固な国内政治的支持が必要となる。それは、低関税を維持する自由貿易政策と、かなりの程度同様である。

本章では、とくにそのような国内政治的支持基盤の必要性という要素に留意しながら、冷戦終結後から今日にいたるまでのアメリカ政治と、いわゆるグローバル・ガバナンスとの関係について論じていきたい。

1　冷戦終結後のアメリカとグローバル・ガバナンス

(1)　湾岸戦争――「ベトナムの教訓」の中和と政治的教訓

アメリカは冷戦終結後早々に、イラクによるクウェート侵略に直面した。これは隣国に対する露骨な侵略であり、国際社会とりわけ国連としてどのように対処するかが問われた問題であったが、アメリカにとっても深刻な問題であった。周知の通り、国連は多国籍軍を組織し、ジョージ・H・W・ブッシュ大統領は、その一員として軍事力を行使してクウェート解放に着手した。

ここで興味深いのは、アメリカ国内での論戦である。一九九一年一月に連邦議会（以下単に議会と略記）で武力行使の是非をめぐって激しい議論が戦わされた。採決は下院で賛成二五〇票対反対一八三票、上院で賛成五二票対反対四七票であり、かなりの僅差であったことがわかる。とくに民主党議員の大半は反対であった（民主党下院議員二六五人中一七九人が反対、上院議員五五人中四五人が反対）。

実はこの頃までは、いわゆるベトナム戦争の教訓がまだ強く生き残っていた。「世論は強く戦争に反対する」、そして「戦争自体、イラクの精鋭部隊の抵抗にあって泥沼化する」、との予想が開戦反対派の議員に多かった。

しかし、周知の通り、クウェート解放は短期間に達成され、結果的には米軍の圧倒的強さが強烈に印象づけられた。同時にブッシュ大統領の支持率は、戦争終了後に九〇％近くにまで上昇し、戦争に反対した議員は世論の強い逆風に晒された。一九九二年大統領選挙への立候補を検討していた民主党政治家のなかからは、現職大統領のこの人気の前で怖気づき、また戦争に反対したために、立候補を断念する候補が続出した。

このような点で、湾岸戦争は、ベトナム戦争の教訓を少なくとも一部逆転させる重要な役割を演じた。アメリカの軍事力はまさに圧倒的であり、軍事的解決方法は有力な選択肢として存在していること、そしてその成功は指導者に対して圧倒的世論の支持でもって報い、反対者を罰すること、これらがここから引き出された政治的教訓である。

(2) クリントン政権誕生

一九九二年の大統領選挙でブッシュ大統領が無名の新人ビル・クリントンに敗れたことは、冷戦終結の影響を感じさせた。ソ連の脅威が恒常的に存在する安全保障環境の下では、とくに民主党主流の政治家が、封じ込めや対決より反戦、軍縮、軍備交渉を重視し始めたベトナム後の時代には、ソ連との断固対決を説く共和党の方が民主党より、大統領選挙において世論の支持を獲得する傾向が存在した。その環境が激変し、クリントンはほとんど外交を無視し、"It's the Economy, Stupid" というスローガンに示されるとおり、内政一本に絞った選挙戦を展開して、現職大統領を落選させた。選挙戦において「あなたの外交政策は?」と問われ、クリントンは「まず国内経済を強化することだ」と応えた。十分に練られた外交安全保障政策を用意していなかったことも事実であろうが、このような徹底した国内経済中心の発想は注目に値する。またそれで何とか選挙戦が成立したのは、やはり冷戦終結という要因、そしてアメリカにとって差し迫った安全保障上の脅威は存在しないという認識であったといってよかろう。また、民主党は一九九二年の選挙戦で何回となく、ブッシュ大統領が外交を得意としていることを逆手にとって、ブッシュ大統領は外遊に明け暮れている、国内のさまざまな問題、とりわけ景気後退と失業に関心を払っていない、と批判した。

一九九三年に発足したクリントン政権の基本的外交態度は、平和の配当をより早く実現するために国防費を削減し、また海外でのアメリカの軍事的負担を軽減しようというものであった。その中には多国間主義と国連の活用も含まれていた。政権発足早々に、ピーター・ターノフ国務次官は、アメリカには冷戦時代のようにグローバルなリーダーシップを展開する資力がもはやないと発言した。政権内外から強く批判されてターノフはこの発言を撤回したものの、これに類似した認識が当時のクリントン政権に存在したことは確かであろう[1]。

クリントン政権はこのような関心から、国連を政権発足当初から重視していたといってよかろう。クリントン大統領は、ブッシュ政権が着手したソマリアでの平和維持政策を重視し、それを「平和の強制」という一段高い目標に格上げして国連と緊密に協力して推進しようとした。クリントン政権は、ソマリアのような混乱した国家内部の秩序維持に関して、国連を軸としたグローバル・ガバナンスを支持していたといってよい。

ところが、一九九三年一〇月三日米兵一八人が戦死し、その一人の遺体が市中を引きずられる光景がテレビで放映されると、アメリカの国内世論は怒りで沸騰し、クリントン政権に対する批判が噴出した。共和党議員を中心に、議会からも、国連による平和維持政策に協力するクリントン政権に対する反対意見が続出し、結局クリントン大統領は、翌九四年三月末までにソマリアから撤退することを表明せざるをえなかった。同時に、国連の積極的活用、あるいは国連との協力という外交方針も修正された。重要な転換点であった。その後、共和党はますます国連批判を強め、とくに米軍を国連の指揮下に置くことには断固反対の立場をとるようになった。

(3) 共和党多数議会

クリントン政権は二期八年続いたが、後期の六年間は、議会上下両院で四〇年ぶりに同時に多数党となった共和党との関係に苦慮することになった。クリントン外交なるものは、たとえ存在したとしても、一九九五年から二〇〇一年一月のクリントン退任まで、しばしば共和党多数議会との複雑な対立・妥協・調整の産物であった。共和党多数議会の外交態度は、アメリカのグローバル・ガバナンスとの関係に対しても、重要な含意を有していた。

たとえば核不拡散体制の維持とも深く関係する包括的核実験禁止条約（CTBT）に対しては、共和党保守派が強く反対したために、結局上院は一九九九年に条約批准を拒否した。国連批判も一挙に強まり、国連分担金の滞納も一九九〇年代後半に金額がますます増加した。海外援助予算も落ち込んだ。ちなみに、国務省予算も削減されている。また、すでに一九九七年七月に上院は九五対〇の票決で、京都議定書に対し、発展途上国が温室効果ガス排出削減義務を負わない条約には賛成できない旨を、表明していた。満場一致ではあるが、この決議が共和党主導で可決されたことには疑いがない。(2)

これらの事例からも明らかなように、共和党多数議会は、国連を財政的に支えることに対して、核実験の禁止に対して、既存の海外援助政策の継続に対して、そして京都議定書に対して、きわめて否定的ないし消極的であったことが窺える。これは、一部は民主党政権への反対という党派的動機に基づいていたと考えられるが、多分に共和党内多数派の外交態度そのものでもあった。

また、一九九〇年代に解体した旧ユーゴスラヴィア地域にて民族対立が激化したため、クリントン政権は対応に苦慮した結果、九五年にデイトン和平合意を達成し、アメリカの地上軍を「和平安定化部隊」として派遣することを決定した。これに対して、共和党多数議会は下院を中心に基本的に反対の態度をとった。

コソボ問題でも、一九九九年四月に採決された米軍による空爆支持の決議では、上院は賛成多数で決議を成立させたものの、下院では二一三対二一三で賛否同数であったが、共和党議員がとくに強く反対していた。欧州大陸における民族浄化のような問題に直面して、アメリカでは、政権側は空爆も含めて状況の悪化を阻止しようとしたが、議会は共和党を中心に反対した。議会は予算措置に対しては賛成したため、大統領ははじめて、可否同数のため明確な許可なく、軍事行動を実施せざるを得なくなった(3)。

(4) 世論の潮流

この頃、世論の孤立主義化の傾向が指摘された。共和党議員の行動は、冷戦終結後孤立主義化した世論の反映ではないかとの推測もなされた。

しかしながら、一九九〇年代の世論と、それを詳細に調査した報告書などを見る限り、世論そのものが孤立主義的になった証拠は存在しない。冷戦終結前後において、「アメリカが国際情勢において積極的な役割を果たす」ことに賛成する意見は、おおよそ六五％から七三％程度であり、とくに際立った変化はその前後で生じていない。またある報告によると、孤立主義的な共和党議員は存在したが、当該議員選挙区の有権者がとくに孤立主義的であったという証拠もない(4)。

その報告によると、「有権者が孤立主義的である」というのは、共和党保守派議員たちによる世論の「誤読」に過ぎなかった(5)。アメリカの世論に関していえば、冷戦終結後もそれ以前同様、基本的には積極的に世界に関与する意思をもっていると結論できよう。

では、もし世論がとくに変わっていないとすれば、議会が示したさまざまの外交政策は、何が原因だったのであろうか。次節において、共和党の変化について考察してみたい。

2　共和党の変容とG・W・ブッシュ政権の成立

(1)　中道派の衰退と保守派の伸長

一九六〇年代から七〇年代前半頃までは、共和党内では基本的には中道穏健派が優位に立っていた。彼らは国内政策ではニューディール的政策をある程度容認し、外交政策では国際主義的政策を支持していた。具体的には、ネルソン・ロックフェラー副大統領やジェイコブ・ジャヴィッツ上院議員らを挙げることができる。ドワァイト・D・アイゼンハワー大統領、リチャード・ニクソン大統領や、彼の国家安全保障担当補佐官ヘンリー・キッシンジャーらも、この系列に連なる。実際のところ、キッシンジャーは一九六八年の共和党予備選挙当初、ロックフェラーのアドバイザーを務めていた。ジェラルド・フォード大統領もロックフェラーを副大統領に抜擢したことに窺えるように穏健派であった。

ニューディールを全面的に否定し、また共産主義への強烈な不信感を抱いた保守主義の運動は、一九五五年ウィリアム・バックリー二世が『ナショナル・レヴュー』を刊行したときに始まったとされる。当時はほぼ完全に孤立した運動であったが、一九六四年にバリー・ゴールドウォーター上院議員が共和党大統領候補に指名され、最初の足がかりを得た。この時は本選挙で惨敗したものの、彼は保守の運動を強く刺激し、ロナルド・レーガンら後継の保守派政治家を後押しした。レーガンは一九七六年に同じ党の現職フォードに挑戦し、勝利の一歩手前まで漕ぎ着けた。そして一九八〇年にはそれほど大きな抵抗なく共和党の指名を獲得し、本選挙でも民主党の現職大統領ジミー・カーターを圧倒して大統領に就任した。共和党内で保守派が伸長しつつあったことは明らかであった。

ただし、公認候補の指名が原則として予備選挙を通じてなされるアメリカの政党においては、大統領が変わっても連邦議員の公認候補と所属議員の顔ぶれが一挙に大きく変わるわけではない。共和党内には依然として多数の穏健派議員が残っており、とくに議会共和党の変化は緩慢であった。また大統領にしても、一九八八年選挙でレーガンの後継者となったのは穏健派に近いジョージ・H・W・ブッシュであった。

ところが、大きな政府を容認し、また公約に反して増税を断行したブッシュの政策は、党内保守派を疎外することになり、党内の亀裂を拡大させた。彼の一九九二年の敗北は、共和党穏健派路線の挫折でもあった。

同時に一九九四年中間選挙で共和党が収めた大勝利は、実はこれを率いたニュート・ギングリッチら保守派の勝利を意味していたのである。

(2) 共和党の保守化

一九九五年以降のアメリカ外交を分析する際に、共和党の保守化という要因はきわめて重要である。アメリカの外交は必ずしも、多くの国際政治学者が説くような国際環境や国際システムの変化の従属変数ではなく、政党内における勢力関係の変化や、政権交代のような国内政治的要因によっても大きく左右される。それが、アメリカとグローバル・ガバナンスの関係にも大きな影響を及ぼしている。

一九八〇年代から一九九〇年代半ばにかけて、共和党議員の保守化が徐々に進展してきた。これは第I部第三章でも指摘されているように、北東部から南部・南西部へといった、地盤の変化とも関係している。指導部でも、一九八九年にニュート・ギングリッチが下院共和党内で第二位の地位である少数党院内幹事に選出され、またその後ディック・アーミーが第三位のポストである共和党下院議員総会議長に当選するなど、保守派が上位のポストを獲得しつつあった。同時に、すでに触れたように、レーガン主義の影響も巨大であった。

(3) 保守派の結集と外交政策への含意

さらに、一九九三―九四年にかけてクリントン政権が試みた国民皆保険制度導入の試みに対して、共和党保守系の諸団体がいわば大同団結し、それを阻止したことが重要である。そのようなものとして、とくに全米税制改革協議会（Americans for Tax Reform：ATR）主催の水曜会が重要である。これはまさにクリントンの健康保険改革阻止を目的に開始された会合であり、当初は数人程度で始められたが、徐々に、クリスチャン・コアリション、全米ライフル協会、反増税団体、保守系議員とそのスタッフらも参加するようになり、最終的には共和党保守系の運動、団体、シンクタンク、活動家などが勢揃いする場となった。ここにはヘリテージ財団や「安全保障センター」（Center for Security Policy）など、外交タカ派の団体や専門家も加わっていたことが、外交政策との関係では重要である。

ここでいう外交タカ派とは広い意味ではレーガン主義者であり、「力による平和」（peace through strength）を信奉する者を指す。ここには、さらに道徳的保守派も一部加わっている。このように、共和党系保守派団体は一九九〇年代前半に、広く連繋・協力関係をもつようになり、一体となって党の保守化を推進した。

一九九四年中間選挙で共和党が大勝して、一九九五年から議会多数派の地位についたとき、党内における保守派の優位は揺るぎのないものとなった。下院共和党立候補者のほとんど全員が、「アメリカ国民との契約」と題する公約集（実際には採決にかけることのみを約束していたに過ぎない）に署名していたが、それを実行したのがギングリッチら、下院共和党の保守派指導部であった。

この公約集は減税、規制緩和、訴訟改革、議員の任期制限などほぼ完全に国内政策を中心としたものであったが、外交政策関係も国防の強化が一項目だけ含まれていた。

九五年から始まった共和党多数議会では、すでに一部紹介したように、CTBTへの反対、国連批判、京都議定書へ反対などのほか、激しい中国批判、ミサイル防衛の推進、海外でのキリスト教徒迫害に対する制裁、北朝鮮との枠組み合意政策への反対などが表明された。これらの政策は、全体としてそれまで共和党の外交エスタブリッシュメントであった外交専門家の態度より、はるかにタカ派的、対決的、単独行動主義的であり、また道徳主義的でもあった。共和党保守派議員たちは、自分たちが多数派となった議会を拠点に、クリントン政権の外交に対するオールターナティヴを次から次へ提示したのと同時に、それまで共和党内でまだ影響力を保っていたリアリスト的、穏健な国際主義的、ニクソン＝キッシンジャー的外交政策に対しても、オールターナティヴを提示したのであった。共和党の外交政策の主導権は、一九九〇年代後半に、議会を政治的基盤とした保守派に移行しつつあった。

(4) G・W・ブッシュ政権への移行

一九九九年にG・W・ブッシュは大統領選挙への立候補準備を進めたが、その政策は内政・外交を問わずかなりの程度、議会共和党保守派からそのまま継受したものであった。外交では、対中国政策の見直し、国土ミサイル防衛の推進、対北朝鮮政策の見直しなどであった。下院共和党の組織である政策委員会（委員長はクリストファー・コックス）の下に下院政策諮問委員会が置かれ、そこにすでにディック・チェイニーやドナルド・ラムズフェルド、ポール・ウォルフォウィッツらが加わっていた。またG・W・ブッシュが立候補表明後に立ち上げた外交チーム（しばしば「バルカンズ」と呼ばれた）には、コンドリーザ・ライス、ジョージ・シュルツ、リチャード・アーミテージらが加わっていた。ここでミサイル防衛断固推進、中国を「戦略的競争相手」と規定することなどの方針が決まっている。ほぼ、これまでの議会共和党が表明してきた政策と同一であった。わずかに異なっていたのが、コソボでの介入について、ブッシュはウォルフォウィッツの側について、消極的ながらクリントン政権による介入を支持したことである[6]。

このように、共和党の外交政策の基本方針が一九九〇年代に大きく変容したことについては、一九九五年から議会多数派となった共和党保守系議員による影響がきわめて大きい。共和党内における外交政策形成の主導権は、彼らの下に移ったのである。

二〇〇〇年の大統領選挙戦において、共和党は外交政策を争点化することに多大の努力を払った。いわば景気の絶頂期に与党に挑戦する立場としては、けだし当然といえよう。出口調査では一二％の有権者が外交政策をもっとも重視したと回答している。これは一九九六年の四％より多いが、二〇〇四年の三四％（テロとイラク戦争を挙げた者の合計）よりはるかに少ない。二〇〇〇年では、やはり中国、国防の強化（とくにミサイル防衛）、国家建設のための介入反対などが、ブッシュ陣営が重視した主たる外交争点であった。

二〇〇一年に発足したブッシュ政権は、当初かなり忠実に、選挙公約に沿った外交を展開したといえよう。厳しい対中政策（台湾への武器売却、国連人権委員会への提訴など）、ミサイル防衛の断固推進などにも、それは現れていた。京都議定書離脱、旧ソ連（その後ロシア）とのＡＢＭ条約放棄、国際刑事裁判所の拒否などにもそれは妥当する。しかし二〇〇一年九月一一日、優先順位が大きく変わることになる。

3　9・11事件の衝撃

(1)　アフガニスタン

9・11テロ事件は、ブッシュ政権の外交安全保障政策の優先順位を大きく変化させることになった。当然ながら、テロ対策と本土防衛が最優先となり、対中関係ならびに対ロシア関係は後回しとなって、結果的に両国との関係は改善に向かった。

テロの可能性について事前の警告はあったとしても、この事件がその規模においてアメリカにとって完全に予想の範囲外であったことは確かであろう。しかし同時に、アメリカはかなり恒常的にテロ攻撃に晒されてきており、一貫して攻撃対象になってきたことも事実である。9・11事件は、一九九三年のワールド・トレード・センター爆破事件、一九九八年八月七日に起きたケニアのナイロビとタンザニアのダル・エス・サラームにあるアメリカ大使館へのテロ攻撃（死者数はケニアで二一三人（うちアメリカ人一二人）、タンザニアで一一人）、そして二〇〇〇年一〇月一二日イエメンのアデンでのＵＳＳコールに対する自爆テロ（死者一七名）など、アメリカの側からすると、一貫してアメリカを狙う一連のテロ攻撃の延長線上にある、としか考えようがなかった。またテロ攻撃の規模も徐々に大きくなってきているようにみえた。アメリカそのものに対してきわめて強烈な憎悪と敵意を抱き、一貫してアメリカを攻撃しようとする明確な意図と十分な能力（軍事的、人的、そして財政的）をもった集団が事実として存在することは、否定しようがなかった。すなわち、9・11攻撃は一回性のものでも偶発的なものでもなく、放置すると何回でも襲来するという性格のもののように認識せざるをえなかった。こうしたテロ事件の再発可能性に対する強い認識こそが、アメリカと他の国々のテロへの対応と危機感を隔てる重要な要因であるといえよう。アメリカがことさら強く、「テロとの戦争」という言葉を発するとしても、それは決して不思議でない。

とりわけ、被害にあった一般市民の立場からすると、許しがたい蛮行という見方が圧倒的であった。たしかに、アメリカにも責任があるとの議論がアメリカの中でも存在するが、ほとんどの被害者やその家族、そしてアメリカ政府からすると、それはとても受け入れられるものではなかった。

ブッシュ大統領は、9・11事件のあと、その再発を防ぐことこそが自分の大統領としての、自分の政権の任務であると確信した、と指摘されている。(7) ここには、アメリカにおける自由の概念の特徴も読み取ることができる。安全保障の問題が、より広い内容をもつ自由の問題として語られ、圧制、恐怖、生命・安全への脅威からの自由が叫ばれる。9・11事件後、より一層頻繁に世界が、「自由」という言葉がアメリカで発せられるのを耳にした所以である。そして政府の役割は、国民の自由を守ることと定義された。

さて、このようなアメリカの立場からすると、オサマ・ビン・ラディンに率いられたアル・カーイダという明白な実行犯が存在する以上、それを壊滅させないと（交渉や取引、平和共存、軍縮などは不可能であろう）、アメリカが再び一方的に攻撃される可能性が高い、ということになる（事実ビン・ラディンが具体的にアメリカに対して何か譲歩を要求していたわけではなかった）。また、テロ攻撃の特徴として、いつ、どのような形で次の攻撃が来るかきわめて予測しにくく、また防ぎにくい、という点も指摘できる。

ブッシュ政権は短期間のうちに、攻撃したのはビン・ラディンのグループであると断定し、タリバンが率いるアフガニスタン政府に彼らの引渡しを要求した。アフガニスタン政府がこれを拒否すると、軍事作戦の準備を加速させた。

9・11事件に対しては、国連も断固たる対応を加盟国に要請した。安全保障理事会は事件が人類に対する悲劇かつ挑戦であると非難し、テロ実行犯の刑事訴追とタリバン政権にビン・ラディンの引渡しを求めた。九月一二日の安保理決議は、テロ行為を国際の平和と安全に対する脅威であるとみなし、国連全加盟国に対して、テロの実行者、組織者、および援助者の訴追に協力するよう求めた。国連総会も九月二九日、テロ行為を強く非難する決議を採択した。

アメリカは国連に代表される国際社会の支持を得て、一〇月に入ってからテロ攻撃に対する自衛権の行使としてアフガニスタンおよびアル・カーイダに対する武力攻撃を開始した。北大西洋条約機構（NATO）も、このテロ攻撃に対しては全加盟国に対する攻撃とみなした。ここで重要なのは、アフガニスタンおよびアル・カーイダに対する武力行使に関しては、国際社会から強い支持が存在したことである。

ブッシュ政権内では、当初から、単に巡航ミサイルをアル・カーイダに打ち込むだけの「テロ対策」を「クリントン的弱腰対応」と侮蔑していたことは興味深い。他方で、ラムズフェルド国防長官は、アフガニスタンでの軍事作戦は難航すると何度も発言し、それに着手する前にイラクを攻撃して劇的な成果を挙げるべきだと主張していた。イラクでの軍事作戦をいかに楽観視していたか逆にアフガニスタンでの軍事作戦の困難さを過大評価していたかを、ここから窺い知ることができる(8)。

9・11事件直後の対応でもブッシュ大統領は世論の圧倒的な支持を得たが、アフガニスタンでの軍事作戦着手に対しても、米国内の強い支持を得た。タリバンの政権が崩壊し、二〇〇一年一二月にカルザイが率いる暫定政権が発足した段階で、アメリカの世論は約九〇%がブッシュを支持した。とくに注目に値するのは、政権発足当初二〇〇〇年選挙の経緯もあり、強く反ブッシュ感情をもっていた民主党支持者の間で、9・11事件後に大統領支持率の急上昇が見られたことである(9)。

いずれにせよ、9・11事件とアフガニスタンでの軍事行動をめぐって、本書の関心からして重要なのは、以下の点である。

・アメリカ政府はテロの再発可能性が非常に高いと判断したこと。
・アメリカにとっては自衛のための軍事行動という側面が強いこと。
・アメリカ国内には、それに対して圧倒的な世論の支持が存在したこと。
・国際的にも、国連安保理、NATOなどがテロを非難し、武力行使を支持したこと。

全体として、少なくともアル・カーイダというテロ実行集団を国際社会が協力して軍事的に打倒するという点では、グローバル・ガバナンスは機能していた部分が多いといえよう。ただし、後にも触れるように、長期的にアフガニスタンを再建し安定化させる、という点では、アメリカの政府・世論の意思はさほど強固でなく、また長続きしなかった。また、アフガニスタンのような、国内的安定の達成に失敗した国家の出現をいかに防ぐか、という問題が残ったことも確かである。

なお、9・11事件を契機として、アメリカの軍事戦略として先制攻撃論が一挙に台頭した。まさにこの軍事理論が次のイラク戦争をもたらすことになるが、それは同時に、グローバル・ガバナンスにも深刻な問題を突きつけることになった。

(2) イラク

イラクが湾岸戦争の降伏の条件であった国連の査察受け入れを、一九九〇年代半ばから徐々に本格的に妨害し始めたことは、グローバル・ガバナンスにとって深刻な意味をもつ。それは国連と国連の権威に対する正面からの挑戦であった。しかし、国連の側は、あるいは国際社会は、強い対策をとれなかったし、とらなかったともいえよう。むしろ、制裁解除の意見すら、フランスやロシアなどから出されていた。この点は、国連重視の観点からも、あるいはイラクによって侵略されたクウェートの安全保障という観点からも、本来もっと注目されてしかるべき問題であろう。この段階で義務とされていた査察を完全に受け入れさせていれば、後から生起したさまざまな問題は起きなかった可能性すら存在する。

クリントン政権は時に空爆によってイラクを牽制したものの、イラクに査察を受け入れさせるために、本格的な努力を行ったといえるかどうかは疑わしい[10]。他方で、共和党多数議会は共和党主導で一九九八年にイラク解放法を制定し、フセイン体制の変革も政策目標に加えた。

G・W・ブッシュ政権発足以来、イラクに対する政策はたしかに硬化したが、依然、イラク国内の反対派により直接的な支援をすべきかどうか、あるいはどのようにすべきかを検討している段階に留まっており、正面からの本格的軍事的侵攻の検討は9・11事件後になってからであった。

ブッシュ政権上層部は、9・11事件当初から事件とイラクとの関係を強く疑っていた。しかもラムズフェルドのように、イラクの軍事的打倒はアフガニスタンより容易ですらあるとの認識も存在した。

しかしイラク侵攻の決定において、中核的重要性をもっていたのは、大量破壊兵器の問題である。ブッシュ政権がイラク侵攻を決定した論理はおおよそ次のようなものであると思われる。イラクは大量破壊兵器を保有している。しかも、イラクはアル・カーイダのようなテロリスト集団と密接な関係をもっており、その大量破壊兵器を彼らに譲り渡す可能性がある。それは当然、アメリカに対して使用される可能性が高い。しかも、それは9・11事件のように、まったく（ないしほとんど）予兆なく使用されるであろう。そのような攻撃を座して待っていては取り返しのつかない被害、おそらくは9・11事件をはるかに上回る規模の被害が出てしまう恐れがある。したがって、先制攻撃によって、事前にそのような大量破壊兵器を使用したテロ攻撃を封じる必要がある……。

むろん、サダム・フセインによる独裁体制の倒壊とイラクの民主化、さらには中東全体の民主化も、当初から武力行使の目標の一つとしてしばしば言及されていた。ただし、イラクが世界に多数存在する独裁体制のなかでとくに苛酷な体制であるか、民主化の必要性がとりわけ高い国であるかは疑わしく、この理由が独立してどれほど軍事的侵攻の根拠となっていたかには大きな疑問が残る。よく知られているように、イラクそして中東全域の民主化を強く唱道していたのは、とくに新保守主義者と呼ばれる集団であり、侵攻のもっとも重要な理由としてそれほど幅広く支持されていたわけではなかった可能性がある。（ちなみに戦闘終了後、大量破壊兵器が存在しないことが明らかとなり、侵攻の理由付けとしての民主化は、皮肉なことに最後まで残った数少ない正当化の理由となる。）このような意味では、イラク侵攻は9・11事件後の雰囲気（テロ再発可能性が高いという判断）、とくに先制攻撃の必要性に対する認識の変化、そしてテロ対策という理由をつければ反対しにくい国内の雰囲気、アメリカ国内でのブッシュ大統領に対する強い支持と信頼、アメリカの軍事力と軍事的解決方法への信頼、それらを最大限活用しようとしたホワイトハウスの方針、このような要因が重なり合って、決定されたと考えられよう。

アメリカの国内政治的要素としてきわめて興味深いのは、一九九一年湾岸戦争前との比較である。すでに見たように、議会の採決にあたって、一九九一年には多くの反対者が存在した。ところが、二〇〇二年一〇月の議会での投票においては、次にみるように民主党議員からも多数の賛成票が投じられたのである。

・下院採決（一〇月一〇日）

　賛成二九六（共和党二一五　民主党八一）

　反対一三三（共和党六　民主党一二六　無所属一）

・上院採決（一〇月一一日）

賛成七七（共和党四八　民主党二九）
反対二三（共和党一　民主党二一　無所属一）

とくに上院民主党では賛成者の方が多いことが注目される。

これは考えてみると、奇妙な現象であるといえよう。「一九九一年のイラク」と「二〇〇二年のイラク」を比較すると、武力行使開始の決定にあたって、どちらが賛成しやすい状況であろうか。常識的には一九九一年であろう。一九九一年の場合、問題の発端はイラクによるクウェートへの露骨な侵略であり、しかも国連安保理による武力行使容認決議も可決され、さらにロシアすら加わった多国籍軍が組織されつつあった。他方で、二〇〇二年一〇月の決議については、イラクによる国連の査察逃れやフセイン体制の苛酷さ、あるいは大量破壊兵器がもつアメリカへの脅威の深刻度など、アメリカによる軍事的行動の必要度に関してそれほど自明でない部分が多く、なおかつ国際社会の意見も分裂していた。

にもかかわらず、二〇〇二年の決議はアメリカ議会において圧倒的多数で可決された。9・11事件後アメリカの雰囲気の変化と、湾岸戦争とアフガニスタンで示された米軍の戦闘能力への評価の高まり、そしてそれらの戦闘の政治的教訓が、とりあえずは重要な要因であったといえよう。一九九一年の決議に反対したものはその後政治的立場を弱くしてきた。一九九一年のことを覚えていなくとも、アフガニスタンの例を見るだけでもその印象は強烈であった。

周知のとおり、最終的にアメリカは国連安保理の決議なしでイラクに対して開戦することになった。まさにブッシュ政権の外交が単独行動主義的といわれる所以である。すでに述べたように、議会決議では相当数の民主党議員も賛成した。しかし、民主党側には、一部の中道派、あるいは外交問題専門家を除くと、イラク戦争開始に関して、よくいっても消極的な態度が顕著であった。共和党内においても、ブレント・スコウクロフトらを中心に、通常リアリストと呼ばれる外交専門家を中心に、開戦に懐疑的な意見が目だっていた。イラク戦争決定にあたっては、ブッシュ政権、とくにチェイニー、ラムズフェルド、ウォルフォウィッツらのイニシアティヴが際立っており、決して超党派的、あるいは国民的コンセンサスの結果ではなかった。

さて、フセイン体制の崩壊という意味では、戦闘はすぐに米軍の勝利に帰した。ブッシュ大統領の支持率も再び上昇した。ところが、周知の通り、占領統治でアメリカは躓き、アメリカ国民の支持も離れていく。大量破壊兵器も発見されず、テロリストとの繋がりも証明されなかった。情報操作や捕虜虐殺の例も暴露された。「誤った戦争」という意見も、アメリカ国内で徐々に浸透していった。

9・11事件ひとつ見るだけでも、今日テロの脅威が事実として存在することは否定できない。とくにアメリカにとって、その脅威が切実なものであることは論を待たない。テロの脅威に関して、つねに実際に攻撃されないと（場合によると数万人の死者を出してからでないと）反撃してはならない、と主張することもかなり困難であり、先制攻撃もある限定された状況では、原則的に容認せざるをえない、というのがテロ対策専門家の一致する意見であろう。対テロの場合には、先制攻撃を認める必要も、通常の脅威よりも大きいとすらいえよう。

ただし、イラク戦争の例からもわかるように、許容される先制攻撃を明確に線引きすることはきわめて困難である。一般的には、次のような基準を立てることは可能であろう。

先制攻撃を行う場合には、脅威が真に切迫していることを国際社会に十分な論拠を示して証明せねばならない。基本的に攻撃しようとする側の方が、圧倒的に重い挙証責任を負うといえよう。イラク戦争の場合には、この部分はかなり不十分であったといわざるをえない。アメリカにとってイラクからの真に切迫した脅威が存在したかどうかは、大量破壊兵器の存在、テロリストとの親密な関係の両面からみてかなり疑わしい。

また、イラク攻撃には、「先制攻撃」とは概念上区別される「予防攻撃」という側面も存在する。これは、現段階では脅威でないものの、中長期的に脅威となる可能性が高い相手に対して、将来脅威とならないように行う攻撃を意味する。これは現行の国際法では認められていない。ただし、今後、ある国ないし集団が大量破壊兵器を量的あるいは質的に一定以上確保した場合に、それが及ぼす脅威は、質的に異なった段階に入ってしまい、対応する手段が著しく限定されてくるということはありうる。イラクには結果的に大量破壊兵器が存在しなかったが、潜在的にはこのような問題が存在することは否定できないであろう。コンドリーザ・ライス補佐官が認めたように、イラク攻撃にはこれら二つの攻撃の性格が混ざり合っていた。

かくして、イラク戦争を自衛のための戦争と規定したアメリカの論拠は、結果的にかなり疑わしかったことになる。しかし、このようなアメリカの武力行使を阻止する方法も、国際社会には乏しい。またイラクによる国連の査察の無視や妨害、フセイン体制の残虐性などを考慮すると、イラク側にも相当の非があることは否定できないであろう。

ブッシュ政権は、イラクを短期間に軍事的に打倒できると予想した点で正しかったが、占領統治の困難さについての予測は見事にはずれた。リチャード・パール、ポール・ウォルフォウィッツら新保守主義者らは、米軍は解放軍としてイラク国民から諸手を上げて歓迎されると説き、占領経費についてもイラクで産出される石油の売却代金で容易に賄えると断言した。これらが誤りであったことは言うまでもない。

イラクの占領計画そのものも、十分に練られ洗練されたものは出来あがっていなかった。ラムズフェルド国防長官の持論も影響して、最小限度の駐留軍で占領を実行しようとしたことも躓きの石となった。二〇〇三年九月に八七〇億ドルの追加支出をブッシュ大統領が議会に要請したとき、強く反発した議員が少なくなかった。国連安保理決議なしで戦争に突入したために、フランス、ドイツ、ロシアなどからの協力を得ることもできず、アメリカのイラク占領統治コストはますます嵩張ることになった。大統領の支持率も着実に下落し、とくに民主党支持者の離反が顕著であった。

ブッシュ政権は、「有志連合」(the coalition of the willing)という概念を提示して、国連安保理の枠組みの外側で行動した。国連についての皮肉は、一方で国連自ら決定した決議について、それを遵守させるための手段を自らはほとんど持たない(それはイラクに対しても同様であった)が、他方で、依然として国連は国際社会において、他の国際組織・国家連合・同盟関係を寄せ付けない圧倒的な正統性を保持していることである。興味深いことに、有志連合にはこれと逆の可能性が存在する。正統性という点では薄弱であることが多いが、場合によると、それはきわめて効果的でありうる。これは3章で扱われるPSIでも妥当する。これに、何らかの形の国際法的裏付けがあれば、さらに効果的となりうる。

ただし、結局イラク占領統治にあたっては、この有志連合はさほど効果を発揮できなかったというべきであろう。

このような事例において、いかにしてアメリカの行動を阻止ないし抑制するか、というのはきわめて困難な問題である。自衛であれば、認める余地はあろう。厄介なのはそうでない場合である。最大の抑制要因は、アメリカ国内での批判である。とくに選挙、ないし選挙での敗北の可能性という抑止がもっとも重要であろう。

それでは国際的批判はどうであろうか。それに敏感な政権であれば一定程度の効果が期待できる。近年では民主党の方が、国際主義的傾向が強い。しかし、現ブッシュ政権のような政権に対しては、国際的批判があっても、少なくとも短期的には、あまり大きな効果は期待できない場合も多い。ただし、国際社会からの批判は必ずしも直接的な影響力はもたなくても、それがアメリカ国内の野党・批判的政治家・メディアなどに伝わり、国内での論戦に転化された場合に、より大きな効果をもちうる。二〇〇四年の大統領選挙は最終的に大変な接戦であり、政権交代直前の状態まで行っていた。最大の抑制要因はやはり国内政治であるといえよう。

他方で、実はアメリカに協力する同盟国からの助言ないし批判も、一定の枠の中ではときに効果的である。イラク戦争におけるイギリス、日本などがその例であろう。これらの国々にとっては、アメリカに対して影響力を発揮する機会ともなりうる。

(3) リビア・イラン・北朝鮮

二〇〇三年一二月、リビアのカダフィ大佐は核兵器・化学兵器計画を放棄し、その検証のための査察を受け入れる旨発表した。実は同年三月、イラク戦争直前の時期に、リビアとイギリスが接触し、アメリカも、検証可能な廃棄を行えばアメリカによる制裁を解除する旨を明らかにしており、これにリビアが対応した結果がこの発表であった。この後、リビアはCTBTと化学兵器禁止条約（CWC）を批准したのみならず、国際原子力機関（IAEA）の保障措置追加議定書にも署名し、その暫定適用を受け入れるなど、「不拡散のモデル・ケース」ともいわれるようになった。

武力行使をともなわず、大量破壊兵器の開発を放棄させた例として、リビアは重要にして貴重な事例である。同時に、いわばリビアを突破口として、パキスタンのカーン博士を中心とする「核の闇市場」の存在とその実態が明らかとなったことも成果である。

ここでは長期にわたる制裁、大量破壊兵器を開発することによって自国が現実に武力行使の対象になる可能性が存在することへの恐怖感、そしてイギリス・アメリカを中心とした国々による説得と放棄した場合の見返りの保証、などが重要な要因であったと考えられる。国連が関与しない形で、大量破壊兵器開発を阻止しえた例として、グローバル・ガバナンスの文脈でも、きわめて重要な例であるといえよう。成功した条件（外からの圧力や誘引だけでなく、経済的困窮や指導部の状況認識や基本的政治戦略なども含む）について、さらなる検討と分析が必要されよう。

アメリカは北朝鮮による核開発問題も深刻視してきた。クリントン政権は一時的に軍事力行使も本格的に検討したと伝えられるが、直接交渉の結果一九九四年にはいわゆる米朝枠組み合意が成立し、北朝鮮による核開発は凍結されることになった。ここでは、とりあえずアメリカが二カ国間交渉を行うことで、一時的にせよ、成果を収めることができた。

しかし、二〇〇二年二月に北朝鮮はウラン濃縮による核兵器開発計画の存在を認め、枠組み合意は機能不全状態となった。二国間交渉による自主的核廃棄という方式において、確度の高い検証を確実に行うことの難しさを示唆する結果でもあった。また、アメリカ国内でも、一九九〇年代半ばから議会を拠点に強い反対が噴出しており、枠組み合意は予算面で早々と困難に逢着してきた。この点は、このような交渉と執行において、強力にして超党派的な国内的支持が必要であることも示唆している。

二〇〇三年八月から、アメリカと北朝鮮に、日本、中国、韓国、ロシアが加わったいわゆる六カ国協議が行われたが、いまだに具体的成果は生み出されていない。ブッシュ政権は今日まで一貫して、北朝鮮との直接協議を拒否している。他方で、この協議においては、中国が米朝両国の間に入ってきわめて重要な役割を演じているが、目立った成果をあげることはできず、徐々にアメリカ側の不満も高まっている。

六カ国協議はいうまでもなく国連の枠組みの外で行われており、国連を経由しないグローバル・ガバナンスの試みの一つといえる。まだ成果を生み出していないが、北朝鮮の対応次第では機能する可能性は存在する。このように、アメリカを中心としつつ、近隣の利害関係国による交渉で、国際的安全保障の問題が解決する可能性はつねに存在すると考えられる。同時に、この交渉はそれが不調に終わった場合、アメリカによる厳しい制裁、あるいは国連安保理への付託などに帰着する高い可能性をもった交渉でもあった。北朝鮮に対しては、北朝鮮がつねにソウルへ大規模な攻撃をする能力を備えているだけに、武力行使の威嚇も有効でなく、アメリカを中心とするPSIなどは実施されているものの、核開発を検証可能な形で確実に放棄させる決定的方法を考案することは容易でない。

イランに対しても、アメリカは厳しい態度を示してきた。二〇〇二年八月、IAEAに申告していないウラン濃縮工場の存在が指摘されたことから、イランをめぐる状況は一挙に深刻となった。イギリス、フランス、ドイツ（いわゆるEU-3）の仲介もあり、イランは二〇〇三年一〇月にウラン濃縮と再処理の停止を決定するとともに、一二月に追加議定書に署名し、その暫定適用も表明した。しかし、二〇〇四年六月に開催されたIAEA理事会は、申告と査察におけるイランの協力は不十分であるとして非難決議を採択した。しかし、その後もアメリカはイランに対して不信感を払拭せず、EU-3との溝は依然として深かった。

ところが二〇〇五年に入ってから、再選されたブッシュ大統領は第二期目最初の外遊地としてヨーロッパを選択し、フランスのシラク大統領、ドイツのシュレーダー首相らと会談した。その結果、ブッシュ大統領はヨーロッパ諸国もイランの核開発を深刻に捉えていることを理解し、問題状況を認識するに至ったと報道されている。実際、三月一一日にライス国務長官は、アメリカもEU-3の交渉をこれまで以上に信用し、イランが核開発を放棄した場合にはその見返りとして、アメリカはイランの世界貿易機関（WTO）加盟申請への反対を取り下げること、またイラン民間機への部品供与を個別に許可すること、を公表した。

ただし、アメリカ側がこのような見返りを認めたのと引き換えに、EU－3の側も協議決裂の場合には、イランの核問題を国連安保理に付託することに同意しており、イランが現在停止中のウラン濃縮関連活動再開を主張する六月に向けて、EU－3とイランの間で厳しい交渉が続くことになる[11]。

イランの核開発はアメリカにとって、そしてそれ以上にイスラエルにとって、きわめて重大な問題であり、今後さらなる紛糾も予想される。EU－3による交渉をアメリカが批判するのではなく、後押しするにしても、楽観的な予測を抱くのは困難であろう。北朝鮮の例とともに、まさにグローバル・ガバナンスの可能性とともに、限界を示唆する事例といえよう。

もっとも、核拡散という点では、インド、パキスタンなどのように、核兵器を保有し、それがすでに既成事実化している国々も存在する。アメリカ、国連、あるいは国際社会全体が、有効な解決方法を見出すのは決して容易でなかろう。

4　二〇〇四年大統領選挙の意味

(1)　「安全保障信頼ギャップ」

イラク戦争のような軍事行動をアメリカ国内の政治的メカニズムで阻止するのは、必ずしも容易でない。まず9・11事件後の雰囲気がある。テロの再発可能性は高いように思われた。大統領と政権が獲得した実績と信頼という要素も重要であった。制度的要因も無視できない。弾劾裁判で有罪にならない限り四年の任期が保証されている制度において、強く戦争に向けて突き進む大統領を辞任させる方法はない。議院内閣制の下であれば、与党内でいわば「政局」にして、首相を引き摺り下ろし、急遽首を挿げ替えることも可能であるが、アメリカ的制度の下では不可能である。弾劾という方法は、大統領個人の犯罪を裁くのであって、仮に大統領が有罪とされても、副大統領が昇格するだけである。ただし、開戦の決定を行う権限は議会に与えられており、議会は本来ここでもっとも根本的な決定を行うことができる。しかし、愛国的な雰囲気の中では、議会が本来の機能を十分果たせないことがあることも確かであろう。

そのような意味で、四年に一度の大統領選挙は、アメリカ政府の政策に根本的な変更を迫る格好の、しかも数少ない機会である。

政権奪還を狙う民主党にとって、二〇〇四年は予想外に大きなチャンスとなった。9・11事件後、そしてアフガニスタンでの軍事作戦成功後には、再選阻止不可能とまで思えたブッシュ大統領の支持率は、五〇%を切るまでに下がり、四年前同様の激戦となった。民主党は、海外からのアメリカ批判に乗る形で、「孤立し」、「嫌われ」、「軽蔑される」アメリカの現状を強調した。イラク戦争の賛否という点でも、二〇〇四年夏には、国民の約半分がイラク戦争は誤りであったと考えるようになっていた(12)。

ただ、野党にとってのジレンマは、アメリカ国民の約半分がイラク戦争に批判的だとしても、国民は同時に徹底的に強硬なテロ対策も望んでいたことである。民主党としては、あるいは同党の公認大統領候補となったジョン・ケリーとしては、国民に信頼される対テロ対策を打ち出す必要があり、また党として、あるいは大統領候補として、安全保障政策において国民の強い信頼を勝ち取る必要があった。

しかしながら、民主党およびケリー候補には、この点で致命的ともいえる弱点があった。国民は、宗教心を大事にする、あるいは道徳的価値、家族的価値、愛国心を尊重するという点と並んで、国の安全保障を重視するという点で、民主党より共和党を、あるいはケリー候補よりブッシュ大統領を、圧倒的に支持していた。ケリーとしては、自分の政権ではブッシュ政権以上に徹底したテロ対策を実施することを訴えつつ、同時にイラク戦争の誤り（厳密にいえば、そのやり方の誤り）を批判する、という綱渡りを余儀なくされた。それを首尾よく達成するには、ケリー個人に対する強い信頼感が必要であったが、ケリーはそれを獲得できなかった。

選挙結果は全国得票率でわずか二・八％差、オハイオ州での逆転次第では政権交代となっていた、という際どいものであった。これは、イラク侵攻に象徴される単独行動主義的で、軍事力を前面に出したブッシュ外交が、必ずしも国内的に堅い支持基盤をもっていないことを示唆していた。

(2)　外交エリートにおけるコンセンサスとポピュリズム

二〇〇四年の大統領選挙を通じて顕著であったのは、外交エリートにおける見解の一致の程度と、反戦的世論の対立であった。すでに述べたように、同年を通じて世論の約半分はイラク戦争を誤りと見ていた。ただし、今後の対イラク政策について、米軍駐留継続支持が撤退論を上回ってはいたが、撤退論も台頭しつつあり、とくに民主党支持者の間では、すでに二〇〇四年に入った段階から、撤退支持が過半数を越えていた。
外交政策の専門家、すなわち外交エリートは、アメリカが先制攻撃によってフセインの独裁体制を倒壊させたのである以上、少なくとも相当期間、アメリカには、イラクの治安を維持し、再建を達成する責任があるとの見解を、かなりの程度共通して支持していた。これは国際社会の理解や期待とも重なり合っていた、といえよう。

しかし、議員や一般国民は必ずしもそのような考え方を共有していなかった。まず二〇〇三年九月にブッシュ政権が、イラク安定化のための追加資金として八七〇億ドルを議会に要求した際に、最終的には議会で承認されたものの、世論と一部議員の間に強い反発がみられた。

さらに、この外交エリートと反戦的一般世論ないしポピュリズムの相克は、ケリー候補に矛盾した圧力を提供した。彼の外交アドバイザーたちは、イラクにおけるアメリカの責任を強調し、アメリカは安定化の任務を成し遂げる決意であることを公言した。ケリーは二〇〇四年八月までは、概ねこの方針で運動を展開してきた。ただし、彼は民主党支持者の集会において、それではブッシュとの違いはどこにあるのか、なぜブッシュとの違いをもっと大胆に打ち出せないのか、と何回となく詰問された。

八月に入ってから、ケリーは大きく反戦・撤退路線に舵を切った。一年以内にイラク駐留米軍の半分撤退、あるいは四年以内に全面的撤退などを打ち出し、またイラク戦争についても、ベトナム戦争と重ね合わせながら、「間違った場所で、間違った時期に行われた、間違った戦争」と規定した。民主党においては、実際に選挙戦を組み立てる上で、選挙戦の現場の活動家あるいは地方の活動家から、候補者に対して、彼らの意に沿った選挙戦を展開するように、強烈な圧力がかかる。ケリーは結局、この圧力に屈したのである。その結果、民主党の支持基盤は活気づいたものの、ケリーの「右往左往」「朝令暮改」のイメージはさらに強くなり、結果的に得策であったかどうかはきわめて疑わしい(13)。

ただし、アメリカの外交は、実はこのような世論からの強力な圧力を受けてときに大きく変化する。ベトナム戦争も、結局は当初から介入を主張し続けた外交エリートの敗北に終わった。二〇〇四年の選挙にしても、ケリーは僅かの差で敗北したに過ぎず、二〇〇五年一月からアメリカ外交の基調が大きく動揺することも、ありえない話ではなかった。このような揺れ、大きな方針転換もまた、アメリカ外交の重要な特徴なのである。

5　アメリカとグローバル・ガバナンス――連続と不連続

(1)　使命としての民主化

アメリカはウッドロー・ウィルソン大統領の時に初めて、世界の民主化という概念を打ち出した。ただし、その外交がそのまま定着したわけではなく、一九二〇年代・三〇年代には一転して極端な孤立主義の時代を迎えた。アメリカ外交に民主化の使命を包容する傾向があり、また道徳主義的傾向が存在するのは確かであるが、ニクソン＝キッシンジャー外交のように、国益中心の外交が登場することもあり、つねに民主化推進を主要な外交目標に掲げてきたわけではない。

G・W・ブッシュ政権も、発足当初は米軍を「国家建設」に投入したクリントン外交を批判し、「国益中心」の「謙虚な」外交を提唱していた。むろん、その外交構想は多分にクリントン政権批判という党派的性格が濃厚であり、また共和党内には宗教保守派も勢力を伸ばしていたために、その内実はそれほど「国益中心」でもなかった。しかしいずれにせよ、当初の外交構想は、9・11事件で一変した。第二期目就任演説で、ブッシュ大統領は民主化推進を強調したが、その理由の一部は、これがイラク戦争を正当化する最後の拠り所だからである、とも推測できる。要するに、民主化推進は、アメリカ外交に付着する傾向はあるものの、つねにまつわりついているものでもなく、政権ごとに、あるいは同一政権のもとでも、大きく揺れ動くとみるべきであろう。

(2) 消極的な援助政策――アフガニスタン

アメリカはとくに冷戦終結後、海外援助に消極的である。海外援助予算額は、国内総生産（GDP）比では、北欧諸国に比べるときわめて低い比率である。とくに共和党が議会で多数派となった一九九五年以降、国連分担金を滞納するとともに、海外援助予算を急速に削減した。世論においても、海外援助予算はGDPの数パーセントを占めていて多すぎる、との見方がよく指摘される（実際には1％をはるかに下回る）[16]。

一般にアメリカの世論と議会は、長期にわたって海外援助を提供することに、あまり積極的でない（ただし、G・W・ブッシュ政権の下、9・11事件後は海外援助予算を大幅に増額している）。

ここでは、アフガニスタンの例が興味深い。同国が再びテロリスト集団の拠点にならないことは、アメリカの国益にもかなう。ブッシュ大統領は二〇〇二年四月一七日の演説において「アフガニスタンのためのマーシャル・プラン」を華々しく発表した。しかしながら、アメリカ政府がアフガニスタン復興のために拠出した金額はごく僅かであり、かのマーシャル・プランの名に値するか、きわめて疑問である。(15) また、ブッシュ政権がテロ対策の焦点をその後すぐにイラクに移したことも手伝って、アフガニスタンでの治安維持のために駐留する米軍の規模も、それほど大きなものとはならなかった。ここでは、むしろドイツ軍などアメリカを除くNATO軍が一定の役割を果たすようになる。(16)

イラクについても、ある程度同様のことがいえよう。米軍の効率化にこだわるラムズフェルド国防長官の意向を反映しているものの、イラクの安定化および復興のために、(一三万から一六万規模ではなく、二〇万から三〇万規模という)大規模な米軍を長期にわたって駐留させる、という案は、アメリカでは支持されにくい。とりわけ、多額の予算を用意することは、アメリカの国内政治上容易でない。これは、財政赤字の有無とは切り離された現象であろう。財政面こそが、アメリカがもっとも単独行動主義を貫きにくく、また日本を含む他の国々に依存せざるをえない領域であるといえよう。

現ブッシュ政権は、実はエイズ対策支援など、一九九〇年代に下降したアメリカの海外援助を大幅に増額させた。これは注目すべき政策転換である。ただし、アメリカは長期にわたって、世界各地での平和維持や復興、開発援助などでは、物理的な兵員や資金の提供といった点で、基本的に消極的な役割を演じ続ける可能性も否定できない。

おわりに

最近のアメリカ外交の変化を分析する際に頻繁に陥りやすい落とし穴は、冷戦の終結といった国際環境の変化を指摘することで、説明できたつもりになってしまうことである。今日のアメリカの政治では、民主党と共和党のイデオロギー的性格が大きく違って来ている上に、共和党の性格もこ三〇年程度で大きく変化した。とりわけ、一九九五年以降の議会を拠点とした共和党の変化は重要である。しかも、アメリカ外交では、どのような外交観をもった政治家がホワイトハウスを支配するかで、その性格が大きく変わってくる。G・W・ブッシュ大統領は、基本的にレーガン主義的な保守強硬派の外交観を受け継いでいた。

9・11事件はこのようなアメリカを直撃した。二〇〇〇年の大統領選挙で勝利したのが共和党であったという事実が持つ意味は、きわめて重いように感じられる。

同種の事件の再発可能性はアメリカでは依然高いとみなされている。他方で、世論は移り気でもあり、今後アメリカがどの程度長期にわたって、規模の大きい復興援助を提供できるかは、予断を許さない。

しかも、アメリカ外交の長年の特徴として、揺れないし振幅の大きさを指摘せざるをえない。政権交代によって、あるいは政権半ばでも、これまで大きな変化を示してきた。とりわけ、アメリカ外交の基本的方向性を決定する際に、外交エリートだけでなく、世論やポピュリズムが果たす役割にも注目することがきわめて重要である。
いずれにせよ、アメリカが断固たるテロ対策を揺らぐことなく長期にわたって実行する際にも、国内に強固な政治的支持と支持基盤が存在しなければならないことは確かであろう。

注

（1） 阿部斉・加藤普章・久保文明『国際情勢ベーシックシリーズ8　北アメリカ：アメリカ・カナダ』自由国民社、一九九九年、三七七頁。
（2） 久保文明「共和党多数議会の『外交政策』――一九九五-二〇〇〇年」五十嵐武士編『太平洋世界の国際関係――変貌するアメリカ太平洋世界II』彩流社、二〇〇五年、九二-一三八頁。
（3） 同右論文。
（4） 久保文明「国内政治の変容と外交政策――とくに東アジアとの関連で」久保文明・赤木完爾編『アメリカと東アジア：現代東アジアと日本6』慶應義塾大学出版会、二〇〇四年、四六-四九頁：Steven Kull and I. M. Destler, *Misreading the Public: The Myth of a New Isolationism*, Washington, D. C.: Brookings Institution Press, 2003.
（5） Kull and Destler, *ibid.*
（6） これらの点は、久保文明「共和党多数議会の『外交政策』」参照。
（7） ボブ・ウッドワード『ブッシュの戦争』など参照。
（8） 同右書。
（9） Fred I. Greenstein, *The George W. Bush Presidency: An Early Assessment*, The Johns Hopkins University Press, 2003.
（10） たとえば、クリントン政権下では、次のような日時と理由で空爆が行われている。(1)一九九三年六月二六日

（ジョージ・H・W・ブッシュ前大統領の暗殺計画への報復）、(2)一九九六年九月三、四日（クルド人居住地区Irbil のフセインによる侵攻への対抗措置）、(3)一九九八年一二月一八、一九日（イラクの査察への非協力に対して）。Ryan C. Hendrickson, *The Clinton Wars : The Constitution, Congress, and War Power*, Nashville : Vanderbilt University Press, 2002, chapter. 7, "Iraq," pp. 138-159 ; Allan Metz eds., *Bill Clinton : A Bibliography*, Westport : Greenwood Press, 2002, "Chronology"; ビル・クリントン『マイ・ライフ』（下巻）朝日新聞社、二〇〇三年、九二-九三、四〇二-四〇三、五六七-五六八頁。

(11) 共同通信社による *Kyodo News*, 二〇〇五年三月一一日〈http://flash24.kyodo.co.jp/?MID=RANDOM&PG=STORY&NGID=intl&NWID=2005031201000265〉。

(12) このあたりの経緯については、久保文明「注目すべき米国の二つの選挙戦——『ブッシュ対ケリー』と『外交エリート対ポピュリズム』と」『外交フォーラム』二〇〇四年一一月号、三三-三九頁。

(13) 同右論文参照。

(14) 二〇〇〇年度会計年度（FY二〇〇〇）におけるアメリカの海外援助額は、約一六四億五三四三万五〇〇〇ドル（およそ一六四億ドル）である（これは経済および軍事など含めた包括的な数値である）。"Foreign Aid Spending Highlights : Where the Money Goes," *CQ Almanac, 2000*, chapter 2, p. 81. GDP比率としては、〇・一六%程度である（*Statistical Abstract of the United States 2004-5*, から計算）。ブッシュ政権成立後の予算であるFY二〇〇二からは、海外援助に対する積極的姿勢が窺え、最終的に下院で二〇〇二年九月に可決された額で一六五億九四五七万四〇〇〇ドルとなった（"Foreign Operations Spending," *CQ Almanac 2002*, chapter 2, p. 19）。ブッシュはFY二〇〇四から三年間に海外援助を一〇〇億ドル増額するというプランを打ち出していた。実際には二〇〇三年度が最終的に一六二億三七一六万三〇〇〇ドル、二〇〇四年度が両院協議会可決報告書にて一七二億七八八五万九〇〇〇ドルであった。二〇〇四年度分については、ブッシュのリクエストは一八九億三二五五万八〇〇〇ドルであった。完全に実現はしなかったものの、積極姿勢は見える（"Foreign Operations Spending," *CQ Almanac 2003*, chapter 2, pp. 14-15, 53）。二〇〇四年度対外援助については、最終的にはブッシュのリクエストより九%少ない額に落ち着いたものの、(1)海外（アフリカなど）

でのＨＩＶ／エイズ対策五年間プロジェクト、⑵民主主義、人権、自由市場経済へコミットしている貧困国への新たな援助プログラム（これはMillenium Challenge Accountと呼ばれる）という二つの大きなプログラムを開始することに成功した（“Hill Firm on More AIDS Money,” *CQ Almanac, 2003*, chapter 2, p. 52.）。

(15) James Daq, “A Nation Challenged : The President ; Bush Sets Role for U. S. in Afghan Rebuilding,” *The New York Times*, April 18, 2002, Section A, Column 2 ; “Afghanistan's Marshall Plan,” *The New York Times*, April 19, 2002, Section A, Column 1. アフガニスタンに対する援助は結局彼のＦＹ二〇〇三予算案には含まれず、後に何とか約三億ドル程度を工面した（“Afghanistan Omitted from US Aid Budget,” *BBC News*, February 13, 2002,〈http://news.bbc.co.uk/2/hi/south asia/2759789.stm〉。二〇〇三会計年度の要求額は六億八七〇〇万ドルであった。民主党系の新シンクタンクであるアメリカ進歩センターのコメントは、「このような微増では、アフガニスタンは今後五年間で一〇二億ドルを必要とするとみる世界銀行と国連開発計画の予想から評価すれば、完全に不足している」と述べている〈http://www.americanprogress.org/site/pp.asp?c=biJRJ8OVF&b=22977〉。

(16) 二〇〇四年一一月時点で、米軍は一万八〇〇〇人、ＮＡＴＯ軍は九〇〇〇人が配備されている（Philip Shishkin, “NATO Seeks to Bridge Europe's Differences With Washington,” *The Wall Street Journal*, November 10, 2004, A15）。

第3章　G・W・ブッシュ外交の歴史的位相

佐々木卓也

本章は、二〇〇一年一月に発足したG・W・ブッシュ政権による過去五年余りの外交を米国外交史の文脈に位置づけ、その歴史的位相を明らかにする試みである。さらにブッシュ外交の特質について、国内政治力学の変動の見地からも考察を加える。

1　アメリカ外交の伝統(1)

(1)　孤立主義と単独主義

米国の建国の父祖は当初より、西欧国際体系に対する原理的な反発を有していた。彼らは、西欧国際体系が戦争、大きな常備軍、同盟、勢力均衡、秘密条約などを体現する、悪しきシステムと把握し、それと関わりをもつことはできるだけ避けるべきだと考えていた。戦火の絶えないヨーロッパの国際政治に巻き込まれてはならないという反ヨーロッパ的な心情、米国は例外的な存在で有徳の新興国家であるという強い自己認識――「丘の上の町」としての選民的意識――を反映した外交方針が、孤立主義であった。米国はイギリスからの独立を勝ち抜くためにフランスと同盟条約を締結したが、その同盟は独立達成後すぐに有名無実化し、一八〇〇年に正式に解消した。

一九世紀の米国は、幸運なことに「無料の安全保障」、あるいは「絶対的な安全保障」を享受することができた。多くの米国人はこのような環境を、自分たちが徳性に優れ、ヨーロッパの錯綜する国際体系から距離を置いたが故に実現したと考えるに至った。だが実際には、ウィーン会議後のヨーロッパにおいてイギリスを中心に勢力均衡が比較的うまく機能して大戦争が起きず、さらにイギリスが北大西洋の海上覇権を掌握していたが故に、米国の安全は守られたのである。イギリスが提供する安保の傘に、米国が入っている構図である。米国はこの恵まれた外交環境を、ヨーロッパの国際関係に関与することなく単独で、しかも軽武装で確保した。この原初的体験は重要である。

米国は一九世紀末までに世界最大の工業国、有数の海軍大国に躍進し、スペインとの戦争に勝利を収め、一躍フィリピンなど海外に植民地を得た。ヨーロッパの諸列強と同じ帝国主義的行動であった。しかし国内の帝国主義熱はすぐに収まり、この後米国は海外植民地の獲得に乗り出すことはなかった。

(2)　ウィルソン的国際主義

米国が伝統的な外交方針を放棄し、国際主義に転換するのは、第一次世界大戦においてであった。

ウィルソン大統領はこの未曾有の戦争を契機に、西欧国際体系の超克を目ざす新しい国際秩序構想を明らかにした。彼は「勝利なき平和」、「一四ヶ条の原則」に基づき、秘密外交の廃止、公海の自由、通商障壁の撤廃、軍縮、民族自決、「諸国家の全般的組織」の創設を提案し、ヨーロッパ的な勢力均衡を超えた協調的・相互依存的な国際社会像を提示したのである。米国の参戦は「戦争を終わらせるための」それであり、新しい国際秩序は戦争、常備軍、同盟、秘密条約、帝国主義など、米国が西欧国際体系の諸属性とみなすものを不必要とするはずであった。ヨーロッパの戦争は「新たな勢力均衡を求めての戦い」であってはならず、米国は「力の共同体」の建設をめざす必要があった。国際連盟がリベラルな国際秩序の中核にあった。

ただし孤立主義から国際主義への転換にもかかわらず、米国の国際問題に対する根本的姿勢にはある種の一貫性があった。祖父と父を長老派牧師にもつウィルソンは、米国は特別で例外的な存在であると確信し、腐敗した旧世界と道義的に優れた新世界という二分的イメージを保持していたからである。彼は中立期に、米国はあまりに誇り高いが故に戦わないと宣言し、西欧国際体系に派生する旧態依然たる戦争に超然としているように説いたことがあった。やがて米国がやむなく参戦するにあたり、ウィルソンは究極的には米国の民主主義の理念による旧世界の改革の必要性を訴えた。その重要な第一歩が米国の国際連盟加入であった。

ウィルソンの提案に対して、国内では党派的な異論が沸き起こった。連邦議会では少数の頑迷な孤立主義者が存在したが、問題はロッジ上院外交委員長を中心とする多数の共和党上院議員であった。彼らは連盟参加には必ずしも反対ではなかったものの、米国の自由な対外行動に固執し、集団安全保障を定めた連盟規約第一〇条に修正・留保をつけることを求める単独主義者であった。ウィルソンがロッジらとの妥協を拒んだ結果、共和党が多数を制する上院は連盟規約を含むヴェルサイユ講和条約批准案を最終的に退けたのである。

一九二〇年代の米国は国際連盟に背を向けた一方で、海軍軍縮、戦争の違法化、先進国間の経済的相互依存を進め、ウィルソン的理念に影響を受けた外交を実施した。文化・知的・学術交流にも積極的であった。米国は主に経済的・金融的な手段を行使して、対外的な制約を受けることなく、アジアとヨーロッパの資本主義的国際体制の維持をはかった。米国を軸とするグローバル化の進展であった。

(3) 第二次世界大戦後のリベラルな国際主義

米国が新たな国際秩序を形成する二度目の機会を得るのは、第二次世界大戦においてであった。ウィルソンのもとで海軍次官を務めたF・D・ローズヴェルト大統領は「四つの自由」、「大西洋憲章」を発表し、基本的にはウィルソンの構想に立脚するリベラルな国際秩序を提唱し、国際連合、国際通貨基金（IMF）・世界銀行、そして国際貿易機構の設立を進めた。

米国が描いた「一つの世界」構想は冷戦の勃発で頓挫したが、戦後の政権はIMF・ガットを中心とする国際的な金融・貿易体制を維持し、発展させた。安保協力も多国間主義が基軸であった。米国は西ヨーロッパ諸国と北大西洋条約を、アジア・太平洋地域では日本、韓国、台湾、フィリピンと二国間の、オーストラリア・ニュージーランドとは三国間の安保条約を結び、同盟国と協力して共産主義の脅威に対抗した。ソヴィエト共産主義勢力に対する封じ込め政策の実施にあたり、強いヨーロッパは不可欠であった。米国は当初より西ヨーロッパの経済統合を奨励、支持し、この方針はやがて西ヨーロッパが米国の経済的なライバルとなった後も、変わらなかった。

第二次大戦と冷戦は、米国外交のあり方に重大な影響を与えた。米国は西欧国際体系に派生するとして拒否してきた諸属性を受容しなければならなくなったからである。まず封じ込め政策を進めるうえで、反共諸国との同盟の構築に邁進した。ただし米国の解釈では、これらは旧来の同盟ではなく、国連憲章が定める個別的・集団的自衛権の行使によるものであり、集団安全保障体制が発達するまでの過渡期的な措置であった。

軍事力に対する考えも変わった。建国以来、米国では常備軍に対する警戒心が一般的であった。合衆国憲法の父であるマディソンは、ヨーロッパの自由が「きわめてわずかの例外を除けば」、常備軍の犠牲になったことが多いと述べ、常備軍と課税とにより自由が「押しつぶされる」危険を指摘した。そして彼は、米国がヨーロッパから離れていることで、「危険な軍備はたいして必要ではな」いと説いたのである。ワシントン大統領も一七九六年の告別演説で、軍備が「共和主義的自由にとっては敵対的」であると警告した。米国は第一次大戦で四〇〇万名以上の兵力を動員したが、戦争が終わるやすぐに動員を解除した。一九三九年の米国は一八万名ほどの地上軍、五億ドル程度の軍事予算を維持するに過ぎず、どの国と同盟を結ぶことなく、フィリピンなど植民地を除き海外に軍隊を置くことはなかった。ところが十数年後の米国は総兵員数を三五〇万名に、国防予算を五〇〇億ドルに拡充し、四八カ国と同盟条約を結び、一一九カ国に軍隊を駐屯する軍事大国であった。(2)

また、封じ込め政策は実際にはヨーロッパ的な勢力均衡外交の実践であった。四七年秋に封じ込めの立案者であるケナンが説明したように、米国の政策の目標は「ヨーロッパとアジアの勢力均衡の回復」であった。米国はヨーロッパとアジアにおいて、ソヴィエト共産主義勢力に対する力の均衡に努めたのである。だがケナンが嘆いたように、勢力均衡外交、権力政治的思考を伝統としない米国民を前に、トルーマン大統領は四七年三月一二日、上下両院合同会議における有名な演説で、トルコとギリシアに対する経済・軍事援助を理念的・イデオロギー的な言辞で正当化し、支持を求めた。大統領は冷戦を権力政治上の争いではなく、米国的自由と価値をめぐる闘争と規定したのである。脅かされているのは、米国的な生活様式であった[3]。

さらに、植民地主義に対する態度も変容した。F・D・ローズヴェルト大統領はかねて、ヨーロッパの帝国主義の象徴である植民地主義の清算に積極的であった。大戦中、大統領特使として訪英したウィルキー（一九四〇年の共和党大統領候補）がチャーチル首相に植民地の独立を認めるように迫った時、チャーチルは「私はイギリス帝国の解体を司る最後の首相にはならない」と猛反発した。ローズヴェルトは仏領インドシナについても、フランスの戦後復帰に反対であった。彼は、植民地主義に終止符を打つために国連信託統治を利用する考えであった。しかし戦後に冷戦が始まるや、米国は第三世界の事態を東西対立の文脈で把握し、とくに左翼勢力が主導する民族解放闘争には断固対抗する姿勢をとった。米国はイラン、ヴェトナム、コンゴ等では事実上の支配国、あるいは宗主国であった西ヨーロッパ諸国に代わって介入し、西側の権益の維持をはかった。米国は今やヨーロッパの帝国主義の残滓を守る最後の砦となった感があった。

当然のことながら、大統領の権限は飛躍的に拡大した。すでにウィルソン大統領が第一次大戦期に安全保障の名のもと、政府批判者を厳しく取り締まったが、ローズヴェルト大統領は米国の参戦前より親独派に対する監視活動、ドイツ海軍の脅威について情報操作を行い、戦争が始まるや一一万人に及ぶ日系米国人を強制抑留した。トルーマン大統領は、四八年のイタリア総選挙での保守勢力のテコ入れ、アルバニアの共産政権打倒の試み（四九―五一年）に中央情報局（CIA）を使い、朝鮮戦争では「最高司令官」の権限で軍隊を送るなど、冷戦時代の海外での諜報活動、外国政府の転覆工作、軍事作戦の先例をつくった。またジョンソン大統領がトンキン湾事件をめぐって情報操作をはかり、ニクソンは政敵に対する盗聴と監視を実施した。米国は冷戦時代、しばしば非民主的な手段に訴えて共産主義に対抗したのである。この「帝王的大統領制」の出現に対して、議会が七〇年代、大統領の権限の肥大化に一定の制限――戦争権限法、情報公開法、CIAへの統制の強化など――を課したが、安全保障の分野では依然として大統領は強い権限を保持し続けた。

(4) 冷戦外交と単独主義

米国の冷戦外交は多国間主義が基調であったが、単独主義は折々に顕在化した。それはまず国際的な人権協約に対する姿勢に現れた。共和党保守派のブリッカー上院議員は一九五〇年代前半、条約や行政協定が国内で効力を発揮するためには議会による立法化を必要とする憲法修正案を提案した。これに対してアイゼンハワー政権は大統領の外交権限を制約するものとして反対したが、共和党が多数を占める上院ではブリッカー修正案への賛成が多く、それを崩すためにダレス国務長官は、当時準備が進んでいた国連の人権条約案を政府が上院に送ることはないと約束しなければならなかった。これは米国政府がすでに四九年にジェノサイド条約に調印し、上院に審議を求めていた経緯があったにもかかわらず、とられた措置であった。米国政府が結局ジェノサイド条約を批准したのは、実に八六年のことであった。この他米国は現在に至るまで、多くの国際人権条約、とりわけ社会的・経済的な権利を保障する人権条約に調印、あるいは批准を拒否している。

冷戦の進展に伴い、国連に対する態度も変貌を遂げた。米国は国連の生みの親であり、設立初期の国連大使には大物政治家が就くことが多かった。だがいわゆる第三世界の国々が国連に加盟し、総会で多数を占め始めるや、米国は国連を思い通りに動かすことが難しくなった。これらの新規加盟国の多くは非同盟運動に賛同し、米国に批判的な外交政策を進めたからである。米国は七〇年に南ローデシアに対する経済制裁決議をめぐり、安全保障理事会で初めて拒否権を発動した。さらに国連がイスラエルに対して厳しい態度をとったことも、米国の国連離れを促した。とくに七五年に国連総会がシオニズムを人種差別の一形態と決議したことは、米国政府を激怒させた。フォード政権のモイニハン国連大使——当時は新保守主義者と目された——は一一月の総会演説で、決議を「不名誉な行為」と形容し、激しく非難したのである。ユダヤ系知識人が多い新保守主義者を反国連に向かわせた問題が、国連のイスラエルに対する姿勢であった[4]。

米国内で以前より国連批判の中心にいたのが、単独主義者が多い共和党右派であった。六四年の共和党大統領候補に選出されたゴールドウォーター上院議員は徹底した国連反対論を展開し、その後の共和党保守派による国連批判の先鞭をつけた。八〇年代に入ると、共和党右派を基盤とするレーガン政権が国連に敵対的な態度をとった。ヘイグ国務長官は、「第三世界とマルクス主義諸国家から成る騒々しい反植民地主義連合」を抱える国連は「役に立たない」と切り捨てた。八三年には国連次席大使が、国連が米国から出ていくことを「真剣に検討する」ように求め、米国はその邪魔をしないと言い放った。翌年にはレーガン政権と結びつきが深いヘリテージ財団が『国連のない世界』を刊行し、米国の加盟を再検討するように提案したのである。

レーガン政権は米国が国連分担金の最大の拠出国であるとの立場を利用し、国連に行財政改革を迫った。レーガン政権支持のもと、議会はカッセンバウム共和党上院議員が提案する米国の二五％から二〇％への拠出率負担の一方的削減案を採択した。米国の滞納が始まるのは、レーガン政権においてであった。レーガン政権は八四年末に、過度の政治性を理由に米国のユネスコ（国連教育科学文化機関）脱退を決定した[5]（二〇〇三年に復帰）。

また、レーガン大統領が打ち上げた戦略防衛構想（ＳＤＩ）には単独主義的な発想が濃厚であった。それはＳＤＩが、同盟国や敵対国の動向に関係なく米国一国で安全を守り、しかも「絶対的な安全保障」を獲得できると想定していたからである。彼が八三年三月に、「もし自由諸国民が、彼らの安全保障は単にソ連の攻撃を抑止するアメリカの即時報復の威力だけに頼るものではなく、われわれは相手側戦略弾道ミサイルが米本土、あるいは同盟国の領土に到達する前に、これを迎撃、破壊できるのだということを念頭に置いて、安心して暮らせるようになったらどんなにいいことだろうか」と述べ、ＳＤＩを提案した時、そこには米ソ両国民を人質にする非倫理的な核抑止体制を越える狙いばかりか、過去の恵まれた安全保障を再び得たいという郷愁があった[6]。

もちろんレーガン政権は基本的には多国間主義を実践し、封じ込め政策より逸脱することはなかった。しかし単独主義的な性格が第二次大戦後のどの政権よりも顕著であったことは、注目すべきであろう。

2　冷戦の終焉とアメリカ外交

冷戦の終焉に立ち会ったブッシュ・シニア大統領はおそらく国連との関係を最も重視した大統領であった。チェイニー国防長官が述懐するように、一九七〇年代前半に国連大使を経験したブッシュは「国連に大変な敬意を払っていた」のである。それは湾岸危機にあたって遺憾なく示された。ブッシュは次のように回顧している。「私は、イラクのクウェート侵攻が危機における安保理のポスト冷戦の最初の試金石であると痛感していた。私は、弱体で指導国を欠いた国際連盟が日本、イタリア、ドイツの侵略に立ち向かわなかった一九三〇年代に何が起きたのかを知っていた。……国連は連盟の失敗を矯正するために創設されたが、冷戦が安保理の機能不全を起こした。しかし今や米国とモスクワとの関係の改善、中国との満足すべき関係は、われわれがイラクに反対する国際的団結をつくりあげるうえで、両国の協力を得られる可能性を提供していた。」ブッシュはベーカー国務長官とともに、安保理でイラク軍の無条件撤退を求める決議をとり、さらに米軍主導の多国籍軍による軍事行動を容認する決議を得るために広範な外交努力を展開したのである。

湾岸戦争に勝利したブッシュ大統領は九二年九月の国連総会演説で、国連平和維持活動への協力を打ちだし、米軍は一二月に内戦に苦しむソマリアに人道的介入を行った。冷戦の終結と米国政府の姿勢は国連を活性化させた。八九年からわずか五年間で国連平和維持活動は一八を数え、これは過去のすべての平和維持活動を上回る数であった。大統領が唱える「新世界秩序」構想の具体化にあたり、国連は不可欠なパートナーであった(7)。

ただしブッシュ政権の国連重視には限界があった。ある国連高官は、湾岸戦争について「ウッドロー・ウィルソンの時代以来、われわれが議論してきたところの一致した集団安全保障の最初の行使であった」と言明したが、それは誇張であった。湾岸戦争での軍事行動は米軍を中核とする多国籍軍によるもので、国連軍が結成されたわけではなく、もちろん多国籍軍の司令官は米国人であった。しかも米国内では冷戦が終結し、政治、経済、軍事などの分野での米国の圧倒的な優位が鮮明になるや、国際機構に関係なく、米国一国で有利な国際秩序の建設に邁進すべきであるとの主張がでてきた。新保守主義者で有力なコラムニストのクラウトハマーは九一年、米国の優越は「自らが選ぶ世界のどんな地域のどのような紛争であれ、決定的な参加者となるべき軍事、外交、政治、経済的資産をもつ唯一の国」に立脚していると評価し、米国がこの「単極の世界」を導くために、「何ら恥じることなく、世界秩序の規範を規定し、それを履行する」ように呼びかけた(8)。

他ならぬブッシュ政権の国防省内で九二年、同じような観点から新しい「国防計画大綱」が策定されていた。この文書は、米国の軍事的優位の維持を明言し、必要とあれば、「核兵器、化学兵器あるいは生物兵器による差し迫った攻撃には、先手を打って阻止する」必要があると述べ、大量破壊兵器の脅威に対する先制攻撃を提案した。さらにこの文書は、国連、あるいはNATOのような同盟組織の重要性は低下し、むしろ「直面する危機がなければ解消されることもある〝連合〟や〝臨機応変な結集〟」を通じた対応が増えるかもしれないと言明した。文書の責任者はウォルフォウィッツ国防次官とチェイニー国防長官であった。この文書はマスコミにリークされ、批判を浴びたため修正がはかられたが、同様の主張は一〇年後に再度登場するのである(9)。

冷戦終焉後の米国外交に複雑な影を投じたのが、内向きを深める世論であった。再選をめざした「外交大統領」ブッシュの九二年の敗北自体、この傾向と無関係ではなかった。主要テレビネットワークで国際ニュースに割く時間は一九八九年から二〇〇〇年の間に六五%以上減少し、『タイム』や『ニューズウィーク』の国際記事スペースは八五年から一〇年間でほぼ半減した。九二年の民主党大統領予備選挙に出馬したツォンガス上院議員が「良いニュースは冷戦は終わったことだ。悪いニュースはドイツと日本が勝ったことだ」と述べた時、それは国内問題の重視を求める世論に応えた発言であった。国務省の予算、国際機構への拠出金は九一年から九八年の間に二五%減り、対外援助費も三四%縮小した。その一方で米国の国連分担金未払い額は八八年の五億ドル余りから九七年には一二億ドルに増えた(10)。

九三年に発足したクリントン政権は「積極的な多国間主義」(オルブライト国連大使、後に国務長官)を唱え、民主主義と市場経済の「拡大」戦略を推進した。九三年秋に明らかになったソマリア介入の失敗の後、米国は国連平和維持活動に消極的になったものの、北大西洋条約機構(NATO)を介して旧ユーゴスラヴィア紛争の収拾をはかった。しかし同時にクリントン政権は世論の動向にきわめて敏感であった。さらに保守的な共和党が九四年の中間選挙で上下両院を制したことは、重要であった。躍進した下院共和党の選挙公約「米国との契約」はほとんどが内政関係であり、わずかにあげられた外交関係の公約はミサイル防衛の建設、国連の平和維持活動への協力の見直しなど、一国主義的な内容であった。ドール共和党上院院内総務は九五年、国際機構が「頻繁に米国の利益に反し、米国の原則や理想を反映しないコンセンサス」に基づいていると不満を漏らし、国際機構に米国の「外交を下請けにだし、主権を従属させる」ことに反対した。共和党は新しく上院外交委員長に就いたヘルムズを中心に、孤立主義的で単独主義的な外交を進め、クリントン政権を牽制した。議会はキューバ、イラン・リビアに対する経済制裁法を可決し、これらの国々で活動する第三国の企業を米国の国内法に基づく制裁対象とした。これは、政治学者マスタンデューノが言うところの「超単独主義的な」法案であった。議会はさらに、米国の国連分担金負担率の削減案を採択し、上院は包括的核実験禁止条約の批准案を否決した。議会に宥和的なクリントン政権は対人地雷禁止条約に調印しなかった。

二〇〇〇年一月、異例にも国連安保理に招かれたヘルムズ上院議員は、「グローバルな法律とグローバル・ガバナンスからなる新しい国際秩序の中央集権的権威としての」国連を拒否すると語り、次のように警告した。「もし国連が米国民の主権を尊重し、外交の効果的な手段として有用であれば、米国民の尊敬と支持を得、かつそれに値しよう。しかしもし米国民に対してその是認なしに、国連が有していると考えている権威を押しつけるようなことになれば、それは衝突、……そして米国の最終的な脱退を乞うことである。」共和党右派に根強い、米国の行動の自由に対する国際的制約を排除する考えを改めて率直に表明した発言であった(11)。

このような見解はある意味で皮肉なことであった。米国は第二次大戦以降、多くの領域での国際レジームの形成、経済・金融のグローバル化、ヒト・カネ・モノの国境を越えた流れを牽引し、多国間の安保協力を進めた。冷戦が終焉すると、旧東側諸国がIMFに、そして世界貿易機関（WTO）に加盟した。中国も二〇〇〇年にWTOに加盟した。民主主義と市場経済を基本とする米国主導のグローバル化は着々と進み、米国が理想としてきた「一つの世界」が出来上がりつつあった。クリントン大統領が九九年二月の演説で述べたように、確かに冷戦期の米国は「平和を維持するための安全保障同盟のネットワークと繁栄を維持するためのグローバルな金融システムを建設した」のである[12]。主権国家の枠を越えた国際社会をつくりあげるうえで、米国の指導力は必須であった。しかし冷戦終焉後保守的な様相を深める米国は、今や国家主権に最も拘泥する国家として出現したのである。

3　G・W・ブッシュ外交の特徴――古めかしさと新しさの混在[13]

二〇〇一年九月一一日に起きた同時多発テロ事件がG・W・ブッシュ政権の外交の特質を決定したわけではない。その基調は事件前にすでに現れていたからである。しかし9・11の衝撃がブッシュ外交の特質を前面に押し出したという意味で、事件はやはり重大であった。事件から約一年たった二〇〇二年九月にブッシュ政権が発表した「合衆国の国家安全保障戦略」には、四つのポイントがあった。一つは単独主義である。この文書は米国が国連、WTO、米州機構、NATOなどの多国間機構、あるいは二国間同盟を重視するものの、「われわれの国益と独自の責任が要する時には、それらと別に行動する用意がある」と述べ、単独主義に訴えると言明した。二つ目は先制攻撃論である。米国は大量破壊兵器を使用する危険があるならず者国家やテロリストに対して、「必要であれば、先制的に行動するであろう。」三つ目は、米国の圧倒的な軍事的立場の堅持である。「わが国の軍備は、潜在的な敵対勢力が米国をしのぐ、あるいは米国に匹敵する戦力を構築することを思いとどまらせるだけ充分に強力であり続けよう。」最後に、ウィルソン的な理念と使命感の誇示である。この文書は自由主義的な民主主義の理念に対する確信を繰り返し表明し、それを米国の力、とくに軍事力で支える方針を明らかにした。米国の独自性に対する強烈な信念の発露であった。(14)

新しい戦略文書が示すように、G・W・ブッシュ政権の外交の特質はまず、単独主義である。単独主義は米国外交の伝統の一部であるものの、冷戦時代の外交は多国間主義を主とし、単独主義が基調となることはなかった。だがブッシュ政権は発足以来、多国間の条約、枠組みから離脱し、米国の対外行動に対する制限を排除する姿勢が明快である。9・11はこの姿勢を変えることはなく、かえって促進した。ブッシュ政権はオサマ・ビンラディン率いるテロ組織アルカイダが事件の背後にいると断定し、国連安保理決議を求めることなく、自衛権の発動として、ビンラディンを匿うアフガニスタンに対する武力行使に踏み切った。そしてアフガンのタリバン政権を打倒するや、ブッシュ政権は新しい安保戦略として先制攻撃論を打ち出し、その最初の適用例としてイラクに焦点をあてた。米国は新たな国連安保理決議を得ずに、事実上単独で、二〇〇三年三月イラク攻撃に乗り出した。そこには、フランスによる拒否権行使の威嚇があったとはいえ、ブッシュ大統領とチェイニー副大統領が繰り返し指摘したように、国連がイラクに大量破壊兵器の廃棄と査察を求める安保理決議を採択しながら、実効ある措置をとらなかった経緯に対する強烈な苛立ちと不信があった。

また、G・W・ブッシュ政権はNATOや欧州連合（EU）など伝統的同盟を重視しない最初の政権である。9・11後、NATOは成立以来初めて北大西洋条約第五条を援用し集団的自衛権を発動したが、米側の対応は冷淡であった。独自の外交・軍事能力を有しつつあるEUに対しても同様である。なかでもイラク開戦に最後まで反対したフランスとドイツに対する関係は冷却化した。両国を「古いヨーロッパ」と痛罵したラムズフェルド国防長官の発言、「フランスを罰する」と述べたライス大統領補佐官のコメントに、一九世紀的な反ヨーロッパ意識の流れを見ることができる。

さらに、おそらく単独主義の昂進と関係があろう、ブッシュ政権が定義する国益はすぐれて一国的である。米国にはかつて国際共同体の利益と米国のそれとを巧みに重ね合わせる外交的技量があった。ウィルソンやF・D・ローズヴェルトの国際秩序構想が米国一国のみの利益を反映したものであれば、国際社会の賛意と共感を得ることはなかったであろう。冷戦時代の米国も同盟国間の利害を調整し、西側全体の利益をまとめるにあたり建設的な役割を果たした。かりに単独主義的な行動をとる時でも——たとえば一方的な経済制裁の威嚇を背景にガットを迂回して、外国の市場を開放させる試み——も、そうすることで国際的な貿易の発展につながるという多数の国々の暗黙の了解があった。SDIについても、少なくともレーガン大統領の約束では、その防衛の傘は世界に開放されていた。しかしG・W・ブッシュ政権は国際行動規範を「幻想的」（ライス）とみなし、核軍縮、環境、国際刑事裁判所等では独自の立場に執着して、国際社会を導く様子にはない。[15]

第四に、現政権の強い軍事力志向がある。米国が平時にあって強力な軍事力を持つのは第二次大戦以降の現象である。そもそも建国以来長い間、巨大な軍事機構を必要としない国際環境もあって、米国は軍備を抑制することができた。共和主義思想に基づく常備軍に対する強い警戒心もあった。しかし大戦以降、いわゆる安全保障国家と化した米国が膨大な軍備を保持することは常態化し、冷戦終結後はそのずば抜けた武力を行使するケースが多い。過去数十年にわたり膨大な軍備を抱えてきた心理的集積は重要であろう。しかもG・W・ブッシュ政権の安全保障政策を担う人々は国防省で、あるいは軍人としてキャリアを積んできたメンバーが多い。国際問題に対処するうえで軍事的手段に訴える傾向が大きくなっても、不思議ではなかった。軍事技術の発展により、米軍兵士の犠牲を最小限に抑えることができる見通しも、この傾向を一層促進している。

第五に、G・W・ブッシュ政権の先制攻撃論がある。米国はこれまで先制攻撃に無縁だったわけではない。冷戦時代の一九六五年のハイチ介入、八三年のグレナダ侵攻、八六年のリビア攻撃、八九年のパナマ侵攻などはいずれも先制攻撃であった。しかしこれらは小規模な軍事行動であり、冷戦時代の主要な敵国であるソ連に対して、米国は予防戦争、先制攻撃を選択することはなかった。封じ込めの基幹文書であったNSC68（五〇年四月）が主張したように、ソ連に対しては抑止と封じ込め戦略をとり、予防戦争は道義的に問題があるとして排除された。しかし現政権はブッシュ・シニア政権末期の国防省文書の影響、そして9・11の衝撃のもと、テロ組織やならず者国家に対しては封じ込めや抑止が機能しないと判断し、先制攻撃論の採用を明言した。これは米国の安保戦略史上、画期的で革命的なことであった。

第六に、ブッシュ外交の特徴はその宗教的な修辞に彩られたイデオロギー性にある。演説に宗教的なレトリックをちりばめ、「もう一度世界をつくり直すこと」というT・ペインの理念的文言を好んだのはレーガン大統領であった。しかしレーガンは個人的にはとくに宗教心に篤い人物ではなかった。彼は離婚を経験し、教会にはほとんど行かず、閣議で祈りを求めることもなかった。しかしG・W・ブッシュ大統領は熱心なキリスト教徒であることを公言し、教会に通い、閣議の冒頭で祈りを捧げる。ブッシュの演説には米国の政治理念に対するほとんど宗教的な確信がある。宗教と民主主義に対する絶対的な信念を、これほど公然に吐露する大統領は初めてであろう。ブッシュはイラク開戦後まもなく中東における民主主義の「前方戦略」を唱え始め、民主主義が平和につながるとの固い信念を改めて披露した[16]。宗教的使命感に裏打ちされた民主主義の拡大を説く点で、ブッシュは確かにウィルソン的である。

最後に、ブッシュ政権下の米国の対外行動は「帝国的」である。ブッシュ大統領は米国の「帝国的な」野心、意図を否定しているが、国際社会の明白な付託なしに、事実上単独で、遠く離れた海外の主権国に侵攻して政権を打倒するばかりか、その国に軍隊を駐屯させて民主化を進める様子は、「帝国的」である。ここに、軍事力による「体制変更」を主張する新保守主義者の影響をみることができよう。米国は一九世紀末の僅かな時期を除いて、帝国であることを拒否し、冷戦時代においても「帝国的」とみられる行動をとることに慎重であった。しかしブッシュ政権は、国際社会が米国の行動を「帝国的」と受け止めることに、格別な関心や懸念はないように見える[17]。

4　米国内の政治力学の変動(18)

ただし、G・W・ブッシュ政権の外交を一政権のみの特色として片づけるべきではない。強大な軍事力を背景に、理念的な外交を推進する現政権の背後に新保守主義者の影響を指摘する見解は一般的である。確かに現政権の国務省、国防省の中枢に新保守主義者は多い。彼らは共和党を中心に一九七〇年代半ば以降影響力を拡大した。カークパトリック、パール、ウォルフォウィッツ、ボルトンらがレーガン政権入りし、彼らの多くはG・W・ブッシュ政権でさらに重要なポストに就いた。しかし新保守主義者は知識人の集団であり、大衆レベルで草の根的な影響を誇っているわけではない。したがって彼らの影響力は政権毎に大いに異なる。ブッシュ・シニア政権、あるいはクリントン民主党政権では彼らの政策的影響力は小さかった。かりに二〇〇〇年、二〇〇四年に民主党政権が誕生しても、同様であったろう。新保守主義者の影響力を過度に重視することは適切ではない。

だが米国社会の保守化は別である。これは米国内で起きている長期的な政治変動の結果である。つまり冷戦期のリベラルな国際主義を支えた東部の政治的影響力が衰退し、代わって保守的な南部、南西部、ロッキー山脈沿い、さらには西海岸の政治的台頭が著しい。以前には多くの大統領を送った北東部や五大湖周辺では人口が減少、もしくは停滞し、政治的な発言権が相対的に低下しているのに対し、南部、西海岸では人口が増大し、政治的影響力を増やしている。ジョンソンからG・W・ブッシュに至るすべての大統領――ただしフォードは除く――は南部、あるいはカリフォルニア州の出身か、これらの地域を地盤としている。

一九六八年の大統領選挙までニューヨーク州が長く最大の人統領選挙人を抱える州であったが、カリフォルニア州が七〇年の、テキサス州が二〇〇〇年の国政調査の結果、ニューヨーク州を抜いた。今やニューヨーク州は第三位に落ち、フロリダ州が四位に上昇している。この他、南部・南西部の諸州が大統領選挙人数を着実に増やしている。政治学者カプチャンによると、南部と西部山岳地帯では、州の権利の擁護、連邦政府の権限の制限、減税、ワシントンのエリート層への不信、米国の海外コミットメントへの抑制、リベラルな国際主義と多国間機関からの撤退を支持する保守的な雰囲気が支配的である。二〇世紀に入り、テキサス州から選出された初めての共和党連邦上院議員であるタワーの次の見解は象徴的である。「私は連邦政府の教育援助、高齢者への医療保障、高い税金、経済・軍事双方の対外援助、国内支出の浪費に反対である。」彼の六一年の当選は、ケネディ政権で副大統領に就任するために上院議員を辞任したジョンソンの後任を争う特別選挙での勝利によるものであった。

共和党はニューディール期以降、リベラルな政策を進める民主党に反発する伝統的保守層に加え、七〇年代にはニューライトや宗教右派の台頭に乗じ、南部・南西部で支持を広めることに成功した。かつてはリベラルな北東部を主要な支持地盤とした共和党が保守化したのである。もちろん公民権問題が重要であった。ジョンソン大統領が六四年の画期的な公民権法の議会通過直後、側近に、「われわれは長きにわたり、南部を共和党に引き渡したところだ」と語ったことは、予言的であった。[19] 七〇年代までに、ダレス兄弟、ロックフェラー・ニューヨーク州知事、現大統領の祖父のブッシュ上院議員（コネチカット州）、ジャヴィッツ上院議員（ニューヨーク州）らを輩出した共和党では、穏健な国際主義者は少数派に転落してしまった。七六年の大統領候補予備選挙で、現職のフォード大統領が右派のレーガン候補を破ったのが、中道穏健派が党指名を得た最後であった。二〇〇三年春のイラク開戦にあたり、穏健な国際主義の流れをくむスコウクロフトやベーカー――ブッシュ・シニア政権でそれぞれ国家安全保障問題担当大統領補佐官、国務長官を務めた――の慎重論がG・W・ブッシュ政権にほとんど影響を与えなかったことは、示唆的であった。

六一年のタワーのテキサス州での勝利は、南部における共和党の台頭の前触れであった。共和党は三〇年代、四〇年代に南部では有権者のせいぜい二〇％の投票を得るに過ぎなかったが、それが五〇年代には三〇％近くに、六〇年代には四〇％近くにまで増大し、七〇・八〇年代にはついに四〇％を超えた。南部での共和党の躍進を印象づけたのが、九四年の中間選挙であった。この年の選挙で共和党は全体に下院で五二議席、上院で九議席を上積みして四〇年ぶりに上下両院を制した。とくに南部では有権者の半数以上の支持をとり、南北戦争後の再建期以来初めて南部選出の上下両院の議席数で民主党を上回った。共和党の下院指導部はギングリッチ下院議長（ジョージア州）、アーミー下院院内総務（テキサス州）といずれも南部出身の保守派が占めた。外交に重要な影響力を振るう上院外交委員長のポストも、右派のヘルムズ（ノースカロライナ州）が就いた。この頃までに共和党は人口の最も多い全米一〇州のうち九州の知事を掌握するに至った。

二〇〇四年の選挙で共和党は南部で一層足場を固めた。共和党は議席をさらに上積みして上下両院での過半数を維持したが、南北戦争で旧連合国を構成した一一州選出の上院二二議席のうち、一八議席を占めるに至った。下院の議席ではすでに民主党を凌駕している。共和党の上院院内総務は九六年のドール上院議員の退任後、ロット（ミシシッピー州）を経て、現在はやはり南部出身のフリスト（テネシー州）であり、下院院内総務はディレイ（テキサス州）である。[20]

おわりに

G・W・ブッシュ政権のもとで米国外交は新たな段階に入った。現在の米国は建国の父祖達が拒否した西欧国際体系の属性――とりわけ戦争と大きな常備軍――を鮮明に体現し、かつてのヨーロッパ諸国に似た「帝国的な」対外行動をとっているように見える。また、ブッシュ外交の単独主義、軍事力優先、あるいは理念志向はとくに新しい特性ではないが、いずれもその程度は非常に顕著である。とくに外交の理念志向は強烈であり、中東民主化構想もその現れであろう。しかもブッシュ大統領は戦時大統領として、外交・軍事のみならず、愛国法の制定、国土安全保障省の新設などを通じ国内の治安問題でも絶大な権限を得ている。本来は反ニューディールを掲げ、大きな政府に反対する共和党保守派を基盤とする政権だけに、これは皮肉な展開である。

再選を果たしたブッシュ大統領が外交の軌道修正をはかる兆しはある。彼は二〇〇四年一一月末カナダで、国際機構、多国間機構が有益であること、これらの機構を「より妥当で有効な」組織とする必要があると指摘し、翌年二月に訪問したヨーロッパでは、米欧関係の修復を誇示し、その重要性を強調した。しかしこれらはまだ修辞の域を出ていない。しかもブッシュ政権は二〇〇五年三月に興味深い人事を発表した。まずライス国務長官がボルトン国務次官を国連大使に指名した。ボルトンはヘルムズ上院議員（二〇〇二年の選挙に出馬せず、引退）との関係が深く、政権内における国連批判の急先鋒である。またウォルフォウィッツ国防副長官が世界銀行総裁に就任した。二人の有力な新保守主義者が相次いで、グローバル・ガバナンスを担う二つの国際機構に転出したのである。(21)

過去において米国が大きな国際的威信を維持し、適切な指導力を発揮したのは、国連など国際機構を巧みに巻き込み、ヴィジョンと洞察力に満ちた外交理念を提示し、多国間主義の外交を展開した時であった。しかしイラク攻撃の場合、米国は新たな国連安保理決議をとりつけることなく、また米国の立場に理解を求める活発な外交努力――とくに湾岸危機の際のブッシュ・シニア政権に比べ――を行うことはなかった。米国は結局充分な国際的正統性に欠いたまま攻撃を始め、その結果、大きな政治的代償を払っている。多国間の拘束・制約を嫌って行動の自由に執着し、自らの外交理念に無条件に傾倒し、圧倒的な軍事力を使用する姿勢は、「一四ヶ条の原則」や「大西洋憲章」を想起させる魅力ある国際秩序構想の不在と相まって、国際社会における広範な理解と共感を得ることを難しくしている。

グローバル・ガバナンスに米国をコミットさせることが国際社会の利益であるばかりか、他ならぬ米国自身の利益であることをいかに示すのか。保守化する米国に向き合う国際社会の責務は重い。

注

（1）米国の外交的伝統について、次の研究を参考にした。有賀貞「アメリカ外交の伝統と特徴」有賀貞・宮里政玄編『概説アメリカ外交史―対外意識と対外政策の変遷』（新版）、有斐閣、一九九八年。佐々木卓也「アメリカの外交的伝統」佐々木卓也編『戦後アメリカ外交史』有斐閣、二〇〇二年。西崎文子『アメリカ外交とは何か―歴史の中の自画像』岩波新書、二〇〇四年。村田晃嗣『アメリカ外交―苦悩と希望』講談社現代新書、二〇〇五年。James Chace and Caleb Carr, *America Invulnerable: The Quest for Absolute Security from 1812 to Star Wars*, New York: 1988; Walter Russell Mead, *Special Providence: American Foreign Policy and How It Changed the World*, New York: 2002; John Gerard Ruggie, *Winning the Peace: America and World Order in the New Era*, New York: 1996.

（2）A・ハミルトン、J・ジェイ、J・マディソン／斎藤真・武見忠見訳『ザ・フェデラリスト』福村出版、一九九一年、二〇〇、二〇一頁。「ワシントン大統領の告別演説」斎藤真訳、小原敬士編『アメリカ軍産複合体の研究』日本国際問題研究所、一九七一年、二一一頁。Stephen E. Ambrose, "The Military and American Society: An Overview," in Stephen E. Ambrose and James Alden Barber, Jr., ed., *The Military and American Society: Essays and Readings*, New York: 1972, pp. 3-4.

（3）John Lewis Gaddis, *Strategies of Containment: A Critical Appraisal of Postwar American National Security Policy*, New York: 1982, p. 37; 斎藤眞『アメリカとは何か』平凡社ライブラリー、一九九五年、二〇七-九頁。有賀「アメリカ外交の伝統と特徴」一七-一九頁。

（4）Mark Gerson, *The Neoconservative Vision: From the Cold War to the Culture Wars*, Lanham, Md.: 1996, p. 172.

（5）John Allphin Moore, Jr., and Jerry Pubantz, *To Creat a New World?: American Presidents and the United Nations* New York: 1999, pp. 254-255, 257.

（6）ロナルド・レーガン／尾崎浩訳『わがアメリカンドリーム――レーガン回想録』読売新聞社、一九九二年、七四五頁; Chace and Carr, *America Invulnerable*, pp. 313-15.

(7) Moore and Pubantz, *To Creat a New World?*, pp. 302, 311-315 ; George Bush and Brent Scowcroft, *A World Transformed*, New York : 1998, p. 303 ; Gary B. Ostrower, *The United States and the United Nations*, New York : 1998, pp. 193-94.

(8) John B. Judith, *The Folly of Empire : What George W. Bush Could Learn from Theodore Roosevelt and Woodrow Wilson*, New York : 2004, p. 153 ; Charles Krauthammer, "The Unipolar Moment," *Foreign Affairs*, Winter 1990-1991, pp. 23-33.

(9) ジェームズ・マン／渡辺昭夫監訳『ウルカヌスの群像――ブッシュ政権とイラク戦争』共同通信社、二〇〇四年、二八五-二八八、三〇〇-三〇七頁。

(10) チャールズ・カプチャン／坪内淳訳『アメリカ時代の終わり』上、日本放送出版協会、二〇〇三年、五九-六〇頁 ; Michael Schaller and George Rising, *The Republican Ascendancy : American Politics, 1968-2001*, Wheeling, Ill.: 2002, p. 115 ; 久保文明「共和党多数議会の「外交政策」――一九九五-二〇〇〇年」五十嵐武士編『太平洋世界の国際関係』（変容するアメリカ太平洋世界II）、彩流社、二〇〇五年、九七頁 ; Ostrower, *The United States and the United Nations*, pp. 179, 277n.

(11) Edward C. Luck, *Mixed Messages : American Politics and International Organization, 1919-1999*, Washington, D. C.: 1999, p. 66 ; Michael Mastanduno, "Extraterritorial Sanctions : Managing 'Hyper-Unilateralism' in U. S. Foreign Policy," in Stewart Patrick and Shepard Forman, eds., *Multilateralism and U. S. Foreign Policy : Ambivalent Engagement*, Boulder, Col.: 2002, pp. 303-317 ; Stewart Patrick, "Multilateralism and Its Discontents," in *ibid.*, p. 18 ; David M. Malone, "A Decade of U.S. Unilateralism ?" in David M. Malone and Yuen Foong Khong, eds., *Unilateralism and U.S. Foreign Policy: International Perspectives*, Boulder, Col.: 2003, p. 20.

(12) Judith, *The Folly of Empire*, p. 160.

(13) G・W・ブッシュ外交については次の研究を参照。ボブ・ウッドワード／伏見威蕃訳『ブッシュの戦争』日本経済新聞社、二〇〇三年、『攻撃計画――ブッシュのイラク戦争』日本経済新聞社、二〇〇四年。古矢旬

『アメリカ　過去と現在の間』岩波新書、二〇〇四年。西崎『アメリカ外交とは何か』二一四-二二八頁。マン『ウルカヌスの群像』三九五-五二八頁。村田『アメリカ外交』二〇九-二五〇頁。Ivo H. Daalder and James M. Lindsay, *America Unbound : The Bush Revolution in Foreign Policy*, Washington, D. C.: 2003 ; John L. Gaddis, *Surprise, Security, and the American Experience*, Cambridge, Mass.: 2004 ; Fred Greenstein, ed., *The George W. Bush Presidency : An Early Assessment*, Baltimore : 2003 ; Gary L. Gregg II and Mark J. Rozell, eds., *Considering the Bush Presidency*, New York : 2004 ; Stephen Halper and Jonathan Clarke, *America Alone : The Neo-Conservatives and the Global Order*, New York : 2004.

(14) "The National Security Strategy of the United States of America," September 17, 2002〈http://www.whitehouse.gov/nsc/nss.html〉.

(15) G・W・ブッシュ政権の底流にある反ヨーロッパ的意識は、古矢『アメリカ』二七頁。国際行動規範を「せいぜい幻想的」と決めつけたライスの指摘は、Condoleezza Rice, "Promoting National Interest," *Foreign Affairs*, January/February 2000, p. 48.

(16) G・W・ブッシュと宗教については、ピーター・シンガー／中野勝郎訳『「正義」の倫理――ジョージ・W・ブッシュの善と悪』昭和堂、二〇〇四年。Stephen Mansfield, *The Faith of George W. Bush*, Lake Mary, Fla.: 2003.

(17) たとえば、米国の「帝国」的意図を拒否するブッシュ大統領の陸軍士官学校卒業式演説（二〇〇二年六月一日）、記者会見（二〇〇四年四月一三日）を参照〈http://www.whitehouse.gov/news/releases/2002/06/print/20020601-3.html; http://www.whitehouse.gov/news/releases/2004/04/print/20040413-20.html〉。米国の「帝国化」については次の研究を参照。押村高編『帝国アメリカのイメージ――国際社会との広がるギャップ』早稲田大学出版部、二〇〇四年。チャルマーズ・ジョンソン／村上和久訳『アメリカ帝国の悲劇』文藝春秋、二〇〇四年。白石隆『帝国とその限界――アメリカ・東アジア・日本』NTT出版、二〇〇四年。藤原帰一『デモクラシーの帝国――アメリカ・戦争・現代世界』岩波新書、二〇〇二年。古矢『アメリカ』第二章。Andrew Bacevich, *American Empire : The Realities and Consequences of U. S. Diplomacy*, Cambridge,

Mass.: 2002 ; idem, ed., *The Imperial Tense : Prospects and Problems of American Empire*, Chicago : 2003 ; Nail Ferguson, *Colossus : The Price of America's Empire*, New York: 2004 ; Judith, *The Folly of Empire* ; William E. Odom and Robert Dujarric, *America's Inadvertent Empire*, New Haven : 2004.

(18) 最近の米国政治の変動については次の研究を参照。久保「共和党多数議会の『外交政策』」。砂田一郎『現代アメリカ政治――二〇世紀後半の政治社会変動』（新版）、芦書房、一九九九年、第九・一〇章。マイケル・リンド／高濱賛訳『アメリカの内戦』アスコム、二〇〇四年。吉原欽一編著『現代アメリカの政治権力構造――岐路に立つ共和党とアメリカ政治のダイナミズム』日本評論社、二〇〇〇年。吉原欽一『現代アメリカ政治を見る眼―保守とグラスルーツ・ポリティクス』日本評論社、二〇〇五年。Earl Black and Merle Black, *The Rise of Southern Republicans*, Cambridge, Mass.: 2002 ; John Micklethwait and Adrian Wooldridge, *The Right Nation : Conservative Power in America*, New York : 2004 ; Schaller and Rising, *The Republican Ascendancy*.

(19) カプチャン『アメリカ時代の終わり』下、二二、七七、一三六頁。Black and Black, *The Rise of Southern Republicans*, p. 90 ; Robert Dallek, *Flawed Giant : Lyndon Johnson and His Times, 1961-1973*, New York : 1998, p. 120.

(20) ただしディレイは二〇〇五年九月末、テキサス州の選挙資金規制法に違反した疑いで起訴されたため、院内総務職を退いた。『日本経済新聞』二〇〇五年九月二九日（夕刊）。

(21) ブッシュの二〇〇四年一二月一日のハリファックス演説は、〈http://www.whitehouse.gov/news/releases/2004/12/print/20041201-4.html〉。二〇〇五年二月二一日のブリュッセル演説は、〈http://www.whitehouse.gov/news/releases/2005/02/print/20050221.html〉。ボルトンはアメリカン・エンタープライズ公共政策研究所に在籍していた時、米国が行動の自由に執着する根元的理由について、それは「他国から孤立したいという欲求の故ではなく、あらゆる政府的な権威に反対するリバタリアン的衝動によるものである。このリバタリアン的衝動は米国人の経験と行動に深く根ざし、これまでのところ大いに成功しており、これが将来においても支配的となろう」と指摘している。John Bolton, "Unilateralism Is Not Isolationalism," in

Gwyn Prins, ed., *Understanding Unilateralism in American Foreign Relations*, London: 2000, pp. 81-82.

〔追記〕

本章はＮＩＲＡ「グローバル・ガバナンス」研究会での議論が基礎になっているが、内容の一部については、アメリカ学会第三八回年次大会部会Ａ「大統領制の今」（二〇〇四年六月六日）、および日本国際政治学会二〇〇四年度研究大会アメリカ政治外交分科会Ⅲ「ブッシュ外交の歴史的位相」（二〇〇四年一〇月一七日）で報告する機会を得た。二つの報告の機会を与えて下さった古矢旬先生、久保文明先生、滝田賢治先生に御礼を申し上げるとともに、報告に貴重なコメントを寄せて下さった諸先生、とりわけ砂田一郎先生、泉淳先生、大津留智恵子先生、中山俊宏先生に感謝申し上げたい。

第4章　拡散に対する安全保障構想とグローバル・ガバナンス

川上高司

国家を含む様々なアクター全体を統括する政府の存在がない国際社会の中で、いかにしてグローバル・ガバナンスが可能であるかを探ることは国際政治学者の古くからの命題であった。例えばK・ホルスティは一八～一九世紀のヨーロッパの協調体制をとりあげ、一つのガバナンスの事例とした[1]。最近では環境問題、エイズ、津波や地震災害など、地球規模の取り組みが必要な事柄は年々増している。ここでは「誰」が「誰の負担」で「どのように対応するか」が問題となり、イシューごとにレジームやグローバル・ガバナンスが機能している。中央政府が国際社会に存在はしなくとも、国家を含む様々なアクターが、多くの領域で国際社会の規範やルールに従う過程や状態は存在する。一般的に国際社会におけるこうした政府なき遵守の過程と状況はグローバル・ガバナンスと呼ばれてきた[2]。

本章は、アナーキカルな国際社会の中で安全保障分野において規範や制度を遵守するグローバル・ガバナンスは成立するかという論題にチャレンジするものであり、その実証的研究として現在進行中の「拡散に対する安全保障構想」(Proliferation Security Initiative : PSI) を事例としてとりあげる。

1　理論的枠組み

グローバル・ガバナンスを本章では、「公私を問わず、個人そして機構が彼らの共通の事項を管理する多くの方法の全体であり、対立するあるいは多様な利益を調整し、あるいは、協力的な行為がとられる継続的な過程である。それは、遵守を強制することを付与されたフォーマルな機構やレジームを含むとともに、人々や機構が合意したか、彼らの共通の利益となると考えたインフォーマルな枠組みをも含むものである」と定義する。(3) ここで言う、レジームとガバナンスの違いは、前者が「国家を行為者とし、ルールを問題解決の方法とし、特定の問題領域を考えるもの」であるのに対し、後者は、「国家のみが主体ではなく、非国家主体も行為者とし、ルールだけではなく様々な方法を考え、さらに、問題も多くのものに広がるものを考える」という点にある。(4) また、①主体、②方法、③問題領域、の三つの要素に着目してレジームとグローバル・ガバナンスの相違を考える(5)と、「主体」はレジームが国家、グローバル・ガバナンスが国家と非国家主体、問題解決の「方法」はレジームがルール、グローバル・ガバナンスがルールだけではなく様々な方法、「問題領域」はレジームが特定の問題領域、グローバル・ガバナンスが多くの領域といった点に相違がある。したがって、レジームよりもグローバル・ガバナンスの方が広い概念を持ち、主体、方法、問題領域の各次元においてレジームを全体化する傾向がある。これら三つの要素を組み合わせた山本吉宣のケースの分析を用いると、ガバナンスは八つに分類できる[6]。

第一番目は「狭義のレジーム」で、特定問題領域における国家間のルールによるガバナンスである。これは、ＰＳＩ、包括的核実験禁止条約（ＣＴＢＴ）、ミサイル技術管理レジーム（ＭＴＣＲ）、対人地雷禁止条約など、外部に脅威を想定しそれに対して協力を行うレジームと[7]、敵対する国や脅威を与える国をその枠組みに取り込み、そのなかで信頼醸成を図り、紛争を未然に防ぐレジームの二つに分けられる。

第二番目は、「問題領域のレジーム」で、多くの分野にわたって成立する。国家間のルールに基づくガバナンスで、三つのレジームに分けられる。一つは「入れ子レジーム」で、広い分野で階層的、整合的なものである。貿易分野ではＧＡＴＴ（ＷＴＯ）の中でサービス貿易や知的所有権などの分野的、地域的なレジームである[8]。また、安全保障分野では、主権国家体系を上層に考え、そのもとに集団安全保障、地域の集団安全保障を考えあわせるものである。二つは「複合レジーム」で、ある分野での協力的なルール形成が他の分野に拡散してより広いレジームが形成される場合をいう。これには、安全保障、経済、人的分野を包括した欧州安全保障協力機構（ＯＳＣＥ）などがある。三つは「禁止レジーム」で、様々な特定分野にそれぞれレジームが成立し、並立する状況である[9]。

第三番目は、「国家間の協調システム」で、国家間の共通目標を多様な方法での達成を試みる枠組みである。ここには、大国間の国際政治の安定を各国の自主性を尊重しながら、一定のルールや規範で維持しようとしたウィーン体制やワシントン体制などに見られた「コンサート・システム」がある。もう一つは、安全保障問題に関して対話の習慣やコンセンサスに基づく行動などをルール化したASEAN地域フォーラム（ARF）といった「協調的安全保障」である。(10)

第四番目は、「広範囲の国家間協調システム」で、国家間で広い範囲の問題を多様な方法で協力的に取り扱うものである。G8サミットがその代表例であり、そこでの課題は、貿易、通貨、エネルギーなどの経済問題からコソヴォ問題、中東問題などの安全保障問題まで多岐にわたる。

第五番目は、「多様な主体によるレジーム」で、国家および非国家主体を行為体と考え、特定の分野でルールによる管理、問題解決をするものである。これは、「私的レジーム」や「トランスナショナル・レジーム」と呼ばれ、国際商事裁判制度や世界の化学会社が生産物に関して国際環境ルールを作ったり、国際標準機関（ISO）が様々な分野で政府と民間が協力して製造物の国際基準を作ったりするものである。対人地雷禁止条約で、非政府主体の活動が重要な活動を果たしたのがその代表的なケースである。

第六番目は、「広範囲の多様な主体によるレジーム」で、複数の問題領域においてレジームが形成され、そこに国家および非国家主体が参加するものである。たとえば、世界貿易機関（WTO）に非国家主体が正式に参加する例や、対人地雷禁止レジームのようなレジームがいくつかの分野に形成されればこの例となる。

第七番目は、「単一グローバル・ガバナンス」で、ある特定分野での共通問題を解決する際、様々なアクターが参加し、単にルールのみでなく政策協調や異なる主体間の分業まで様々な柔軟な手段を含むものである。安全保障分野では冷戦後の国際社会の国内紛争への関わりがそうである。国連、地域枠組、国家、NGOなどの国際社会のアクターが、予防外交、平和創造（回復）、平和維持、平和構築（建設）といった手段で国内の紛争に関わる事例である。

第八番目は、「複合的グローバル・ガバナンス」で、多様な方法で多様なアクターが、多くの問題領域で、共通の問題解決を目指すものである。地球温暖化、オゾン層、野生動物保護など様々な分野に成立する単一グローバル・ガバナンスを全体としてみた時に、広い範囲の環境に関する複合的グローバル・ガバナンスが成立している。国連の集団安全保障、平和維持活動などの分野での国家および非国家主体の活動もそうである。また、国連は、経済発展、環境、人権など幅広い分野を包括した複合的グローバル・ガバナンスの構造となっている。

以上のケースをまとめれば、第一から第四は「国家」を主体とし、第五と第六は「国家」と「非国家主体」をアクターとし、第七と第八は、国家と非国家主体が主体となって主体間の裁量的協力を含めているものとなっている。

2　大量破壊兵器の不拡散論議の原点——PSIの前史

本章でとりあげる拡散に対する安全保障構想（PSI）は、二〇〇三年五月、ブッシュ大統領が「大量破壊兵器（WMD）等の拡散を阻止するために、参加国が共同して対処する構想」として発表したものである。

冷戦後、テロ集団（非政府主体）や大量破壊兵器やその技術を輸出する「ならず者国家」が新たな安全保障上の懸念となり、軍事力をいかに使用して対処するかが課題となった。国連加盟国は世界の平和と安定のために、大量破壊兵器が「ならず者国家」からテロリストやその他の「ならず者国家」へ拡散しないように、軍事力を用いてそれを「抑止」、「制止」、「強要」し、必要とあれば「予防」せねばならない。そして、テロ攻撃があった場合にはそれに対して「懲罰」を行い、テロによる被害が拡大せぬように協力する必要がある。

米国は、冷戦終焉前後から国防戦略の見直しを行ない、大量破壊兵器を保有する国家でその拡散を目論むイラクと北朝鮮を中心とする「ローグ・ステイツ（ならず者国家）」をその脅威の対象とし、その時点から「大量破壊兵器の拡散防止」は一気に注目されることとなった。この「ローグ・ドクトリン（ならず者教義）」は、レーガン大統領が一九八五年六月に全米弁護士協会でキューバ、イラン、ニカラグア、北朝鮮を名指しで、「アメリカ市民を狙うテロリストの大部分は〝無法国家（outlaw states)〟により訓練され、資金を供給され、直接・間接的に操作されている」[11]と述べた演説に端を発していると考えられる。それ以降、テロ対策をめぐり多くの議論が巻き起こり、アンソニー・レイク大統領国家安全保障担当補佐官が一九九四年四・五月号のフォーリン・アフェアーズ誌の論文（"Confronting Backlash States"）で「〝無法国家〟は、キューバ、北朝鮮、イラク、リビア」であるとし、「大量破壊兵器とミサイル開発に躍起になっている」と述べたことから「ローグ・ドクトリン」はより明確化された[12]。それ以降、強大な軍事力を持ち、大量破壊兵器製造に着手しつつある第三世界諸国は世界秩序の破壊を目論んでいるとする「ローグ・ドクトリン」は米国で定着するものとなった[13]。

そして、「ローグ・ドクトリン」が「大量破壊兵器の拡散防止」と決定的に結びついたのは、ジェームズ・ベーカー国務長官が一九八九年一月の上院外交委員会で、「化学兵器弾頭や弾道ミサイルが、侵略行為やテロ活動の明らかな前歴を持つ諸国やグループの手に落ち」「強力な拡散防止の努力が求められている」と述べてからである[14]。

現在の大量破壊兵器の拡散防止には、核不拡散条約（NPT）、IAEA追加議定書（AP）、包括的核実験禁止条約（CTBT）、化学兵器禁止条約（CWC）、生物兵器禁止条約（BWC）、ザンガー委員会（ZC）、原子力供給国グループ（NSG）、オーストラリア・グループ（AG）、ミサイル技術管理レジーム（MTCR）、弾道ミサイルの拡散に立ち向かうためのハーグ行動規範（HCOC）等があり[15]、主に米国、ロシア、中国、日本、韓国等が中核となりレジームを形成している。

冷戦後の国際社会における安全保障環境は大量破壊兵器とその運搬手段となるミサイルの拡散に大きく左右される。特に、テロリストの手にそれらが渡ったりした場合には大きな不安定条件となる。したがって、大量破壊兵器不拡散体制を支える原理は、大量破壊兵器を保有する国の増加は国際社会の不安定を生じるために大量破壊兵器の管理が必要であるというところにある。

大量破壊兵器不拡散の中核である核不拡散条約（NPT）は米英露中仏以外の国が核兵器を開発し保有するのを防止することを主目的として、一九六八年に署名され七〇年に発効した条約である。五大核兵器保有国に加え、一九〇ヵ国近くが加盟している[16]。NPTは、前文で「核兵器の拡散が核戦争の危険を著しく増大させる」との前提のもと、第一条で核兵器国の拡散防止義務、第二条で非核兵器国の拡散避止義務をもうけている。また、第三条で締約非核兵器国はその国内すべての核物質について保障措置を受け入れることを義務づけられた。[17] したがって、NPTは狭義レジームでも敵対する国をレジームの枠組みに取り組んで信頼醸成をはかる、「紛争予防レジーム」としての代表例となっている。

もう一つの中核である包括的核実験禁止条約（CTBT）は、核兵器国の支持の下にあらゆる場所における核兵器実験を禁止するものである。一九九三年国連総会は包括的条約決議案を採択し、九四年には国連軍縮会議に核実験禁止特別委員会が設置され、作業ブループで法的制度的問題および検証の検討が行われ、九六年に国連総会で採択された。条約発効には指定された四四ヵ国すべての批准が必要であるが、二〇〇五年二月時点で、米国、インド、パキスタン、北朝鮮など一部の発効要件国の批准の見通しはたっておらず、CTBTは未発効である。[18] したがって、CTBTはレジームの形成過程にあると言えよう。また、IAEA追加議定書（AP）は、国際原子力機関（IAEA）と保障措置協定締約国間で追加的に締結される保障措置強化のための議定書でありNPTレジームを支える重要な柱となっている。現在、中国、日本、フランス、インドネシア、英国、韓国などが参加しているが米国やロシアなどは未加盟である。[19]

生物兵器禁止条約（BWC）は一九七二年に署名され、七五年に発効した。細菌兵器（生物兵器）および毒素兵器の開発、生産および貯蔵の禁止並びに廃棄の活動を禁止する条約で、生物兵器を包括的に禁止する唯一の法的枠組みである。BWCは条約の実施を確保する手段に関する規定が不十分であり、条約を強化する必要性が指摘されていた。そのため、九四年の締約国特別会議で検証議定書の検討が決定され、以来検証議定書の作成交渉が開始された。二〇〇一年の再検討会議でその採択が予定されていたが、米国の反対で採択されなかった。

化学兵器禁止条約（ＣＷＣ）は化学兵器を全面的に禁止する条約で一九九三年に署名され九七年に発効した。化学兵器の開発、生産、貯蔵、使用禁止、破棄を禁止するとともに、保有する化学兵器を一定期間内（原則として一〇年以内）に廃棄することを義務づけている。条約はその実施のために化学兵器禁止機関（ＯＰＣＷ）を設置し、違反の疑いがある施設に対し受け入れ国の承認を得ずに査察できるチャレンジ査察（抜き打ち査察）を取り入れた画期的なものである。中東諸国や北朝鮮は未加入である[20]。

また、その一環として、オーストラリアが主要先進国間での化学兵器関連物資に関する輸出管理の協調を呼びかけ八五年に設立されたオーストラリア・グループ（ＡＧ）がある。ＡＧはＣＷＣ成立までの暫定的措置との位置づけであったが、ＣＷＣを補完する有効なレジームとして存続している。

ミサイル技術管理レジーム（ＭＴＣＲ）は大量破壊兵器の拡散防止の側面から、その運搬手段となるミサイルと関連品目・技術の輸出を規制することを目的として、一九八七年に発足した。これに関連して二〇〇二年一一月に弾道ミサイルの拡散に立ち向かうためのハーグ行動規範（ＨＣＯＣ）が九三カ国により署名された。また、核兵器関連品目の輸出規制に関しては一九七〇年代に発足したＮＳＧがある。

ＰＳＩは、国際社会の平和と安定に対する脅威である大量破壊兵器・ミサイル等の拡散を、国際法および各国国内法の範囲内で阻止するための国際的な組織である。[21]

以上の一〇個のレジームの共通点は、「大量破壊兵器の不拡散」を目的とするという点で一致する。したがって、個々のレジームをさらに「大量破壊兵器の不拡散」という共通項でくくれば「問題領域のレジーム」が成立することになる。その意味では、特定の問題領域に成立するレジームを特定の分野で積み上げることになるので、ジェームズ・ローズノウの定義するグローバル・ガバナンスとなる。

3　ＰＳＩ設立の背景とその経緯

現在の米国の安全保障政策は二〇〇二年九月の米国国家安全保障戦略（The National Security Strategy of the United States of America : NSS2002）[22]で示された。ＮＳＳ二〇〇二において、ブッシュ大統領は対テロ戦争を明確に打ち出し、テロに係わる国家に対する先制攻撃を辞さず、それと同時に積極的拡散対抗の戦略を宣言した。前者は、いわゆるブッシュ・ドクトリンとしてイラク攻撃に適応された。後者の積極的拡散対抗とは、「ローグ・ステイツ（ならず者国家）」やテロリスト集団へ大量破壊兵器が拡散・移転するのを阻止することを意味する。また、兵器そのものの拡散のみならず大量破壊兵器の製造に必要な物資・技術・知識の移転の阻止もその目的に入っている。

この戦略を具体化させたのが二〇〇二年一二月の「大量破壊兵器と戦う国家戦略」（National Strategy to Combat of Mass Destruction : NSCMD）[23]である。ＮＳＣＭＤでは、拡散対抗

（counterproliferation）、不拡散（nonproliferation）、大量破壊兵器の危機管理（WMD consequence management）などが謳われた。[24] そして拡散に対する安全保障構想（ＰＳＩ）がこの政策指針から導かれたが、この段階では、ＰＳＩは「拡散防止」の手段として提唱されたのみでその実効性は不明であった。しかしその直後の一二月一〇日に、スペイン艦船がイエメン沖アラビア海で朝鮮民主主義人民共和国（以下、北朝鮮）船舶のソサン号を臨検し、[25] 北朝鮮からイエメンへ運ばれる途中のスカッドミサイルの部品を発見したことで大きな進展があった。[26] このことは、大量破壊兵器の拡散が行われていることが国際的に明らかになるとともに、ＰＳＩの効果が実証される画期的な出来事となった。[27]

それを踏まえて、ブッシュ大統領は、ＰＳＩを二〇〇三年五月、ポーランドのクラフコで正式に発表し、日本、イギリス、フランス、イタリア、オーストラリア、オランダ、ポーランド、ポルトガル、スペインの一〇カ国に参加を呼びかけた。[28] ＰＳＩは、国際社会の平和と安定に対する脅威である大量破壊兵器・ミサイル及びそれらの関連物資の拡散を主に阻止するために、国際法・各国国内法の範囲内で、参加国が共同して取りうる措置を検討する取り組みである。ただし公海での臨検は法律がないため現在できないとされているが、ただし、船舶籍の政府が同意すれば可能であるとされている。米国は最終的に国連決議などによる公海上の拿捕等、より強制力のある体制作りをめざしている。また、その特徴は、主に北朝鮮とイランという特定の国からの大量破壊兵器輸出入を阻止する目的で、各国が船舶、航空機などを使って協力し合うという点にある。ＰＳＩにおいては局長級が出席する総会（Plenary）と局次長級の専門家会合（Experts Group Meeting）が開催され

表1　PSI 総会と内容

PSI 総会	内容
第 1 回 PSI 総会（2003 年 6 月 12 日，マドリード）	全参加国が積極的に PSI を推進し，総会の下に臨検を強める「オペレーション」と，大量破壊兵器関連物資の輸送情報の収集・交換を強化する「インテリジェンス」の 2 つの専門家会合を設置することが合意された．
第 2 回 PSI 総会（2003 年 7 月 9～10 日，ブリスベン）	参加国が現行の法的範囲内で拡散防止のための措置を実施すること，また，全参加国が PSI 訓練をできる限りの早期に実施することで一致した．
第 3 回 PSI 総会（2003 年 9 月 3～4 日，パリ）	PSI の目的や阻止の原則をのべた「阻止原則宣言（Statement of Interdiction Principles）」，「拡散安全保障イニシアティブのための阻止原則」が発表され，コアグループの形成が決定された．議長サマリーでアウトリーチ活動が決定され，参加国は情報共有を含む実際的行動を検討し，能力向上と PSI 実施の条件を試行することを目的とする海空陸における阻止訓練実施につき了解した．
第 4 回 PSI 総会（2003 年 10 月 9～10 日，ロンドン）	2004 年春までに 8 回の合同訓練を行うことで合意した．さらにこの総会では 50 カ国以上の国が「阻止原則宣言」（第 3 回総会にて採択）への支持を表明していることが確認された．また，アウトリーチに関する地域的取り組みが奨励され，「阻止原則宣言」を支持しかつ活動に貢献可能な国や国際機関に対しては，PSI への参加は広く開かれているべきこと，PSI の活動の対象となるのは，すべての拡散懸念国と非政府主体であることが確認された．
第 5 回 PSI 総会（2004 年 3 月 4～5 日，リスボン）	シンガポール，ノルウェー，カナダが新たに参加した．2004 年 2 月にブッシュ大統領が国防大学で演説した PSI 強化の提案を支持し，法の執行を含めて活動を強化することによって，拡散阻止の協力を強化していくことで合意した．そして，「阻止原則宣言」に則った活動を行うために必要となる法の整備を行うことを奨励することで一致した．また，今後も阻止訓練を参加国が開催していくことや，「地域別アウトリーチ」や「機能別アウトリーチ」が奨励された．
第 6 回 PSI 総会（1 周年記念総会）（2004 年 5 月 31 日～6 月 1 日，クラフコ）	参加国及び国際機関はあわせて 61 カ国となり，ロシアが新たにコアグループとして参加することが決定された．さらに議長国ポーランドは議長声明として，PSI のさらなる強化と国内法・国際法との整合性を確保していくことを発表したほか，安全保障理事会決議 1540 に言及し，アウトリーチ活動などにも触れた．

出所：外務省ホームページ〔http://www.mofa.go.jp/mofaj/gaiko/fukkaku_j/psi/psi.htm〕2005/3/12 より作成．

る。ＰＳＩの総会は現在まで六回開催され（表1参照）、着実に内容を充実させながらその参加国と協力国を増やしている。

ＰＳＩの「第一回ＰＳＩ総会」（二〇〇三年六月）では、全参加国が積極的にＰＳＩを推進し、総会の下に臨検を強める「オペレーション」と、大量破壊兵器関連物資の輸送情報の収集・交換を強化する「インテリジェンス」の二つの専門家会合を設置することが合意された。「第二回ＰＳＩ総会」（二〇〇三年七月）は、参加国が現行の法的範囲内で拡散防止措置実施と全参加国のＰＳＩ訓練の早期実施で一致した。また、同年七月三〇日にはイギリスのヘンロー空軍基地で最初のオペレーション専門家会合が開かれた。「第三回ＰＳＩ総会」（二〇〇三年九月）では、ＰＳＩの目的や阻止の原則をのべた「阻止原則宣言（Statement of Interdiction Principles）」と「拡散安全保障イニシアティブのための阻止原則」[29]が発表され、議長サマリーではアウトリーチ活動を行うとされた[30]。また、米、日、豪、伊、仏、英、独、オランダ、ポーランド、スペイン、ポルトガル一一カ国が合意し、コアグループを形成することになった。

また、二〇〇三年九月二三日ブッシュ大統領は国連総会演説でＰＳＩを念頭に、①大量破壊兵器拡散を違法とする法整備、②輸出規制、③関連物質の流出阻止などの核拡散阻止の新決議採択を安保理に要求したが、ロシアはこの決議案はフランスとロシアが二〇〇三年二月に出した仏露共同宣言からでてきたものであると米国を牽制した。

「第四回ＰＳＩ総会」（二〇〇三年一〇月）は、二〇〇四年春までに八回の合同訓練を行うことで合意した。さらにこの総会では五〇カ国以上の国が第三回の総会で採択された「阻止原則宣言」への支持を表明していることが確認された。また、アウトリーチに関する地域的取り組みが奨励され日本とオーストラリアがアジア諸国に対して行うアウトリーチ活動が歓迎されることとなった。また、PSIとはそもそもグローバルな「活動」であって「組織」を形成するものではないことが改めて強調され、「阻止原則宣言」を支持しかつ活動に貢献可能な国や国際機関に対してはPSIへの参加は広く開かれているべきであるとの合意がなされた。そしてPSIの活動の対象となるのはすべての拡散懸念国と非政府主体であることも確認された。

二〇〇三年一二月一六～一七日の間にワシントンDCでオペレーション専門家会合が開催された。二〇〇三年一二月一八日までに、米国は北朝鮮やイランを牽制するだけでなく、非政府主体やテロリストが大量破壊兵器を入手する脅威を強調した不拡散決議の草案を国連安全保障理事会の常任理事国に示した。この草案ではテロリストが大量破壊兵器を製造したり入手あるいは使用することを阻止できるように各国が法整備をし、とりわけ水際での管理を厳しく行うことを強調し、そしてPSIの実施もありうるとした。

二〇〇四年一月、米政府は三月末までに「核開発断念宣言」などがない場合、北朝鮮に対するPSIの全面発動（麻薬、偽札などの取り締まりも強化する）、安保理への付託などの強硬手段をとる方針を決めた。さらに、ブッシュ大統領は二〇〇四年二月一一日に国防大学で演説を行い、パキスタンのカーン博士らによる北朝鮮などへの核技術の流出事件から発覚した「核のブラックマーケット」を通じて核が拡散していく現状に警鐘を鳴らし、PSIをはじめとする核兵器製造や拡散防止に向けての七つの新提案を発表した[31]。同月一六日に北京で開かれた米中次官級会議で、ボルトン国務次官は中国外務次官と会談しPSIへ参加することを働きかけた。中国に関しては、「核のブラックマーケット」に中国が関与している疑惑が浮上し、中国からの核の拡散をくい止めたい米国は、会談で七項目を説明し拡散防止への協力を訴えた。また、同時期の四月一六〜一七日には、カナダのオタワで、PSIオペレーション専門家会合が開かれた。

「第五回PSI総会」（二〇〇四年三月）ではシンガポール、ノルウェー、カナダが新たに参加し、二〇〇四年二月のブッシュ大統領の国防大学演説（PSI強化提案）を支持し、法の執行を含んで活動を強化することによって拡散阻止の協力を強化していくことで合意した。そして、「阻止原則宣言」に則った活動を行うために必要となる法の整備を行うことを奨励することで一致した。また、今後も阻止訓練を参加国が主催していくことや「地域別アウトリーチ」(32)や「機能別アウトリーチ」(33)が奨励された。

二〇〇四年四月二八日、国連安全保障理事会は、ブッシュ大統領が提案した大量破壊兵器の不拡散決議を全会一致で採択した。この決議は国連加盟国に対して、大量破壊兵器の入手などの試みを処罰するための立法措置をも要求し、国内での管理、水際での取り締まりの強化、大量破壊兵器と関連部品や技術などが国外に不法に流出することを阻止することを加盟国に求めた。この決議に関して米国のカニングハム国連次席大使は「PSIは決議履行のための貴重な手段になる」とPSIを強調し、PSIへの参加を呼びかけた。さらに、米国のボルトン国務次官は、四月三〇日、PSIを今後の大量破壊兵器対策の中心として推進、強化してゆく方針を強調し、この中で、「日本はASEAN各国に専門家を派遣してPSIへの積極参加や協力を呼びかけるなど米国と緊密に協力している」と述べ、日米の緊密な連携関係に言及した。

続くシーアイランドサミット（二〇〇四年五月）では、大量破壊兵器拡散防止に関する行動計画が発表され、その行動計画で北朝鮮、イランを名指しし核開発に対する強い懸念が表明された。また、大量破壊兵器の輸出で得た資金の流れを阻止、不法な工場、実験室、ブローカーの取り締まり、核兵器開発に結びつくウラン濃縮や使用済み燃料再処理の技術を持たない国への移転の一年間凍結などがＰＳＩの中に盛り込まれた[34]。

二〇〇四年五月一二日、アメリカ政府は世界最大の船舶総トン数を有しているパナマ政府と、同国船籍の船舶に対して公海上の臨検を認める協定に調印した。この協定によって、パナマ船籍の船舶が大量破壊兵器を密輸しているとの疑いが生じた場合、米海軍などは臨検、拿捕を行い、さらには押収も可能となった。さらに米国は世界第二位の船舶総数を有するリベリアとも同年二月に同様の協定を結んでおり、パナマとあわせると世界の船舶の三〇％が臨検可能になる。これにＰＳＩ参加国の分もあわせると世界の船舶の五〇％近くが臨検できることになった。

「第六回ＰＳＩ総会」（二〇〇四年五月）は、ＰＳＩ発足一周年を記念して「一周年記念総会」として開催され、ロシアが新たにコアグループとして参加することが決定したのをはじめ参加国及び国際機関は併せて六一カ国となった[35]。ＰＳＩのさらなる強化と国内法・国際法との整合性を確保していくことが議長声明として発表された[36]。

また、二〇〇四年六月五日にラムズフェルド米国防長官は、テロ組織と大量破壊兵器の結びつきに懸念を表明し、ＰＳＩを核技術の闇市場流出問題などで有効に活用できると主張し[37]、臨検や情報共有、法的規制の強化などの取り組みへの支援をさらに拡大するよう求めた。

また、オペレーション専門家会合がノルウェーのオスロ（二〇〇四年八月五～六日）とシドニー（二〇〇四年一一月三〇日～一二月二日）でそれぞれ開催された。

二〇〇五年二月二日、ブッシュ大統領は一般教書演説で北朝鮮の核開発の野望を捨てさせるためにアジア各国はPSIで緊密に行動をともにする必要があると述べた[38]。また、同月一九日、日米安全保障協議委員会（2＋2）で、不拡散、特にPSIを推進する上で、日米両国間の協力と協議が中枢的な役割を有してきたことを認識するとともに、日本、米国及び他の国が主催した多国間の阻止訓練が成功裡に行われたことを歓迎する声明を出した[39]。

4　グローバル・ガバナンスとしてのPSI成立の条件

グローバル・ガバナンスは、第一に「主体」[40]、第二「目的」[41]、第三に「行動規範」[42]、第四に「方法」[43]が基本的要素として考えられている。これをもとに、PSIが、グローバル・ガバナンスとして成立するかどうかを以下、検証する。

第一のPSIを実行する「主体」は、「不拡散に利害を有し、陸・海・空において大量破壊兵器等の流れを断ち切るための措置をとる能力及び意志を有するすべての国家」であり[44]、現時点では、コア・グループ一五カ国（米、日、英、伊、蘭、豪、仏、独、加、露、スペイン、ポーランド、ポルトガル、シンガポール、ノルウェー[45]）が中心となって推進されている。しかし、パリ宣言の前文でも「国連加盟国による拡散防止の必要性」を強調していることから、最終的には国連加盟国すべてであるいは、国連がPSIの「主体」となることを目指している。

次に、PSIの「目的」であるが、PSI参加国は「大量破壊兵器等の拡散懸念国等への、及び拡散懸念国等からの輸送を阻止するためのより調整され効果的な基礎を構築するために、阻止原則にコミットする。阻止原則に関してPSI参加国は、国際の平和と安全に対するかかる脅威に懸念を有するすべての国が同様に阻止原則にコミットするよう呼びかける[46]」ということがパリ宣言で述べられている。この宣言内容から、PSIの「目的」は、①「大量破壊兵器等の拡散懸念国等への、及び拡散懸念国等からの輸送を阻止する」こと、②「より調整され効果的な基礎を構築する」こと、③「PSI参加国は、国際の平和と安全に対するかかる脅威に懸念を有するすべての国が同様に阻止原則にコミットするよう呼びかける」ことである。また、その対象国とされた「大量破壊兵器等の拡散懸念国等」は、「一般的に、(a)化学、生物、及び核兵器並びにそれらの運搬手段の開発又は獲得への努力、又は(b)大量破壊兵器等の移転（売却、受領及び促進）を通じ、拡散に従事しているとしてPSI参加国が阻止対象とすべきことを確定する国家又は非国家主体を指す」（第一項）とパリ宣言で説明されている。

第三のPSIの「行動規範」であるが、第三回パリ総会で発表された「拡散安全保障イニシアティブのための阻止原則」がそれに当てはまる。阻止原則は、四項からなり、第一項は、前述したその目的と対象である。第二項は、PSIの活動として、「他国より提供される機密情報の秘密を保全しつつ疑惑のある拡散活動に関連する情報の迅速な交換のため合理化された手続きをとる、阻止オペレーション及び阻止能力のために適切な資源及び努力を投入する、阻止努力における参加国間の調整を最大化する」ことをあげている。さらに、第三項で、その目的を達成するため、「必要に応じて、関連する国内法を見直すと共にその強化に努力する。また、これらのコミットメントを支持するため、必要な場合には、適切な方法によって関連する国際法及び国際的枠組みを強化するために努力する」ことを約束している。そして、第四項で、「各国の国内法権限が許容する限りにおいて、国際法及び国際的な枠組みの下での義務に合致して、大量破壊兵器等の貨物に関する阻止努力を支援する」ために、「具体的な行動を取る」としている。

第四のPSIの「方法」は、パリ宣言の第四項に「各国の国内法権限が許容する限りにおいて、国際法及び国際的な枠組みの下での義務に合致して、大量破壊兵器等の貨物に関する阻止努力を支援するために、以下を含む具体的な行動を取る」ことと定めている。「以下の具体的な行動」とは、第四項の(a)から(f)に陸・海・空および湾岸、空港、中継地点等のその他施設において適切な行動をとることが記されている(47)。

また、PSIに実効性を伴わせるために、第四回総会（二〇〇三年一〇月）において〇四年春までに八回の合同訓練を行うことで合意して、合同訓練が継続して行われている（表2参照）。これもPSIの特徴である。特に、日本の主催で二〇〇四年一〇月二五～二七日に開催された海上阻止訓練(48)「チーム・サムライ04」では日、米、仏、豪は艦船等を参加させた。オブザーバー参加国一八カ国をあわせると参加国は二一カ国にのぼり、すべてのPSIのコア・グループ国は何らかの形で参加した。アジアからは、すでにコア・グループに参加しているシンガポールのほかに、カンボジ

表2　PSIの合同演習とその活動状況

PSIの合同演習	内容
PSI合同訓練「Pacific Protector」(2003年9月12～14日)	オーストラリア沖で実施され，日本から海上保安庁が参加した．*
航空阻止指揮所訓練(2003年10月8～9日)	英国が主催し，ロンドンで開催された．
海上阻止訓練「Basilic 03」(2003年11月24～28日)	フランスが主催し，地中海で実施された．
海上阻止訓練「Sea Saber」(2004年1月11～17日)	米国が主催し，アラビア海で実施された．
航空阻止訓練「Air Brake」(2004年2月19日)	イタリアが主催し，シチリアで開催された．
国際空港での阻止訓練「Hawkeye」(2004年3月31～4月1日)	ドイツが主催し，フランクフルトで開催された．
海上阻止訓練「Clever Sentinel」(2004年4月13～22日)	イタリアが主催し，地中海で実施された．
陸上阻止訓練「Safe Borders」(2004年4月19～21日)	ポーランドの主催で開催された．
航空阻止指揮所訓練「ASPE 04」(2004年5月23～24日)	フランスが主催し，パリで開催された．
海上阻止机上訓練「PSI Game」(2004年9月27日～10月1日)	米国主催で米海軍大学において開催された．
コンテナ・セキュリティ・ワークショップ（2004年8月3～4日）	デンマークのコペンハーゲンで開催された．
海上阻止訓練（Team Samurai 04）(2004年10月25～27日)	日本が主催国となり開催された．参加国は日本（海上保安庁，海上自衛隊），米，仏，豪．オブザーバーは英，露等など18カ国で，中，韓は参加せず．
海上阻止チョークポイント訓練(2004年11月10～18日)	米国主催でキーウエストで実施された．この訓練には19カ国が参加し，日本からは海上自衛隊と海上保安庁が派遣された．

＊現状では，国連決議がある場合あるいは船籍国の同意がある場合を除いては公海上の臨検は困難である．海上保安庁参加も簡単にはできない．そこで日本では，PSIを「警察活動である」と解釈し，また，対象船の国籍を日本とするなど努力を重ね，同時に米国もこの見解に理解を示して沿岸警備隊を参加させた．その結果海上保安庁は参加可能となった．

ア、フィリピン、タイが初参加した。
以上から次のことがPSIと他の大量破壊兵器関連のレジームとの差異が指摘できる。つまり、PSIが他の大量破壊兵器に関連するレジームと比べて特徴的なのは、第一のPSIの「主体」と第二の「目的」の構成から、米国が一貫して積極的に主導的役割を果たす一方、PSIへの参加は参加国にとって「国際的な平和と安全」という国際公共財を共有する「有志連合」である点にある。このことから、PSIの「目的」は前述したように、①「大量破壊兵器等の拡散懸念国等への、及び拡散懸念国等からの輸送を阻止する」こと、②「より調整され効果的な基礎を構築する」こと、③「PSI参加国は、国際の平和と安全に対するかかる脅威に懸念を有するすべての国が同様に阻止原則にコミットするよう呼びかける」ことである。

PSIは現時点では「有志連合」であり、国連や同盟といった基礎は存在せず、あくまでも各国の意志に参加もその実行も委ねられているが、その目的から理解できるようにPSIをレジーム化あるいはグローバル・ガバナンス化することも目的としていると言えよう。

そのためには二つのことが必要である。第一は、PSIの実績を積み重ねながら、「主体」を現在のアメリカ中心の「有志連合」から、事務局機能を伴った機構に発展させていくことである。この点に関しては、PSIは、他の大量破壊兵器のレジームが参加国間の政策やその実行に調整するのに多大な労力が割かれるのに比べ、実行とその結果に重きが置かれている。[49] PSIの一五カ国のコア・メンバーに加え、約六〇カ国の協力国の有志連合が実績を積みながら、前述したように訓練を積み重ねている。また、PSIでは局長級が出席する総会（Plenary）と局次長級の専門家会合

(Experts Group Meeting) が開催されている。専門家会合には臨検を強める「オペレーション」と、大量破壊兵器関連物資の輸送情報の収集・交換を強化する「インテリジェンス」の二つの専門家会合があり活動も活発に行われている。

しかし、PSIがレジームもしくはグローバル・ガバナンスとして成立するかどうかの第二の点は、国際法上の臨検制度を確立し、大量破壊兵器の流れを断ち切るための規範が成立することにある。つまり、そのためには、パリ宣言で述べられるように「国際法」を遵守しながらPSIを実効性のあるものにできるかどうか、というレジティマシーの問題と深くかかわってくるのである。

5 PSI成立のための国際法上のレジティマシー

PSIがグローバル・ガバナンスとして成立するかどうかは、第三回パリ総会で議長プレステートメントとして宣言されたように、PSIへ参加する有志連合が、「拡散懸念国及び非国家主体による拡散を防ぐ」こととした目的と、パリ宣言で「各国の国内法権限が許容する限りにおいて、国際法及び国際的な枠組みの下での義務に合致して」協力するとの約束をいかに具現化するかにある。つまり、PSI参加国がどれほどまでに国際法を遵守し、また法の枠組みの中でPSIを実行することができるかにかかっているが、国際法上の措置がもっとも論議を呼び、二つの問題がある。

第一の問題は、「領海における阻止行動と国連海洋条約」に関するものである。この点に関しては二つの解釈がある。一番目の解釈は、すべての国の船舶は領海において無害通航権を有し(国連海洋法条約第一七条)、沿岸国はこれを妨害してはならない義務を持つ(国連海洋法条約二四条一項)。つまり、大量破壊兵器やその運搬手段、あるいは関連物質を積載していることのみを理由に、通航を無害でないと認定することは条約上許されないと解釈できるとするものである。[50]二番目の解釈は、国連海洋法条約一九条一項の「通航は、沿岸国の平和、秩序、又は安全を害しない限り、無害とされる」の規定から、大量破壊兵器やその運搬手段、あるいは関連物資を積載している船舶の持つ潜在的危機あるいは目的や意図により無害でないと判断する余地がでてくるというものである。[51]二番目の解釈にたち、事前許可のない通航を禁止する国内法を制定した場合、[52]通航阻止は可能となる。さらに、この場合の臨検であるが、被疑船舶に関する沿岸国の領域水域は、「内水」であれば沿岸国の領域主権がおよび可能である。「接続水域」であれば、通関上の法令違反を管轄権行使の理由とすれば、事前許可のない通航を禁止する国内法が制定され、被疑船舶が沿岸国に向かっているか、沿岸国から国際水域に向かっている場合には臨検が可能と考えられる。[53]もし、このような国内法を制定せずに臨検を行う場合には、海洋法条約の違反となる。[54]それ以外に領海における阻止行動及び臨検を行う場合には、国連安保理決議による授権を得るか、当該船舶の旗国の同意を得る場合に限られる。

第二の問題は、公海・排他的経済水域における臨検に関するものである。[55]海洋法条約一一〇条は公海上における臨検に関する規定を定め、軍艦による臨海は、①海賊行為、②奴隷取引、③無許可放送、④無国籍船、⑤国旗の濫用の五つの場合に許可している。例えば、先に述べた二〇〇二年一二月の北朝鮮のソサン号の臨検は、当該船舶が無国籍船であったのでその対象となった。以上の点から、現時点では海洋法条約上では、大量破壊兵器やその関連物資を輸送している疑いがあるというだけでは、当該船舶を臨検できないという点が指摘できる。

そこで、米国はPSIによりレジティマシーを持たせ、効力を発揮させるために、国際法である「シージャック法」に①大量破壊兵器の運搬は犯罪であるので臨検・押収できる、②臨検には船籍国の同意が必要であるが、一定期間内に同意が得られなければ臨検できることとする、との二点を盛り込む構想を提案し、国際海事機構（IMO）で審議が始まっている。

また、米国は、一九八八年の海洋航行不法行為防止（SUA）条約に、テロリストの乗船や大量破壊兵器の輸送をSUA条約の対象犯罪に加えるべく改正することを考えている。そのために、米国は国連安全保障理事会で、大量破壊兵器の拡散防止をとりあげ活発に働きかけを行っている。

さらに、前述したように米国は相互臨検を認める二国間条約をリベリアやパナマなど、PSI参加国あるいは協力国との間で締結し、それを根拠に、あるいはその二国間条約をグローバルに集積することによりPSIを推進しようとしている。この二国間協定を締結することによる臨検態勢の強化は、米国が一〇カ国のカリブ海諸国と包括的な海上反麻薬協定を締結していることから、この協定を臨検協定に転換することはさほど困難ではないと考えられ、この方面からも着実に強化されていくものの考えられる[56]。

おわりに

以上のようにPSIは、国連を中心とした多国間レベルと、米国との二国間レベルでの条約締結により、レジティマシーを持とうとしている。PSIの対象地域は、北東アジアに目を転じてみると、北朝鮮の核問題をいかに平和裡に解決できるかが最大の焦点となっている。この解決策として米中ロ日韓朝による「六者協議」が行われているが、これを補完するものとして強制措置を伴うPSIの役割が大きい。これは、冷戦終了後の軍事力行使の中でも、軍事力を直接行使せずに相手国に政策の変更を求める「制止活動」にあたる。PSIは国連安保理決議は不要であり、それとは無関係に発動できる(57)。だが、具体的にどのケースにどのように発動するかなど各国間で明確な方針が現時点で定まっているとはいえず、実行上の問題となりかねない。さらに、PSIを発動した場合、北朝鮮との武力衝突という事態も想定せねばならない。

北朝鮮の核問題をめぐり事態の進展がみられない場合、米国は、北朝鮮に対するPSIの全面発動、国連安保理事会への付託など、より強硬な手段に移行する可能性がある。また、軍事力の直接行使に至る最後の段階に至る可能性も否定できない。PSI発動の場合、米政府は本来の目的である核、ミサイルなど大量破壊兵器の北朝鮮からの輸出阻止だけでなく、麻薬、偽札などについても取り締まりを強化することになる。日本に対しても海上保安庁に対し、朝鮮半島周辺の海域や日本海などで主に活動することが要請される可能性がある。このように今後、軍事力に裏付けられたP

ＳＩの役割はますます大きくなると考えられ、国連のＰＳＩへの協力もさらに重要となるであろう。

注

(1) K. J. Holsti, "Governance without Government: Polyarchy in Nineteenth Century European International Politics," in James N. Rosenau and Ernst-Otto Czempiel, eds., *Governance without Government*, Cambridge: Cambridge University Press, 1991, pp. 30-57.

(2) 「国際社会において中央政府はなくとも、規範やルールが遵守される過程や状態は存在する。」渡辺昭夫・土山実男「グローバル・ガヴァナンスの射程」渡辺昭夫・土山実男編『グローバル・ガヴァナンス』東京大学出版会、二〇〇一年、七頁。

(3) Commission on Global Governance, *Our Global Neighbourhood*, New York: Oxford University Press, 1995, pp. 2-3.

(4) 国家、非国家主体の両方を含む。

(5) 公式、非公式なレジーム、機構を含む。

(6) 山本吉宣「グローバル・ガヴァナンスの境界領域」渡辺昭夫・土山実男編、前掲書、二二三～二二九頁。

(7) 敵味方の間の戦争を防ごうとする安全保障で、「共通の安全保障」と呼ばれる。

(8) Vinod Aggarwal, *Liberal Protectionism*, Berkeley: The University of California Press, 1985.

(9) ジェームズ・ローズノウは、特定の問題領域に成立するレジームを多くの分野で積み上げ、それをグローバル・ガバナンスと考える（James Rosenau, "Governance in the Twenty-First Centurey," *Global Governance*, Vol. 1, No. 1, Winter 1995, pp. 13-14）。

(10) 大国間の協力のシステムをＫ・Ｊ・ホルスティはガバナンスと呼び、Ｒ・ジャーヴィスはレジームと呼んだ。

(11) "Address by President Reagan before the American Bar Association, Washington D. C., July 8, 1985," *Current Policy*, No. 721, U. S. Department of State.

(12) Anthony Lake, "Confronting Backlash States," *Foreign Affairs*, Vol. 73, No. 2, March/April, 1994, pp. 45–46.

(13) Michael Klare, *Rogue States and Nuclear Outlaws*, New York ; Hill and Wang, 1955, p. 26.

(14) "Statement by Secretary of State-Designate James A. Baker before the Senate Foreign Relations Committee, Washington, D. C., January 17, 1989", *Current Policy* No. 11146, U. S. Department of State.

(15) 防衛庁防衛研究所編『東アジア戦略外観』国立印刷局、二〇〇四年、二一五頁。

(16) 梅本哲也「国際レジームとしての核不拡散体制」納家政嗣・梅本哲也編『大量破壊兵器不拡散の国際政治学』友信堂、二〇〇〇年、三六頁。

(17) 山本草二編集代表『国際条約集一九九九』有斐閣、一九九九年、五六三頁。

(18) 〈http://www.mofa.go.jp/mofaj/gaiko/kaku/ctbt/gaiyo.html〉.

(19) 〈http://www.mofa.go.jp/mofaj/gaiko/atom/jaea/gitei.html〉.

(20) 〈http://www.mofa.go.jp/mofaj/gaiko/bwc/cwc/gaiyo.html〉.

(21) 〈http://www.mofa.go.jp/mofaj/press/release/16/rls_0803b.html〉.

(22) President George W. Bush, *The National Security Strategy of the United States of America*, September 2002, 〈http://www.whitehouse.gov/nsc/nss.html〉.

(23) President George W. Bush, *National Strategy to Combat Weapons of Mass Destruction*, December 2001, 〈http://www.whitehouse.gov/news/releases/2002/12/WMDStrategy.pdf〉.

(24) ①核不拡散条約（ＮＰＴ）全加盟国による国際原子力機関（ＩＡＥＡ）の査察に関する追加議定書の調印と批准の推進を通じてＩＡＥＡの査察体制を強化すること、および輸出管理体制である原子力供給グループ（ＮＳＧ）とザンガー委員会の強化、②化学兵器禁止条約（ＣＷＣ）体制と生物毒素兵器禁止条約（ＢＷＣ）体制の強化に向けた組織的かつ建設的な取り組みと輸出管理体制としてのオーストラリア・グループ（ＡＧ）の強化を図ること、③「弾道ミサイルの拡散に対抗するためのハーグ規範」を国際社会が推進することなど、ミサイル技術管理レジーム（ＭＴＣＲ）の強化をはかることが謳われた。

（25）ソサン号船長はカンボジア船籍であると主張したが、カンボジア政府に照会すると当該船舶はパン・ホープ号の名前で登録されていた。

（26）しかし同月一八日、国際法上の違反がないことからソサン号は航海継続を許可された。米国は、「乗船および捜査する権限はあるけれども、北朝鮮からイエメンのスカッド・ミサイルの輸送を押収する権限は存在しない」と述べた。

（27）J. Ashley Roach, "Initiatives to enhance maritime security at sea," *Marine Policy*, vol. 28 (2004), pp 53–54.

（28）U. S. Department of State, "Proliferation Security Initiative," Bureau of Public Affairs, Washington, D. C., July 28, 2004, 〔http://www.state.gov/t/np/rls/other/34726pf.htm〕.

（29）「参加国が国内法並びに国連安保理を含む関連する国際法及び国際的な枠組みに従い、大量破壊兵器などの拡散懸念国家等への及び拡散懸念国等からの輸送を阻止するためのよく調整され効果的な基礎を構築するために阻止原則にコメットメントする」という内容。

（30）不拡散の懸念を共有するすべての国がＰＳＩを支持することを期待し、アウトリーチ活動を行う。ＰＳＩ参加国は情報共有を含む実際的行動につき検討し、能力向上とＰＳＩ実施の条件を試行することを目的とする、海、空、陸における阻止訓練の実施について了解した。

（31）①拡散防止構想（ＰＳＩ）、②拡散防止のための法的規制と国際協力を強化、③冷戦時代の大量破壊兵器や物質の流出防止、④原子力供給国グループ四〇カ国から非核保有国への原子力関連技術や設備の供給の禁止、⑤国際原子力機関（ＩＡＥＡ）の査察強化に向けた追加議定書に調印した国のみ核兵器に転用可能な設備購入が可能となる、⑥ＩＡＥＡ理事会の権限強化のため特別委員会を設置、⑦核拡散防止違反の疑いで調査中の国がＩＡＥＡ理事会のメンバーになることを拒否する。

（32）「地域別アウトリーチ」とは、日本がアジアで行っているような活動である。

（33）「機能別アウトリーチ」とは、米国が取り組んでいる便宜置籍国との乗船協定などを指す。

（34）ブッシュ大統領は二〇〇三年のエビアンサミットでもＰＳＩをよびかけている。

(35) 欧州四一カ国、中東アフリカ八カ国、アジア太平洋五カ国、南米五カ国、北米二カ国と、EU及びNATOである。

(36) さらに声明では安全保障理事会決議一五四〇にも言及し、アウトリーチ活動などにも触れた。

(37) また、今後の脅威は「大国間の戦闘よりも、小さな支部に分かれて流動的に活動する敵によるものである可能性が高い」と過激派によるテロ攻撃を最優先課題とする考えを述べた。

(38) 『産経新聞』、二〇〇五年二月四日。

(39) 〔http://www.mofa.go.jp/mofaj/area/usa/hosho/2+2 05 02.html, 2005/03/12〕.

(40) 国家、非国家主体の両方を含む。

(41) 共通の事項の管理。

(42) 利益を調整し、協力的な行為に基づくもの。

(43) 公式、非公式なレジーム、機構を含む。

(44) 平成一五年九月のPSIパリ総会での「拡散安全保障イニシアティブ阻止原則宣言」〔http://www.mofa.go.jp/mofaj/gaiko/fukaku j/psi/sengen.html, 2005/03/12〕.

(45) 二〇〇五年三月一二日現在であり、コア・グループには新たに加盟国が増える可能性がある。なお、一五カ国のうち、シンガポール、カナダ、ノルウェーは二〇〇四年三月に参加、ロシアは同年五月に参加した。また、コア・グループ一五カ国に加え、デンマーク、トルコ、ギリシャ、タイ、ニュージーランドが専門家会合に参加している。また、協力国は六〇カ国になっている。

(46) 〔http://www.mofa.go.jp/mofaj/gaiko/fukaku j/psi/sengen.html, 2005/03/12〕.

(47) (a)拡散懸念国等への又は拡散懸念国等からのかかる貨物の輸送及び輸送協力は行わない。また、自国の管轄権に服する何人にもこれを許可しない。(b)自国の発意又は他国の要請若しくは理由の提示に基づき、自国籍船舶が拡散懸念国等との間で大量破壊兵器等を輸送していると疑うに足る合理的な理由がある場合には、内水、領海、及び他国の領海を越えた海域において乗船し立入検査するための措置をとり、確認された関連貨物を押収する。(c)適切な状況の下で、他国による自国籍船舶への乗船、立入検査及び、当該国に確認される場合には、当該船舶における関連貨物の押収につき同意を与えるよう真剣に考慮する。(d)以下のために適切な行動をとる。①拡散懸念国等へあるいは拡散懸念国等から大量破壊兵器等の貨物を運搬していると合理的に疑われる場合、内水、領海、接続水域（宣言されている場合）において停船および立入検査し、発見された関連貨物を押収する、②大量破壊兵器等の貨物を運搬していると合理的に疑われ、その港、内水及び領海に入ろうとしあるいは出ようとする船舶に対し、乗船、立入検査を求め、関連物資の押収を行う等の条件を付ける。(e)自国の発意又は他国の要請若しくは証拠提示に基づき、①拡散懸念国等へ又は拡散懸念国から大量破壊兵器等の貨物を運搬していると疑うに足る合理的な理由があり、自国領空を通航している航空機に対し、検査のため着陸を求め、確認される場合にはかかる貨物を押収する、又は②かかる貨物を運搬していると疑うに足る合理的な理由がある航空機に対して、事前に自国領空の通航権を拒否する。(f)港湾、空港その他の施設が拡散懸念国等への又は拡散懸念国等からの大量破壊兵器等の貨物運搬の中継地点として使用される場合には、かかる貨物を運搬していると疑うに足る合理的な理由がある船舶、航空機その他の輸送手段を検査し、確信される場合には、当該貨物を押収する。

(48) 英、独、伊、蘭、スペイン、ポーランド、カナダ、ギリシャ、シンガポール、ロシア、トルコ、スウェーデン、ニュージーランド、タイ、フィリピン、カンボジア、ポルトガル、ノルウェー。

(49) (1)北朝鮮が二〇〇一年初め、高濃縮ウランの原料となる六フッ化ウラン一・七トンをリビアに輸出していた証拠を国際原子力機関（IAEA）が発見した、(2)中国は二〇〇三年夏、米政府からの情報をもとに、北朝鮮による使用済み核燃料棒から兵器級プルトニウムを抽出する際に溶媒として使われる「リン酸トリブチル（TBP）の輸入を阻止した、(3)二〇〇三年、米国が北朝鮮の核開発向けと思われるアルミニウム管を押収し、(4)二〇〇三年、フランスとドイツの共同行動によって北朝鮮の核開発向けと思われるシアン化ナトリウム輸送が阻止された、(5)二〇〇三年八月、米情報機関の台湾政府への通報で、北朝鮮の貨物船が台湾 Kaohsiung 港で拘束され、一五八バレルのロケット燃料用化学材を押収した。

(50) この点に関し、米国と旧ソ連は、一九八九年に「無害通航権に関する国際法規則の統一解釈」に合意し、国連海洋法条約一九条二項は無害でない通航の網羅的なリスト（限定列挙）であるとの解釈に合意した。

(51) 兼原敦子「沿岸国としての日本の国内措置」『ジュリスト』一二三二号、二〇〇二年一〇月、一二三頁。
(52) 大量破壊兵器やその運搬手段、あるいは関連物資を積載している船舶の通航は沿岸国の平和、秩序、安全を害するという内容の国内法。
(53) 坂元茂樹「PSIと国際法」『ジュリスト』一二七九号、二〇〇四年一一月、五五頁。
(54) 領海における無害通行権の「無害性」の基準と、PSIの活動の根拠である「国際社会の平和と安全の維持」という基準は、別個のものである。
(55) 航行に関しては、海洋法条約五八条一項により、排他的経済水域(EEZ)は、公海に準じた利用の自由を持つ水域であるとされている。
(56) 坂元茂樹「排他的経済水域における違法行為取り締まりに関する米国の対応」『排他的経済水域における沿岸国管轄権の限界』日本国際問題研究所、二〇〇三年。

第II部　グローバル・ガバナンスとアメリカ
——アフガニスタン・イラクで何が起きているのか——

イラク・ティクリートの橋で交通整理する米陸軍兵士（毎日新聞提供）

第1章 問題提起

大芝　亮

1　冷戦直後のグローバル・ガバナンス構想

現代の国際秩序は基本的に近代主権国家システムである。中世においては国家だけではなく、さまざまな封建領主、あるいは農民にいたるまで暴力手段を持っていた。そのために私戦がいたるところで展開されていた。暴力がはびこった状態を克服するために、近代主権国家システムにおいては暴力手段を国家に独占させることにしたのである。そうすることにより、戦争の可能性を低く抑えようとしてきたのである(1)。その後、国家間の戦争が頻繁に生ずるにしたがって、この戦争を抑えるための国際法が発展してきた。

第二次大戦後においては国際連合が設立され、集団的安全保障の考え方が採用された。これは個別の国家が武力を行使するのではなく、国際連合の安全保障理事会が決定し、その下で国連軍が武力を行使するというシステムである。(2) 国連による戦争は「正しい戦争」であり、国連以外の国家、あるいはその他の団体が行使する武力は自衛のためを除き、正当なものではないという考え方であった。しかし、第二次大戦後、冷戦の展開のために、国連の集団的安全保障体制は機能しなかった。

一九八九年から冷戦が終結に向かうと、大国間の戦争の可能性は低くなり、民族や宗教などをめぐる地域紛争が生じても、国連安保理における大国間協調によりこうした紛争を解決していくことはできるとの楽観的な見通しが提示されるようになった。事実、一九九〇年からの湾岸危機・戦争は、国連による安保理決議をうけて、米国を中心とする多国籍軍によりイラクをクウェート国境から駆逐した。その結果、国連安保理を中心とする体制（安保理体制）で世界は運営されうるとの見方を強めた。マルチラテラリズム（多国間主義）に基づく世界が構想された。そして、今後は、軍事的脅威だけでなく、国際テロや麻薬、あるいは貧困や環境破壊などの「新たな脅威」に対応することがますます重要になるとの主張も登場した。(3)

このような状況のなかで、「新たな脅威」にも対処できる冷戦後の新しい国際秩序のありかたがグローバル・ガバナンスということばのもとで議論されるようになった。(4) グローバル・ガバナンス委員会報告書に代表されるように、グローバル・ガバナンスということばは分析概念というよりは、むしろ国連システムの改革構想、あるいは国連を中心とする国際秩序のありかたを意味するものとして用いられている。(5) 湾岸戦争では、安保理決議に基づき、米国を中心とする多国籍軍が軍事行動を進めたように、国連安保理が正統性を付与し、アメリカの武力行使により実効性を確保するという役割分担の体制が形成された。

もっともこの役割分担がそのまま定着するのかどうかについては、さまざまな議論もだされた。冷戦後、パワーの分布状況をみると、アメリカによる一極体制となったことから、いよいよアメリカは世界の警察官になるのかといった見方も登場した。しかし、この時期において、アメリカは実際には明確な外交方針を確立していなかった。たとえば、旧ユーゴスラビア紛争の初期において、アメリカは明確な政策をもたず、また関与には消極的であった。

他方、国連に対する期待は非常に高まり、ブトロス・ブトロス・ガリ事務総長は、一九九二年六月、『平和への課題』を発表し、予防外交、平和創造、平和維持、そして平和構築を国連の課題として提示する。そして、平和維持活動を幅広く展開し、選挙支援などの新しい活動にものりだしていった。選挙の実施により民主化を進めるならば、結果として国際秩序は安定に向かうだろうとの考え方があったのである。[6] そして、クリントン政権は国連に対して緊密な協力を約束する。こうして、アメリカの支持を前提として、国連がリーダーシップを握るグローバル・ガバナンスが模索されるようになった。ただし、米国議会では、ガリ事務総長による国連の役割強化に対する反対もこのころから登場しはじめた。[7]

2 国連安保理体制構想の後退

ガリ事務総長との協力関係を誇示するかのように、アメリカはソマリアに派兵するが、しかし、一八名の米兵の死が報道される。クリントン政権は即座にソマリアからの撤兵を決定し、これが国連とアメリカの関係の大きな転換点となる。国連という外部組織の決定に従い、米国が犠牲を強いられることは受容できないという意見が米国で大勢を占める。加えて、国連にとっても、平和執行部隊のようにPKOよりも重装備の兵を投入することは、結局、国連が紛争の調停者ではなく当事者として巻き込まれるだけであることを思い出させる。かつて一九六〇年に生じたコンゴ紛争の場合と同じなのである。米軍の軍事力を基盤に、国連安保理が決定をくだし、従来のPKOよりも重装備の部隊を国連自身が展開するという構想はここに挫折するのである。

他方、国連内部には、ガリ構想とは違い、伝統的なPKOに見られるように、中立性・非強制性を中核とする国連活動を支持する意見も強い。しかし、こうした伝統的PKO型の行動に対しては、米国は焦燥を覚える。たとえば、旧ユーゴスラビア紛争では、武力行使を極力控えようとする明石康事務総長特別代表に対して、米国は北大西洋条約機構(NATO)による空爆を強く主張した。そして、デイトン合意が成立すると、これはひとえに空爆の成果であったとアメリカでは広く認識された。

このあと、国連とアメリカはそれぞれの役割分担の再調整の時期に入る。米軍が武力行使の主体であることはもちろんとしても、武力投入をだれが決めるのか、安保理が機能しない恐れのあるときに、どこで武力行使を決定するのかなどが争点であった。こうして、しだいに安保理での決定から安保理を経由しないで決定が下される仕組みへと変容してくる。すなわち、しだいにアメリカ中心のグローバル・ガバナンスを想定して行動がとられるようになる。このような状況をめぐり、アメリカの単独主義であるとか、アメリカ帝国といった議論が展開したのである。(8)

アメリカ中心のグローバル・ガバナンスといっても、時期により、その内容には変化が見られる。いわば初期ともよべる一九九〇年代半ばのボスニア・ヘルツェゴビナ紛争が重視されていた時期には、安保理の決議に従ってNATOが空爆をするというパターンがとられた。この場合、NATOによる空爆の実施については、あくまで国連事務総長特別代表の明石康とNATO側の双方の判断が必要であるとする「二重の鍵」方式が採られ、武力行使には慎重であった。

しかし、一九九〇年代後半のコソボ紛争の場合になると、国連の安保理決議を回避して空爆が実施された。アメリカが中国の拒否権行使を恐れたためであった。中国による拒否権の乱用（の可能性）として受け止める向きもあったが、それでも安保理決議なしの空爆の実施は許されるのかどうかをめぐり、議論は沸騰した。とはいえ、NATOによる空爆に対して、アメリカのみならず、ヨーロッパにおいても支持する声が極めて強かった。そして、欧州連合（EU）加盟国は安保理決議がなくてもコソボに軍事介入することを欧州理事会で承認している[9]。

この時期には、国際社会における武力行使の是非が活発に議論された。まず人道的介入をめぐる議論が活発に展開された。恣意性はないのか、権利か義務か、一時しのぎに過ぎないのではないのか、などのいわば古典的なテーマが新しい状況のなかで議論された。また、民族的ジェノサイドを黙認することはかつてのナチス・ドイツに対する宥和政策と同じであり、その間にホロコーストが進展していったことを想起すべきであるとする議論も登場した[10]。

3　帝国型ガバナンスへ向かって

同時多発テロが勃発すると、国連安保理はもとより総会においてもテロを批判する決議を採択する。「新たな脅威」の顕在化である。しかし、星野のいうように、これ以降、「新たな脅威」がグローバル・ガバナンスを変容させるというよりも、米国の対応の仕方がグローバル・ガバナンスのありかたに大きな影響を及ぼす。

アメリカは国連安保理に諮ることなく、自衛権の行使としてアフガニスタン戦争を遂行する。いかにテロが批判の対象であろうと、いとも簡単に自衛権の行使を認める必要はあったのだろうかという問題が提起された。また、テロ集団の引渡しを要求し、これが拒否されると、タリバン政権に対する武力攻撃を開始する。しかし、このような形で政府を攻撃することは正当な行為だろうか、という疑問も出された。たしかに、当時においては、同時多発テロのショックとその被害の大きさのために、ヨーロッパや日本でも、アメリカの愛国主義的態度には批判はあっても、アフガニスタン空爆には必ずしも強い反対はなかった。しかし、このような疑問を抱く人々も少なくなかったのである。さらに、国連ではテロの定義について議論が交わされた。しかし、結局、意見をまとめることはできなかった。

そもそも、アフガニスタンでは国連機関による警告がすでに発せられていた。なぜ、これに答えることができなかったのか。アフガニスタンのローカル・ガバナンスの問題にもっと注意を向けるべきではなかっただろうか。次に、このような紛争終結国の政府再建をいかに考えるべきだろうか。まさにナショナル・ガバナンスの問題である。しかし、米国は対テロ政策を優先し、アフガニスタンの地方軍閥にさまざまな形態の支援を提供し、これが国家再建の阻害要因になっている。仮に対テロ政策をグローバル・ガバナンスの課題だとすると、対テロ政策というグローバル・ガバナンスの課題と政府再建というナショナル・ガバナンスの課題をいかに調和させて進めていくかという問題になる。

4　有志連合型ガバナンスへ

イラク戦争はアメリカによる単独主義の典型的な行動であり、アメリカが帝国として行動した事例のようにいわれる。アフガニスタンの場合、アメリカは安保理決議ではなく、自衛権の行使として自己の武力行使を正当化したが、イラク戦争では、安保理決議がフランスの拒否権行使の姿勢のために採択しえず、決議のないまま武力行使に踏み切った。そこで、イラク開戦にあたり、イラクの民主化を目標として掲げ、大量破壊兵器の開発疑惑を根拠とし、それゆえに先制攻撃は許されるという論理を展開した。また、武力行使の主体は、安保理決議にもとづく多国籍軍ではなく、また、独仏を除くという点で、そもそも多国籍軍とすらよべない有志連合により武力行使が行われた。有志連合に参加した国を米国のフォロアーとみれば、まさに「アメリカ帝国」としての行動となる。あるいは、有志連合の参加国は米国を政治的にサポートし、なによりも財政面などで支援する国だ

といえる。(11)

と見ると、有志連合は帝国型ガバナンスというよりも、むしろアフター・ヘゲモニー型ガバナンス

以上のように、一九九〇年代以降、グローバル・ガバナンスについては、国連を中心とするマルチラテリズムに基づくもの、国連安保理と米国の役割分担型、米国のユニラテラリズムとして指摘される帝国型、そして有志連合型へと変化しているが、いまだに模索状態が続いている。

本章の目的は、このように模索状態が続くグローバル・ガバナンスは、リージョナル・ガバナンス、ナショナル・ガバナンス、そしてローカル・ガバナンスにいかなる影響を及ぼしているのか、また、逆に、リージョナル、ナショナル、そしてローカルのレベルにおけるガバナンスの状態がグローバル・ガバナンスをどのように左右しているのかという問題について、アフガニスタン、イラク、そして両国における国連に焦点をあてて考察することである。グローバル・ガバナンスについては、国連システム改革や唯一の超大国であるアメリカに焦点をあてて考察することに加え、リージョナル、ナショナル、ローカルといった異なるレベルでのガバナンス問題との結びつきを検討することも必要だからである。

注

(1) 山内進・加藤博・新田一郎編『暴力―比較文明史的考察』東京大学出版会、二〇〇五年。
(2) 横田洋三編『新版国際機構論』国際書院、二〇〇一年、第三部第一章。
(3) 日本国際連合学会編『国際社会の新たな脅威と国連』国際書院、二〇〇三年。

(4) 一九九〇年代初めは、グローバル・ガバナンスについて、定義が議論され、このことばは限定的に使用されたが、今日では、広く国際秩序一般を示すことばのように使われている。James Rosenau and Ernst-Otto Czempiel, eds., *Governance without Government : Order and Change in World Politics*, Cambridge : Cambridge University Press, 1992. Margaret P. Karns and Karen A. Mingst, eds., *International Organizations : The Politics and Processes of Global Governance*, Boulder : Lynne Rienner Publishers, 2004.

(5) The Report of the Commission on Global Governance, *Our Global Neighbourhood*, Oxford : Oxford University Press, 1995（グローバル・ガバナンス委員会／京都フォーラム監訳『地球リーダーシップ―新しい世界秩序をめざして―』NHK出版、一九九五年）。

(6) 日本国際連合学会編『民主化と国連』国際書院、二〇〇四年。

(7) 本書、第III部第2章星野論文。

(8) 帝国をめぐる議論の火付け役となったネグリとハートの帝国論とはいささか異なる形で、アメリカ帝国論は議論された印象をうける。Michael Hardt and Antonio Negri, *Empire*, Harvard University Press, 2001（水嶋一憲、酒井隆史、浜邦彦、吉田俊実訳『帝国』以文社、二〇〇三年）。

(9) 本書第III部第3章、庄司論文。

(10) 宥和政策か、戦争に訴えるかという問題は正戦論で議論されてきたテーマでもある。Michael Waltzer, *Just and Unjust Wars : A Moral Argument with Historical Illustrations*（Third Edition）, New York : Basic Books, 2000, pp. 67–73.

(11) Robert Keohane, *After Hegemony : Cooperation and Discord in the World Political Economy*, Princeton : Princeton University Press, 1984（石黒馨・小林誠訳『覇権後の国際政治経済』晃洋書房、一九九八年）。

第2章　アフガニスタンにおけるガバナンスの現状

遠藤義雄

アフガニスタンでは二〇〇一年一〇月以来、国際テロの再発を防止する米軍などによる対国際テロ戦争が行われてきた一方で、国際テロリストを二度と匿うことのない民主的政権の樹立が試みられてきた。すでに米軍主導による対国際テロ戦争は、米国中枢にテロ攻撃をかけたアル　カーイダ集団と彼らを匿ったアフガニスタンのタリバン政権に壊滅的な打撃を与え、タリバン政権にかわって誕生したカルザイ政権の民主化プロセスを支援して成果を挙げてきた。

アフガニスタンにおける民主化プロセスは、一般に「ボン合意」と呼ばれてきた。これはタリバン崩壊後の二〇〇一年一二月、国連仲介によってアフガン代表がドイツのボン市に集まり国際社会支援の下での民主的政権の樹立を約束したもので、①暫定統治機構（臨時政府）の即時設立、②六カ月内の緊急国民大会開催による移行政権（暫定政権）の発足、③一八カ月内の移行政権による新憲法起草とそれを批准する新たな国民大会の開催、④新憲法下による総選挙実施と本格政権発足[1]、という四段階の政治目標を掲げたものであった。ボン合意の実施期限は二年半つまり二〇〇四年六月までとなっていたが、資金不足や治安悪化などの問題が生じてプロセスは段階が上るにつれて順延されてきた。それでも二〇〇四年一〇月に大統領選挙が実施されてカルザイ暫定大統領が正式大統領に就任した（また中央議会選挙や地方議会選挙も二〇〇五年秋に実施された）。つまり、民主的な政権樹立を目指すボン合意は終局に向かっているということである。

だが大統領選挙で圧倒的支持を得て正式大統領になったカルザイ率いるアフガニスタンの新政権は、米軍や国際治安支援部隊（ISAF）の駐留軍に支援されてきたにもかかわらず、残存してきたタリバンや反政府勢力の反発に苦慮しているだけでなく、中央政府に従わない地方軍閥の制御にも苦慮している現実がある。ボン合意の全プロセスが終結したとして米軍などが撤退を開始することになれば、十分な国軍や警察といった治安力をもたないカルザイ政権の統治能力は極めて脆弱なものとなってしまう。ブッシュ米政権はボン合意終結後も対国際テロ戦争とカルザイ政権支援を継続していくと表明している。また、北大西洋条約機構軍（NATO軍）もアフガニスタンの治安維持と復興支援にかかわっていくと表明している。だが米軍やNATO軍のアフガニスタンへの関わりは、イラク情勢の趨勢に左右されることを考えておかなければならない。

以下ではグローバル・ガバナンスの観点から、ボン合意のプロセスを歩んできたアフガニスタンのガバナンス（統治能力）を検討する。

1　ブッシュ米政権のアフガニスタン支援

まず、アフガニスタン新政権のガバナンス問題は、ブッシュ米政権や国際社会の民主的政権樹立を目指すアフガニスタンに対する支援と関連させて検討されなければならない問題である。そもそも、アフガニスタンにおける米軍主導による対国際テロ戦争は、アル・カーイダのような国際テロリスト集団が二度とアフガニスタン国内で匿われることのない民主的な政権を樹立するという、いわゆる「体制転換」と連動して展開されてきたものであった。広く国民に受け容れられる体制転換となっていなければ、外国に支援された新政権は自立し得るガバナンスを身につけた存在となり得ない。

米軍の「不朽の自由作戦」と命名されたアフガニスタンにおける対国際テロ戦争は、二〇〇一年一〇月七日に開始された。米軍は空爆を主体としたアル・カーイダ基地などの攻撃を約一カ月近く続けた後、アフガニスタン現地武装勢力である北部同盟の作戦協力を得ることによってアル・カーイダを潰走させ、アル・カーイダを支援したアフガニスタンのタリバン政権をも崩壊させた。これによって同年一二月はじめ、アフガン代表が国連の仲介によってドイツのボン市に集まり民主的政権樹立についての合意を交わし、ブッシュ米政府も支持するカルザイ臨時政権を発足させた。アフガニスタンにおけるこの民主化プロセスは、一般に「ボン合意」と呼ばれてきた。ここまでのアフガニスタンにおける対国際テロ戦争は、順調に展開した。

だが、米軍などがアル・カーイダやタリバンの指導者らの拘束に失敗して追跡作戦を続行する戦況の中で、アル・カーイダやタリバンの残存勢力の活動が復活、アフガニスタンの復興支援に関わってきた国連や外国の非政府組織（NGO）の活動を妨害するようになった。しかも、それは活発になる一方であった。アフガニスタンに次いでイラクでの戦争準備に入った米軍は、少数精鋭主義による空爆重視のアル・カーイダ追跡作戦を継続して、平和維持活動をも視野に入れた地上軍の増強の必要性を認めないといった、いわば「安上がり」の対国際テロ戦争を遂行してきた。それがタリバンやアル・カーイダの復活を許すことになった。その一方で二〇〇三年三月、米軍はイラク戦争を開始、同年五月にフセイン体制を崩壊させた。その直後、ブッシュ政権はアフガニスタンにおける「不朽の自由作戦」はほぼ目的を達成したと表明したが、同時にまだアル・カーイダらの指導者層の拘束という課題が残っているので、不朽の自由作戦は継続していく必要があると強調したのであった。(2)

興味深いのはこの二〇〇三年五月前後期、ブッシュ政権のアフガニスタン政策に対する見直しや修正の要求が、米国内のアフガニスタン復興支援関係者や政府系シンクタンクなどから相次いで出されたことであった。そのなかでもっとも包括的な政策見直し提案を出したのが、米外交問題評議会（CFR）と米アジア協会（AS）が共同でスポンサーになり作成した報告書であった。政策見直し要求が相次いででてきた大きな理由は二つあった。一つは、すでに指摘したタリバンやアル・カーイダの復活があって、活発な復興妨害活動を展開してきたことがあった。二つには、米政府や国際社会が支援してきたカルザイ暫定政権自体の問題であった。つまり同政権は、治安の回復や中央権力の地方浸透に不可欠な国軍と警察の再建に成果を挙げ得ず、かつ政府軍内部の軍閥的性格からの脱却や中央権力に従わない地方軍閥の抑制ができない、さらには中央行政機構内の民族的確執による政権発足時からの弱体政権に止まっていたという問題をかかえていた。

これではアフガニスタンにおける「体制転換」に米国は失敗しかねなくなる、と危機感を抱いたのが前出の米外交問題評議会と米アジア協会の報告書であった。同報告書は、失敗を回避する政策転換を図らなければ、アフガニスタンの治安は悪化して、経済復興の展望もない軍閥支配のアナーキー国家に成り下がってしまう、そうなってしまっては対国際テロ戦争を開始した米国の威信が低下するだけでなく対国際テロ戦争の敗北を意味するものとなる、これを回避するには米国はカルザイ政権の治安維持能力と復興開発能力を強化しなければならないと主張して、具体的な政策の修正を提案した(3)。

つまり、

①駐留米軍に平和維持活動の任務を負わせ、また連合軍も首都カブール周辺に駐屯させて、軍閥に対抗する中央政府を支援する

②駐留米軍に対して国連と日本が主導している旧ゲリラの武装解除・動員解除・社会復帰政策(DDR)に協力するよう命令する

③急速なアフガニスタン国軍の養成と選別的な旧ゲリラの国軍への再編成を促進する

④イランとロシアに対する軍閥支援停止を要請する一方、パキスタンに対して残存タリバンや新タリバンの越境行動、さらにはタリバンへの保護提供者の監視を要請する

⑤アフガニスタンへの内政干渉を防止する周辺国からの同意をとりつける外交的活動を開始する

⑥主要道路の補修促進

などである。

この報告書は、アフガニスタン情勢に詳しい人々で構成されたタスクフォースによって執筆された。メンバーには米国内のアフガニスタン研究家のほかに、前駐インド米大使、前駐パキスタン米大使、米アジア協会会長、シカゴ米外交問題評議会議長など、多彩な人材が加わった。こうした専門家集団の提案は、一口で言うと、米軍に平和維持活動にも関与するよう政策修正を施せと訴えた。ブッシュ政権は発足当初、米軍に展開地での平和維持活動の役割を担わせない方針を立てていた。ところが、この方針はアフガニスタンで治安悪化の問題を生じさせてきた。治安悪化を食い止めるには、平和維持活動が不可欠になってきた。ブッシュ政権自体もこのことに気づくことになった。

まず二〇〇三年四月、ラムズフェルド国防長官がアフガニスタンを訪問した。そして六月にはブッシュ大統領が新政策を打ち出すことを決心する。こうした動きは、既述の米外交問題評議会などが政策修正提案をだした時期とほぼ重なっている。次いで九月、ブッシュ政権はアフガニスタンとイラクの復興支援を強化する二〇〇四年向けの支援案を発表した。それによれば、アフガニスタンには一二億ドル、イラクには二〇〇億ドルが充当されることになった。対アフガニスタンの支援金一二億ドルは、主にアフガニスタンの国軍再建に使われることになった(4)。その一方でブッシュ大統領は一〇月、アフガニスタンとイラクにおける反抗勢力の沈静化と経済復興の速度を上げるための政策遂行ラインの再組織化を大統領府の上級スタッフに命令した。この命令によって編成されたのが、「イラク安定化促進グループ」であった。政策遂行ラインの再組織化のアイデアを出したのは、国家安全保障委員会（NSC）だといわれる。同グループの長に就任したのは、国家安全保障問題担当補佐官ゴンドリーザ・ライス女史だった。[5] ちなみに、同女史は第二期ブッシュ政権の国務長官に就任した。

「イラク安定化促進グループ」の重要任務は、アフガニスタンとイラクで展開されている対テロ戦争の遂行、イラクならびにアフガニスタンの政治機構再建、同じく両国の経済開発促進の三分野を大統領府が直接調整するメカニズムを構築することだった。しかもそれは役所の縄張りを越えるメカニズムの構築、つまり大統領府が国務省、国防総省、中央情報局に対して統合的な指揮権を振える権力執行のメカニズムの構築であった。[6]

安定化促進グループは、アフガニスタンに関する四つの柱からなる新政策を打ちだした。つまり、

①中央行政機構におけるスタッフの民族構成と地域構成の均衡化
②民族構成と地域構成の均衡化を基盤にした、新国軍の創設と治安部隊の育成
③カルザイ政権の行政機構と選挙実施機構における統治能力の強化
④全国規模での経済・社会再建の速度の加速化

である。

こうした新政策は、「成功の加速化プログラム」と名付けられた。[7] すでに見た米外交問題評議会・米アジア協会が共同スポンサーとなった報告書は、カルザイ政権の統治能力強化支援、治安部

隊増強支援、経済社会復興支援強化の必要性を強調していた。これらは「成功の加速化プログラム」の中でも追認された格好になっている。しかも「成功の加速化プログラム」は、それぞれの目標についての戦略(意図)をかなり明らかにしていた。

例えば、①中央行政機構におけるスタッフの民族構成と地域構成の均衡化、という目標である。これは、カルザイ政権が発足した当初から抱えてきた課題に対処するものであった。カルザイ政権は米軍の対国際テロ戦争に協力してアル・カーイダやタリバン勢力の崩壊に貢献した北部同盟のタジク人系に、国防省、内務省、外務省の三権を掌握されてきた。これに対して、アフガニスタンの多数派民族であるパシュトーン人、あるいはイスラーム教のシーア派教徒として激しく反ソ連軍ゲリラ闘争を展開したにもかかわらずスンニー派教徒のタリバン政権から迫害を受けたハザラ人が、強い不満を抱くことになった。ともに権力から疎外されてしまったと感じたのである。アフガニスタンは多民族社会である。しかも各地方は自給自足的な経済社会構造となっていて、それぞれ独自の地域主義感情を形成してきた。こうしたアフガニスタンにおいて中央集権的な中央政府を再建する上で、またできるだけ多くの民族や地域に国家再建への参加意識を抱かせる上で、中央行政機構の大臣ポストを含めたスタッフの民族構成と出身地域の均衡化は、是非にも実現しなければならないものであった。新政権のガバナンスを考慮した場合、中央行政機構におけるスタッフの民族構成と地域構成の均衡化の目標が新政策の筆頭課題に掲げられたのはこのためである(8)。

次いで、②民族・地域構成の均衡化を基盤にした新国軍と治安部隊の育成の目標である。これはボン合意のなかで、米軍や仏軍が担当する課題になっていた。しかも米軍はこのアフガニスタン国軍再建を、米軍撤退の前提条件として掲げてきたものであった。にもかかわらず、アフガニスタン国軍再建に米軍が力を注いでこなかったのは、対イラク戦争を優先してきたためだった。カルザイ政権のアフガニスタン国軍の中核となっていたのは、米軍の対国際テロ戦争に協力した北部同盟勢力だった。この北部同盟を中核としたアフガニスタン新国軍は、米軍のアフガニスタン国軍再編に対して抵抗し、ほぼ旧ゲリラの姿のままだったから近代軍と言える代物になっていなかった。それを近代的な国軍に再編するには新たな募集を実施して、米軍が直接に訓練を施す必要があった。(9) 米軍はブッシュ政権が新政策を打ち出したことによって、この課題に本格的に取り組むことになった。すでに述べたように、ブッシュ政府は二〇〇三年九月に二〇〇四年からアフガニスタン国軍再建用の支援金一二億ドルが利用できるよう計上していたので、資金的な裏付けもできていた。

こうしたブッシュ政権の新政策は、次第に成果をだすことになる。

2　親米派カルザイの大統領選挙勝利

ブッシュ政権の対アフガニスタン新政策の成果は、大統領選挙でのカルザイ暫定大統領の圧勝に端的に現れた。アフガニスタン史上初となる大統領選挙は、二〇〇四年一〇月九日に実施された。ブッシュ政権の新政策が始動してから約一年後のことであった。

大統領選挙の選挙人名簿は約八〇〇万人、そのうちの約七〇%が投票した。投票率は極めて高かった。現職暫定大統領のままで大統領選挙を戦ったカルザイ候補は、五五・四%の得票を得て、他候補を大きく引き離した。この結果、伯仲の場合の上位得票二者による決選投票は実施する必要がなくなった。投票前にはタリバンなど反カルザイ政権勢力から、投票所に行く者に対して攻撃を加えるといった妨害宣告が出されていた。だが実際にはそうした妨害は少なく、選挙は全般的に平穏裡に実施された。多くの人々は政治安定と経済再建が進展するなかで安心して再建に取り組めることを願って、妨害や危害を恐れず投票所に足を運んだ。それが大統領選挙の投票率を高めた。この選挙でカルザイ暫定大統領は信任投票を意味するような圧勝を博した。そして五年任期の正式大統領に就任することになった。

圧勝を呼び込んだのはカルザイ暫定大統領自身の政治的機敏さにあったが、ブッシュ米政権の対アフガニスタン新政策によるカルザイ暫定大統領当選への後押しもあった。大統領選挙は、二〇〇四年一月に新憲法を批准した一般選抜代表者の国民大会議（ロヤ・ジルガ）によって、同年六月に中央議会選挙と同時実施のスケジュールになっていた。しかしカルザイ暫定大統領は三月、選挙名簿作成の遅れや資金不足の理由から選挙実施を九月に延期した。その後、選挙実施専門要員の不足や治安確保の困難性などを理由にして、同時選挙であった大統領選挙と中央議会選挙を切り離し、大統領選挙を一カ月延期の一〇月実施、中央議会選挙の二〇〇五年春実施という方針を打ち出した。元来同時選挙だったものを大統領選挙先行の分離選挙に切り替えるのは、大統領選挙での最有力候補だったカルザイ暫定大統領がもっとも望んだものだった。

それにはいくつかの背景がある。第一は、新憲法が行政府制度を「大統領制」と明記していたこととの関連である。新憲法制定の論議のなかで大統領制を強く望んだのは、アフガニスタンの多数派民族パシュトーン人であり、同時にパシュトーン人出身であるカルザイ暫定大統領自身でもあった。

多数派民族パシュトーン人は人口数の比較優位から、パシュトーン人大統領の選出を容易にし、かつ非パシュトーン人大統領の出現を回避するため、大統領制を望んだ。すでに述べたように、ボン合意で発足したカルザイ政権は当初から米軍の対国際テロ戦争に協力してアル・カーイダやタリバン勢力の崩壊に貢献した北部同盟勢力、つまり非パシュトーン人少数派民族のタジク人系に国防省、内務省、外務省などの重要な省を掌握されてきた。この権力構造に対して多数派民族パシュトーン人が不満を抱き、憲法で大統領制を明確にして非パシュトーン人からの奪権とパシュトーン人支配の優位性確保を狙うことにした。これに対して、非パシュトーン人の少数派民族は「議会制」を望んだ。少数派民族のタジク人、ハザラ人、ウズベク人などは、議会制の内で合従連衡すれば多数派民族パシュトーン人の権力独占などを抑制できるようになると考えたからである。少数派民族の非パシュトーン人は、多数派民族パシュトーン人のアフガニスタン支配二百数十年の長い歴史に終止符を打つという共通の利害を分け合ってきた。

加えて、アフガニスタンの大統領選挙は新憲法の規定によって、大統領候補と副大統領候補がペア（対）で闘わなければならないとされている。しかも新憲法は、副大統領を二人設置すると規定している。新憲法にこうした規定を盛り込んだのは、少数派民族であった。少数派民族は、大統領ポストが多数派民族パシュトーン人に支配され続けるだろう考え、自分たちの国家権力の共有率を高める措置として、大統領とペアになる副大統領のポストを二つにしたのだった。

こうした国内対立を背景にして選択されたのが大統領制であったから、分離選挙による大統領選挙の先行実施は、選挙の洗礼を受けて正式大統領に就任することを目指していたカルザイ暫定大統領の望むものとなった。というのは、優位と見なされてきた大統領選挙で当選を確実にして自身が首班となった大統領制政府を発足させておけば、中央議会が反カルザイ大統領勢力が優勢になり大統領府と対立するようになっても、憲法上の大統領制の規定によって、大統領府の政府機能を担保できると考えたからだった。この考えは親米的なカルザイ政権の継続を望み当選するのを支援してきたブッシュ米政権でも同じだった。

また、分離選挙による大統領選挙先行には、大統領選挙での対立候補陣営の切り崩し、さらには中央議会選挙での大統領派形成の時間的余裕が持てるといったメリットがあった。事実、カルザイ暫定大統領は大統領選挙に先立って、大統領選挙を争う有力非パシュトーン人候補の支持基盤を切り崩す対策を講じた。それは大統領と副大統領をペアにして選挙戦を戦わなければならないという大統領選挙制度を逆手にとったものだった。つまり、有力対抗馬の支持基盤を分断するため有力対抗馬陣営のなかから、あえて知名度が高くかつ影響力を持っている人物を自分の副大統領候補に一本釣りしてペアを組み、選挙戦を闘った。具体的には、対抗馬のハザラ人の大統領候補モハキックを睨んでハザラ人有力者ハリリーを副大統領候補に指名、さらにはタジク人の大統領候補者カヌニーを睨んでタジク人最有力者マスード元野戦司令官実弟を副大統領候補に指名した。つまり、カルザイ暫定大統領は多くの実権を握っていた少数民族勢力である北部同盟の力を削ぐため、小数民族内部の競争心や裏切りを誘うことにしたのであった。これはパシュトーン民族の力を復活させるため、対抗民族の分裂を図ったに近い行為であった。換言すると、カルザイ暫定大統領は、少数派民族の政治的心理を二重、三重に逆利用した。

このほかに、カルザイ暫定大統領は大統領選挙での勝利を確実にし、かつ大統領の権威を強くするため、有力軍閥の力を削ぐことにも意を注いだ。大統領選挙に先立つ八月、カルザイ暫定大統領はイランとの密輸貿易で潤ってきた有力軍閥指導者イスマイール・ハーンを、ヘラート知事職から解任した。イスマイール・ハーンは、イスラーム政策では極めて保守的だったタリバンに近く、タリバン崩壊後のタリバン継承者と内外から揶揄されてきた。その彼は自分の支配地だったヘラート地方内の親カルザイ軍閥と対立したとき、首都カブールから送られてきた政府軍の支援を受けた。にもかかわらず政府からの独立性維持を表明したため、カルザイ暫定大統領は彼を知事職から解任することにした。この措置に反発する住民デモがヘラート市内で起こったが、カルザイ政権が首都カブールから派遣した政府軍と警察の総勢二〇〇〇人規模の治安部隊によって沈静化させられた。しかも米軍はこの鎮圧に協力した。この結末は、有力軍閥に対するカルザイ暫定大統領つまり中央政府の優位性、米軍支援による募集制度下の政府軍と警察の成長、および米軍のカルザイ政権支援という三つのメッセージを選挙民に訴えるものとなった。

カルザイ政権は有力軍閥に弱いという固定観念を覆す同様の出来事は、首都カブールでも起こった。既述の同時選挙の再延期を告げた九月、首都カブールの治安に当たってきた北部同盟軍閥の一部が、国連と日本が担当している旧ゲリラ武装解除プログラムに基づいて戦車などの重武装解除を実施した。首都の北部同盟軍閥を取り仕切ってきたのはタジク人のファヒーム国防相である。人統領選挙を間近に控えたタイミングでの首都における北部同盟の武装解除は、部分的なものであっても、政治的意味合いをもつものとなった。つまり、カルザイ政権は断固として大統領選挙を実施する考えでいるとのメッセージを選挙民に訴えるものとなった。

カルザイ暫定大統領の政治的機敏さの極め付きは、同政権内の有力実力者でかつ権力腐敗によって悪名を高めてきたファヒーム国防相を大統領候補とペアになる副大統領候補指名から降ろし、代わりにかつてソ連軍と闘った英雄的ゲリラ野戦司令官でゲリラ政権の初代国防相となったアハマッドシャー・マスードの実弟（当時駐英大使）を副大統領候補に指名したことだったろう。この措置は、ファヒーム国防相が副大統領候補に指名された者は大臣職を辞任しなければならないとなっていた選挙規定に従わなかったことからとられたものだったが、軍閥色の強い北部同盟が優遇されてきたカルザイ暫定政権の浄化を図ったことを選挙民に見せつけるものになったと同時に、大統領選挙で再選されて本格政権を担うことになるカルザイ正式大統領の政権運営に期待を抱かせるものとなった。またこの副大統領候補の再指名は、既述したように、他方でカルザイ暫定大統領の有力な大統領候補対抗馬であった北部同盟のカヌニー教育相（前内相）のタジク人支持基盤を分断してカルザイ候補を優勢に立たせるものとなった。

カルザイ暫定大統領は、以上のように政治的機敏さを遺憾なく発揮した。それが実際に功を奏することになった背後には、ブッシュ米政権の援護があった。ただここで強調しておきたいのは、アフガニスタンのカルザイ暫定大統領の政治的機敏さとブッシュ米政権の新政策をうまく嚙み合わせる橋渡し役となる、「ディアスポラ」（国外離散者）と呼ばれるアフガン人で長くアメリカに居住してきた人々の存在があったことである。ソ連軍の武力侵攻を受けたアフガニスタンには、大勢の「ディアスポラ」が発生することになった。米国、欧州、インド、さらにアフガニスタン共産党政権崩壊後にはロシアなどに、大勢の知識人や金持ちなどが難民や亡命者として国外に離散していった。その中からアフガニスタン共産党政権崩壊、とりわけタリバン政権崩壊後に祖国に帰還して、再建・復興に役立ちたいと考える人々が排出してきた。ブッシュ米政権はそうした人々の中から、政治志向がアメリカ様式でかつアフガニスタンに関する現地知識を豊富に身につけている人々を選び抜いて、在カブール米国大使館はじめカルザイ政権の重要ポストに貼り付けた。

具体的には、かつて世界銀行スタッフだったアシュラフ・ガニーを財務相（後カブール大学学長）に、アメリカ放送（VOA）で長くアフガニスタン情勢の分析・解説を担当してきたアハマッド・ジャラリーを内相に就任させた。これと併せて、中東研究家で国務省勤務時代にブッシュ元大統領の信任を得て中東政策を切り盛りしたザルメイ・ハリルザッドを駐カブール米国大使（後イラク大使に転身）に任命した。

こうした有能な「ディアスポラ」の存在が、アフガニスタンの安定化を目指した米国の新政策を成果あるものにする大きな要因になった。[10] そしてアフガニスタンでの「ディアスポラ」活用から得た教訓は、苦戦を強いられるイラク政策にも生かされることになる。

3　展望――ポスト・ボン合意の課題

二〇〇四年一〇月の大統領選挙は、圧勝したカルザイ大統領に本格的な新政権を発足させる国民的委任状を与えたものとなった。ボン合意によって二〇〇一年一二月から動き出した臨時政権、次いで国民代表者の集まった国民大会議（ロヤ・ジルガ）によって昇格した移行政権を率いてきたカルザイは、政権内に麻薬密輸で潤ってきた軍閥指導者、あるいはソ連軍とのゲリラ戦争およびタリバンとの内戦中に人権蹂躙問題に荷担した野戦司令官などを取り込んでいた。この現実は内外から不評を買い、そうした不純分子を政権から排除するよう圧力を受けてきた。しかし国民の選挙を通じた洗礼を受けていなかったカルザイ暫定大統領は強権を奪う正当性を持っていなかった。ところが大統領選挙で圧勝したカルザイ大統領は、ようやく懸案のクリーンな政権を発足させる十分な権限を手にしたのだった。

実際、カルザイ大統領は国民の期待していたクリーン政権作りに取り組むことになる。まずカルザイ大統領は、すでに大統領選挙の途中で副大統領候補指名からはずしたファヒーム国防相を解任して、職業軍人の経歴を持つラヒム・ワルダックを後任に抜擢した。ワルダック新国防相は改革主義者と目されていたから、ファヒーム前国防相によって妨げられてきた国軍の改革、ならびに日本と国連が中心となって推進してきた旧ゲリラの復員政策や非軍事化政策を進展させることが期待できるものとなった。またカルザイ大統領は、アフガニスタンの統合をゆるがす最大の地方軍閥指導者と言われてきたイスマイール・ハーンやラシード・ドスタムの二人に対して、中央政府の要職をそれぞれに与えて権力の基盤となってきた地方との関係を切断した。同時に、中央政治においても傍流政治家の立場に貶めてしまった。これらの手腕には、内外の多くの人々が驚嘆させられた。

だが正式大統領に就任後のカルザイ大統領の斬新さは、ここまでであった。彼はその後、これまで臨時政権や移行政権時代に見せた「和解主義政治家」のスタイルに戻ってしまう。和解主義政治家のスタイルに戻ったのは、行き過ぎて権力を失った者たちからの反発を受けるのを脅威したこともあっただろうが、ブッシュ米政権や駐留米軍などの意向を受け入れたこともあったにちがいなかった。駐留米軍はアル・カーイダ残存勢力の追跡作戦を展開してきた。この作戦は、米軍司令官、アフガニスタンの部族指導者、その他現地の権力仲介者といった複合関係のなかで遂行されてきた。また、ブッシュ政権はきたる中央議会選挙や地方選挙におけるタリバンの反発や阻害行為を弱める目的で、カルザイ大統領に穏健なタリバン勢力分子との和解をも勧めてきた。こうした背景があってカルザイ大統領の政治スタイルは、再び和解主義に戻ってしまったのである。

この間、かねてから問題視されてきた腐敗、依怙贔屓主義、縁故主義、地域主義といった古くて新しい問題が各部門で浮上してくることになった。復興中の国家公務員や地方公務員の給料は極めて少ないから、中央と地方のいずれの行政レベルでも腐敗や依怙贔屓主義が横行することになっている。中央から任命される県知事は、麻薬の密輸を監視し取り締まらなければならないとなっているにもかかわらず、むしろ自らが密輸に強く関わって来たというのが実態であった。

これらのことによって、アフガニスタンのセルフ・ガバナンスはいまだ多くの課題を抱えている。

その解決は「ポスト・ボン合意」の課題となっている。

注

（1）遠藤義雄『アフガン二五年戦争』平凡社新書、二〇〇二年、第六章参照。
（2）遠藤義雄「米国のアフガニスタン戦争」『海外事情』二〇〇三年一一月号、九一-一〇一頁参照。
（3）CFR and Asia Society Task Force, *Press Release*, June 18, 2003,〔http://www.rfe.org〕.
（4）Bureau of International Information Programs, USDS, "US to Increase Financing for Security needs in Afghanistan, Iraq," September 22, 2003,〔http://usinfo.state.gov〕.
（5）David. E. Sanger, "White House to Overhaul Iraq and Afghan Missions," *New York Times*, October 2, 2003.
（6）*Ibid.*
（7）S. Frederick Starr, "U. S. Afghanistan Policy : It's Working", Central Asia-Caucasus Institute, The Johns Hopkins University, October 2004, p. 6,〔http://www.caci.org〕.
（8）*Ibid.*, pp. 7-8.
（9）*Ibid.*, pp. 8-9.
（10）C. H. Fairbanks, "Afghanistan Reborn : The Epic Achievement of the Bush Administration, and of America," *The Weekly Standard*, November 1, 2004,〔http://www.silkroadstudies.org〕に転載されたもの。あるいは、S. Frederick Starr, "U.S. Afghanistan Policy," *op. cit.*

第3章 戦場から選挙へ――イラクの戦後紛争処理と政治プロセス

酒井啓子

イラク戦争から二年を経ようとしているイラクでは、北部のクルド自治地域を除いて相変わらず治安情勢が安定せず、武装反米活動の拠点化が進んでいる。「中東の民主化」の第一歩と位置づけられたイラクの新政権の船出であったが、戦後二年間に政治プロセス自体は日程どおりに進められているものの、その実態はむしろ国内のさまざまな不安定要因、対立関係を固定化する結果となっている。主権移譲および「正統な政権」樹立の過程で治安確保が十分ではないため、当面の「治安」と「安寧」を社会に提供することができるような民兵組織や、民衆への感情的動員力を保有する一部政治組織が、一時的な政治的支持を獲得している。それゆえ、そうした政治組織によって形成された暫定政権／移行政権は、必ずしもイラク社会のなかで十分な政策論議を経て選ばれたものではなく、長期的展望や計画性のある行政運営能力を持つものとして選ばれていない。

国連決議によって「戦後の治安と国民生活の安定を確保する」主体と位置づけられた連合国、およびそれを引き継ぐ多国籍軍であるが、連合国暫定当局（CPA）統治期においても暫定政権統治期においても、米英および国連を中心とした国際社会は、イラクにおける治安安定化と経済復興を進めることには失敗した。外国軍の死者数はイラク戦争中の一日平均四・〇二人から、戦後主権移譲（二〇〇四年六月二八日）までの期間は一日平均一・八九人と減少したものの、主権移譲後は再び二・九三人に上昇、二〇〇五年一月の戦後初の国民議会選挙後でもまだ二人強と高い数値が続いている[1]。イラク人の死者は確認されただけで戦時中が七三五〇人であったのに対して、戦後（二〇〇三年五月〜二〇〇五年二月）でも九〇三九〜一万一三二〇人に上っている[2]。そもそもイラク戦争以前のフセイン政権は、権力の中央集中を過度に推し進めてきた結果成立した、バアス党による社会主義型一党独裁体制であったため、国内治安管理と中央統括による計画経済システムは堅固であった。戦争によってそうしたシステムが崩壊させられ、それに代替する制度が構築できていない点が、こうした治安や経済の復興の遅れの最大の原因であると言えよう。

戦後の治安回復や経済復興がほとんど進んでいない状況下、国家が国民に最低限の行政サービスを提供できないなかで、進行する国内の諸紛争の処理過程で調停能力を発揮する政治勢力が、その政治的発言力を強めていった——戦後二年間のイラクにおける政治動向は、そのように概括することができる。フセイン政権のもとでは、バアス党以外の政治政党、政治活動が一切禁じられていたが、そのバアス党が戦後禁止、排除されたことで、巨大なる全国政党に代わる地場勢力の出現が不可避だったのである。

本章では、まず戦後のイラク国内で最も国民生活を脅かしている紛争状況が、国際社会主導によるガバナンスの失敗によって深刻化したという側面を見、そこで何が争点として武力衝突が起き、どのような政治調整によって紛争が解決を見たのか、あるいは見なかったのかを概括する。そしてそのような政治調整の成否を踏まえて、それぞれの政治勢力が紛争後にどのような形で政治プロセスのなかに組み込まれていったのか、あるいは排除されたのかを分析する。二〇〇四年中の紛争の調停は、地域、宗派によって成否が分かれる結果になったが、そのアンバランスを残したままで実施された二〇〇五年一月末のイラク移行国民議会選挙は、どのようにイラク国内の各社会集団の代表性を国会の議席のなかに反映させることになったのか。紛争調停に効果を発揮した政治勢力の選挙での圧勝が顕著な一方で、紛争解決過程で逆に疎外された政治勢力は、選挙で紛争地域の社会集団を代表することに失敗している。換言すれば、社会の政治参加要求を過度に代表することに成功した政治勢力が出現する一方で、他の社会では政治参加要求を結晶化することもできないままに取り残され、国内でのガバナンス能力のある統治主体の確立に成功していないと言えよう。

1　国際社会のイラク復興の失敗

まず、イラク戦争後に米英を中心とした連合国がいかなる統治をイラク国内で行おうとしたか、そしてそれがいかなる効果と失敗を生んだかを概観する。

(1) CPAから多国籍軍へ

イラク戦争を主導した米軍は、イラク戦後統治に関して、当初米国務省を中心に計画されていたイラク人による戦後統治という方針を早い時期に放棄した。すでに二〇〇三年五月採択の国連決議一四八三号によって、イラク人による統治母体は「連合国のイラク統治を補佐する」行政機関としてのみ位置づけられ、同じ時期に予定されていた亡命イラク人中心の暫定政権の設置は先延ばしにされた。その結果、限定された権限しかもたない統治評議会が二〇〇三年七月に設置されたものの、それはあくまでもCPAの任命によるもので、イラク内外から正統性ある統治母体とは見なされなかった。同年九月にはイラク人閣僚が任命されたものの、各省庁の実権はそれぞれの省庁に配置されたCPAのアドバイザーが掌握していた。特にイラク復興のために供出された各国からの資金管理もCPAが担い、復興事業もプロジェクト・マネージメント・オフィスがイラク人省庁とは別に外国企業への発注を決定していた。

こうしたなかで、二〇〇三年秋以降国内の治安情勢が悪化し、駐留する連合軍は治安対策に忙殺され、経済復興は停滞することとなった。連合軍の死傷者の増加とイラク国内で高まる米英支配に対する反発から、連合国はイラク人主体への主権移譲を早期に進める必要性に迫られ、以下に述べるように二〇〇四年六月二八日にイラク暫定政権に主権を移譲して以降は、連合国はその統治役割を国連とイラク暫定政権にゆだねる方向が取られた。治安管理に関しては、戦後新設されたイラク軍とイラク警察への訓練を急ぎ、連合国のみならず北大西洋条約機構（NATO）にも協力を求めることとなった。

連合国がイラクの戦後復興における主導権を縮小し国連への依存姿勢を示すようになったのは、後述するように、二〇〇四年四月のファッルージャ、ナジャフにおける現地勢力と米軍の大規模武装衝突の平和的解決に失敗したことを契機とする。同月ブレア英首相とブッシュ米大統領は共同声明で、イラクにおける選挙を含めた今後の政治的正常化に国連の関与を求めると表明した。その結果、ブラヒミ国連事務総長特別顧問がイラク暫定政権の設立人事を任されたが、ブラヒミが「政治色の強い暫定政府ではなく実務官僚中心の組閣」を目指したにもかかわらず、結果的に米政権、特にCIAとの関係の深いイヤード・アッラーウィが暫定首相に任命され、ブラヒミは米政権の頭越しの影響力行使に不快感を隠さなかった。同様に、二〇〇五年一月に予定された制憲議会選挙に関しても、準備を任された国連が二〇〇四年五月頃から頻繁に、「早急に国勢調査などの選挙準備を実施しなければならない」と警告し続けたにもかかわらず、国連のイラク国内での活動の安全を確保するための治安体制が整わず、結局国勢調査もなく選挙日程を迎えることとなった。国連による選挙指導が十分に尊重されなかったことは、たとえば国連の選挙担当顧問が「有権者はとりあえず国内イラク人に限ることが望ましい」と指導したにもかかわらず、政治先行の姿勢が目立つイラク独立選挙委員会が亡命イラク人の選挙権を認める決定をしたことからも、推察できる(3)。

換言すれば、イラク国内の治安維持を担う米英は、国内の治安悪化やイラク国内での主権要求の高まりなど、イラク統治において障害と批判が増大するたびに国連や欧州連合（EU）、NATOへの依存志向を示したが、最終的には米英の主導権には変化がなく、一時的に復興への関与を任された国連は、しばしば途中で梯子をはずされる結果となっている。そしてそのことが、イラク国内での国連など国際機関に対する不信感を醸成し、外国勢力のイラク国内関与への反発を全般的に高めるという逆効果を生んでいると言えよう。

(2) 裏切られた国際社会主導のイラク戦後政策

このように、二〇〇三年末以降、米英および国連などの国際社会によるイラク戦後政策が破綻していく一方で、対照的であったのが、イラク国内勢力による自派勢力基盤の確立と政治的発言力の強化である。旧フセイン政権下では、バアス党一党独裁体制のもとで実質的にその他の政治活動が禁止されていたため、イラク戦争後に台頭したイラク人諸政治勢力には、イスラーム主義勢力や左派共産党系などフセイン政権下で亡命し海外で政治活動を続けてきた亡命勢力と、フセイン政権下で忍従してきた不満勢力が戦後政治活動を表面化させた国内勢力との、二つの潮流が存在する。

統治評議会として限定的な形でしか政治実権を与えられなかった亡命イラク人勢力は、その後国内で大衆的支持を固定化させていった国内政治勢力とともに、米英のガバナンス失敗の機会を捉えては着実に主導権の確保を図ってきた。イラク人勢力が独自路線を追求した結果米英の統治方針を覆したという、ある意味でクーデタとも見なしうる事件は、戦後少なくとも三回ある。第一は、米英が予定していた間接選挙による親米派暫定政権、暫定議会の設立に対して、シーア派宗教界を中心に反発が強まり、結果選挙による国政選挙の日程が早い時期に具体化した、ということである。二〇〇三年一一月にブレマーCPA行政長官がいったん公表した「コーカス・システムによる任命要素の強い選挙」方式に対して、シーア派の最高宗教権威であるアリー・シスターニ師が、「憲法制定に携わる政府と議会は民意によって選ばれたものでなければならない」との判断を示して反対したことから、国内で大規模な選挙要求運動が高まり、選挙実施に至ったのである。(4)

第二の「クーデタ」とも言うべき事件は、主権移譲に関わる経緯である。暫定政権の人事については前述したように国連が責を負うこととなったが、この時、国連および米政権が積極的に推薦していたパチャーチ元外相の大統領就任に対して、統治評議会が反発、暫定政権成立前夜まで交渉がこじれた結果、統治評議会の推すアラブ人スンナ派（スンニー派の正式名称）でシャンマル部族長のガージー・ヤーウィルが大統領に任命された。

そして第三の転機は、暫定国民議会（制憲議会）選挙の結果である。二〇〇五年一月に実施された暫定国民議会選挙の結果については、第三節で詳細に見ていくが、米英は選挙を経ても暫定政府首相であるアッラーウィが一定の支持を確保し、親米世俗派のアッラーウィ内閣が年末の正式政権まで続投するだろう、と期待していた。しかし選挙の結果アッラーウィ率いる政党は第三党の位置につけたに過ぎず、続投が望むべくもなかったどころか、シーア派宗教界の影響力の強いイラク統一同盟が第一党となった。

このように、米英のイラク統治は十分な成果を上げられなかったばかりか、本来米英が想定していなかったイラク国内勢力の独自の努力による政治的台頭をもたらす結果となった。その過程を詳細に検討すると、こうしたイラク人政治勢力が、米英軍の国内紛争処理に失敗する都度、その混乱収拾機会を利用して政治的指導力を強めていることがわかる。次節では、イラク戦後の国内紛争において米英軍がいかに紛争処理に失敗してきたか、そしてその失敗を補うためにイラク人政治勢力がどのような政治的調整力を発揮してきたかを、特にファッルージャとナジャフの紛争を例に、検証していこう(5)。

2　戦後イラクにおける国内紛争

二〇〇三年五月にイラク戦争が終結して以降、イラク国内で行われた集団的な戦闘は二つの地域に集中している。一つは二〇〇四年四―五月、および同年八月にナジャフで発生したサドル派の武装組織、マフディ軍と米軍との武力衝突であり、もう一つは二〇〇四年四月と一一月にファッルージャで発生した地元武装勢力と米軍の武力衝突である。なお、戦前からクルド自治政府のガバナンスが一定程度確立されてきたクルド自治区では、戦後大きな治安の悪化は見られないため、本章では特に触れないこととする。

(1)　紛争の経過

①ナジャフでの紛争経過

反米強硬派のサドル派は、フセイン政権末期に殺害されたマルジャア・アッ＝タクリード（シーア派宗教権威の最高位）である故ムハンマド・サーディク・サドルの息子、ムクタダ・サドルによって率いられる組織である。イスラーム法学者として高い地位にあった父の地盤に加えて、ムクタダ自身の明確な反米姿勢は、戦後早い時期から大衆的な人気を博した。特に若年層や経済的社会的底辺層の人々に支持され、首都バグダードのサドル・シティーでの強い支持を得た。(6) 彼らは厳格なイスラーム統治を導入した共同体建設を各地で進め、サドル派の影響力の強い場所では、しばしばアルコール販売店やCD店、映画館など「非イスラーム的」とみなされる者が襲撃されたり、女子学生にスカーフの着用を強要したりといった事件が多発した。

二〇〇四年四月のナジャフでの衝突は、主権移譲を前に米軍がサドル派に打撃を与え、特に武装勢力であるマフディ軍を解体しようと考えたものである。衝突の具体的原因は、CPAがサドル派の機関紙を発禁処分とし、次いでムクタダ・サドルに逮捕状が出ているとして彼の自宅を包囲したこと、さらにはサドル派幹部のムスタファ・ヤアクービーを逮捕したことにあった。この四月の衝突の結果、サドルはナジャフのイマーム・アリー廟とその周辺を支配、占拠することになった。攻撃のたびにシーア派最大の聖地ナジャフの聖廟が破壊の危機に曝され、米軍としては却って行動しにくくなったことから、戦闘は膠着状態のまま二ヶ月近く続いた。結局六月に入ってマルジャア・アッ＝タクリードのシスターニー師が、聖地の危機を憂えて米軍、サドル派双方に対して自制と事態の沈静化を呼びかけ、停戦が成立した。

その後、六月末に主権を移譲されたイラク暫定政権は、サドル派に対して政治組織への転換と選挙などの政治プロセスへの参加を呼びかけたが、反米路線を貫くサドル派は、外国軍支配下での政治プロセスの進行は不当として、これを拒否した。その結果、八月に米軍は再びサドル派の幹部を逮捕し、サドルの自宅を包囲した。

しかしナジャフという聖地で大規模戦闘が展開されることが、宗教界の激しい反発を呼んだことは四月の衝突と同じであり、結局軍事作戦ではサドル派を投降、武装解除することはできず、八月末に当時海外で病気治療中だったシスターニ師が帰国して始めて、停戦が成立した。九月以降、サドル派武装勢力の武装解除は徐々に進み、二〇〇五年の一月の国会選挙ではサドル派が一部選挙に参加、移行政府に三名の閣僚を輩出するに至っている。

②ファッルージャでの紛争経緯

バグダード西の小都市ファッルージャで反米意識が醸成されたのは、イラク戦争末期に進駐米軍と住民の間で早い時期に衝突があり、同市住民が米兵に殺害されたからである。外国のメディアでは、しばしばファッルージャが旧フセイン政権時代の支持基盤のひとつだったから反米感情が強い、と解釈されることがあるが、それは間違いである。フセイン政権の誕生以来この地域は政策的に軽視され、九〇年代には同地域の部族が反フセイン暴動を起こしている。よって、フセイン支持派が伝統的に強い地域ではなく、むしろ反フセイン色が強かった。

住民レベルでの反米感情が蓄積したのは、このイラク戦争末期の米軍と住民との衝突以降のことであり、二〇〇四年三月末に米軍関連の業務に従事する米民間人四人がファッルージャで殺害され、四月のファッルージャに対する米軍の「懲罰的攻撃」が開始された。この攻撃に対して、アドナン・パチャーチやヤーウィルなどの当時の統治評議会メンバーが積極的に対米批判を行い、スンナ派で唯一の親米イスラーム主義勢力であるイラク・イスラーム党とともに停戦交渉に乗り出した。軍事的な決着がつけられないと見た米軍は、五月一日にファッルージャ住民との停戦に合意、衝突を終結させた。だが軍事作戦後のファッルージャ統治のアイディアを持たなかった米軍は、停戦に際して地元の旧軍、旧治安部隊によって構成されるファッルージャ部隊に、今後の市中統治を任せることとした。それが今後の展開への十分な情報と洞察なしに実行されたことは、最初に任命されたファッルージャ部隊司令官が過去に共和国防衛隊将校として南部シーア派住民への鎮圧行動に携わってきた人物だったということに、如実に現れている。この最初の司令官は、シーア派の統治評議会メンバーの抗議を受けて、任命から三日と経たずして解任された。こうした即席の解決方法が結果的にファッルージャに米軍や暫定政府の立ち入ることの出来ない「自治」地帯を作り上げた。

停戦後、米軍のファッルージャ周辺での被害は減少したが、主権移譲を控えた六月にはイラク各地でイラク人を対象とした自爆攻撃や、暫定政権に関与するイラク人政府高官に対する襲撃、暗殺事件が頻繁に発生した。七月に入ると多国籍軍の兵士はもとより、民間企業に勤める外国人やイラク人に対する誘拐、処刑が繰り返されるようになった。実際、ファッルージャには五月半ば頃から、ワッハーブ主義、あるいはサラフィー主義的な厳格なイスラーム統治を主張するイスラーム主義者が勢力を確立していったようである。シーア派イスラーム系と思われるイラクの『シラー』紙が九月一二日に報じた記事によれば[7]、ファッルージャのサアド・ビン・アビー・ワッカース・モスクの礼拝導師のアブダッラー・ジャナービを中心とする「ムジャヒディーン・シューラー評議会」が、二〇近いイスラーム系組織を束ねてファッルージャでの「自治」を確立し、厳格なイスラームの適用による共同体の維持を試みる「首長国」と化しつつあったのである。

ジャナービを核としたファッルージャのイスラーム自治体は、九月頃にはラーティフィーヤやマフムーディーヤにまで拡張していった。こうした状況を見て、米軍は九月にファッルージャ部隊を解散した。そして九月には間断ない空爆が再開され、一一月には本格的な同市に対する掃討作戦が開始されたのである。この一一月の攻撃は約三週間続いたが、その間スンナ派の諸イスラーム組織が攻撃に反対するなど批判の声が上がったものの、四月の攻撃と異なり米軍および政府軍は徹底的な作戦遂行を途中変更することはなかった。その結果、ファッルージャ自体は住民の八割が市外に疎開するなか、二〇〇〇人以上（民間人・武装勢力の違いは不明）の死者を出して、同市は廃墟と化した。一方で、武装勢力の完全拿捕には至らなかったため、一部武装勢力は二〇〇四年末以降モースルやバアクーバなど他のスンナ派地域に拠点を移して、ゲリラ活動を行い始めた。

(2) 紛争処理過程におけるナジャフとファッルージャの相違

以上が、ナジャフとファッルージャでの具体的な紛争の経緯である。この両市での紛争には、ともに反米活動であるということと、ともに米支配に対抗してイスラーム的価値観に基づく一種の「自治」を確立しようとしたイスラーム過激派が紛争主体だった、という共通点を持つ。しかし、その二つには相違点も多い。その相違点が、ナジャフでの紛争解決と政治過程への組み込みの成功、そしてファッルージャでの失敗に繋がったということができる。

最も明示的な相違は、宗派的違いである。ナジャフはシーア派の聖地であり、ファッルージャは住民のほとんどがスンナ派である。しかしそれは、こうした宗派的な違いが住民の行動パターンを全く異なるものとした、という意味ではない。イラクにおけるスンナ派・シーア派という宗派上の違いは、しばしば外国のメディアや研究者によって、イラク社会の亀裂要因として見なされてきた。だが実際には、イラク社会での両派共存、改宗は進んでおり、同じ部族内で居住区域によって宗派が分かれることも多い。なによりも過去五十年間の近代化政策の過程で、イラク社会では脱宗教化、世俗化が進み、宗派的アイデンティティは社会的亀裂の主要構成要因とはなっていなかった。宗派の違いが政治的争点になったのは、イラン革命を契機としてシーア派宗教界に政治への関与を主張する「イスラーム主義」が顕著となったことと、フセイン政権末期、特に九〇年代後半以降、中央政府の統治能力の低下を補うために教育や倫理、福祉などの一部の社会政策を宗教勢力に任せるようになったことに起因する。後者の要因は、イラク戦争後さらに強化された。

換言すれば、イラク戦争後に顕著となりつつあるスンナ派、シーア派という宗派的相違は、それぞれの社会において宗派が伝統的に持っていた文化的社会的相違から発生したものではなく、特に九〇年代以降社会が急速に宗教化したために、両派の宗教界のもつ政治との係わり合い方の相違が浮き彫りになっていった、ということができる。ましてや、スンナ派＝旧フセイン政権支持、シーア派＝反フセイン派、という枠組みで、これらの紛争を理解することは間違いである。

右にあげたナジャフとファッルージャのケースも、政治に対する宗教界の位置づけが両宗派で異なっていた、ということにこそ、力点が置かれるべきであろう。以下は、両市での紛争解決の成否を決した相違点を分析する。

①主体の明示性

ナジャフとファッルージャのケースで最も異なる点は、紛争主体が誰であるかが、ナジャフでは明確であるがファッルージャではしばしば不特定多数が関与していた、という点である。上述したように、ナジャフではサドル派が自覚的に反米活動を行い、彼ら自身が行動の目的と要求を主張したが、ファッルージャでは紛争主体自身が名乗りを上げ、表に出て要求を行うことはまれであった。ザルカーウィの率いる武装組織の名前がしばしば「名乗り」を上げることはあっても、それが本当に同一組織によるものなのかは確認できない。多くのケースは、さまざまな組織がザルカーウィの名前を利用している、と考えたほうが自然である。ファッルージャでの紛争主体は実態として、そうした外国人の反米ゲリラ勢力、旧体制下での治安・諜報関係者や軍人、過激な排外主義的イスラーム主義勢力、地元の自律的な部族勢力、などが混在しているといえる。

②調停者の有無

次に顕著な相違点は、政治的調停者の有無であり、その位置づけである。

〔ナジャフの例〕

まずナジャフのケースを見てみよう。四月および八月の停戦交渉で顕著だったのは、停戦を誘導したのが国内の地元有力者だったことである。そしてその地元有力者や部族勢力を取りまとめるのに動いたのが、アフマド・チャラビを代表例とする統治評議会内のシーア派の個人政治家である。四月の時点では主権移譲後の統治評議会の解体が決まり、八月にはすでに解体されて、暫定政府に取り立てられなかった個人政治家があぶれていたが、こうした体制内野党化した個人政治家にとって、サドル派対米軍の衝突は、まさに自らの政治手腕を誇大広告するのに良い機会だったといえよう。

こうしたシーア派の個人政治家は、サドル派との紛争での調停的立場を利用して、ハウザと呼ばれるシーア派宗教界の権威を動かすことに成功した。少なくともそのように喧伝を行ったのである。八月に停戦でシスターニ師の停戦を促進する発言は、同師のシーア派地域における紛争解決での決定的な役割を証明した。その結果、個人政治家だけでなく、シーア派地域の各種イスラーム政党がシスターニ師の政治的発言力の強さのもとに結集せざるを得ない環境が生まれたのである。サドル派と関係の悪いイラク・イスラーム革命最高評議会（SCIRI）も、九月以降サドル派の政治参加を積極的に受け入れる姿勢をとり、一一月にはシスターニ師の公認のもとで、シーア派諸イスラーム主義政党が結集する統一会派を結成する方向が固まった。二〇〇五年一月の選挙では、このシーア派イスラーム主義勢力による「イラク統一同盟」が積極的な役割を果たしたが、ダアワ党やSCIRIなど積極的にイスラームの政治関与を主張するイスラーム主義政党は、暫定政権に与党として参画していながら、アッラーウィ首相が構想した与党統一会派案を拒否して、シスターニ師主導のイスラーム会派に加わることになったのである。

いわば、ナジャフでのサドル派の対米衝突を処理する過程で、調停的役割を発揮した勢力が中核となって宗派的大同団結と、政治的統一戦線が可能になっていったといえよう。

〔ファッルージャの例〕

一方ファッルージャでは、四月と一一月とで調停者の存在と役割は全く異なっている。四月の衝突では、ヤーウィルやイラク・イスラーム党幹部など当時の統治評議会メンバーが積極的な調停活動を行ったが、米国の対イラク政策に対立するムスリム・ウラマー機構もこの停戦交渉に加わり、イラク人の間で反米派、親米派ともにファッルージャでの衝突を終わらせようとの強い意志統一が見られた。

だが九月、あるいは本格的には一一月から始まった第二次ファッルージャ攻撃が第一次攻撃とまったく異なっている点は、調停役の一切の不在である。調停役を果たそうという者はいないか、いても拒否された。停戦交渉も細々と続けられていたが、一〇月半ばには完全に暗礁に乗り上げた。逆に調停の中核的役割を果たしてきたウラマー機構は、武装勢力と決別することができないとして米軍や政府の非難の対象となり、停戦交渉が頓挫した途端にその幹部が次々に米軍に逮捕されていった。それは彼らが、その仲介的な役割がむしろ交渉の害となる、と米軍および暫定政権によって断じられたからであった。そしてその「切り捨て」は、もともと反米的スタンスのウラマー機構にとどまらず、暫定政権に参加していたイラク・イスラーム党にも及んだ。一一月のファッルージャ攻撃の最中、イラク・イスラーム党は暫定政権からの離脱を決めた。

こうした政治勢力の紛争処理過程からの排除は、その後の制憲議会選挙での彼らの不参加をもたらすことになった。シーア派政治勢力が紛争処理を契機に政治参加を進めていったのと対照的に、スンナ派地域では逆の結果が生まれたのである。

③正統性付与の源泉となる社会的権威の有無

〔シーア派におけるハウザ、シスターニ師の社会的影響力〕

シーア派社会におけるマルジャア・アッ＝タクリードを中心とした宗教界、すなわちハウザの社会的影響力には、ハウザが確固たる位階構造を有している点で、きわめて強いものがある。ハウザは、フセイン政権下の弾圧のもとでも国家と離れて一定の自律性を維持し、独自の学問体系を確立してきた。戦後の無政府状態においては、特に紛争処理でハウザは規範制御機能を発揮し、紛争主体に暴力行動の自制を呼びかけることが可能であった。

現在ハウザの頂点に立つのがシスターニ師であるが、彼は基本的には政治的に静謐主義を取り、サドルのような反米強硬派やダアワ党、SCIRIなどの政治組織の持つ政治介入主義とは、相容れない。しかし紛争局面が強くなると、ハウザの秩序回復への規範提供機能は政治的調整能力として効果を発揮し、政治的指導力にも繋がる。二〇〇四年末に米国務省が実施したイラク世論調査では、シーア派住民の回答の七六％が「宗教指導者が選挙をボイコットしろと言えば、ボイコットする」と述べているが(8)、この数値の高さが戦後のイラク・シーア派社会における宗教指導者の政治的影響力を現している。

〔スンナ派における宗教的権威秩序の不在〕

ムスリム・ウラマー機構（通称「聖職者協会」）は、フセイン政権期まで国家官僚化していたスンナ派ウラマーが、政権崩壊とともに自発的なウラマー統合組織を設立したものであるが、スンナ派のこうしたウラマー組織の特徴は、シーア派のハウザと異なりフラットな非位階的存在だということであり、スンナ派のウラマーはシスターニ師のような絶対的社会影響力を持たない。前述の二〇〇四年末の世論調査では、スンナ派住民で「宗教指導者がボイコットしろと言ったから選挙をボイコットする」と回答したものは三二%に留まった。換言すれば、シーア派社会における宗教指導者の圧倒的な政治的指導力と対照的に、スンナ派社会ではウラマーの影響力はせいぜい三分の一程度の住民に浸透しているだけなのである。それゆえ、ウラマー機構の発言は、スンナ派抵抗勢力から信頼を得る側面と軽視される側面と、両方持ち合わせている。

ムスリム・ウラマー機構の発言力低下、他政治勢力との信頼関係の喪失が顕著となり始めたのは、二〇〇四年八月ごろからである。それを如実に示したのが、前述したイラク紙『シラー』の報じた「武装勢力からウラマー機構に宛てた挑戦的メッセージ」だった。四月の日本人拉致事件でも明らかになったように、ウラマー機構はしばしば、外国人を拉致する武装勢力に対して解放を呼びかけたり暴力行為の行き過ぎを説諭したりして、スンナ派の反占領抵抗運動に一定の行動規範を与えてきた。七月から外国人の拉致事件が頻発したことで、ウラマー機構が説諭、発言する頻度も増えていったが、そこで彼らが提示する「処刑対象の基準」は、必ずしも常に一定というわけではなかった。人質に対する処刑方法が残虐視されればされるほど、ウラマー機構は殺害行為を戒める方向の発言を強めるものの、その一方で「占領軍を殺害することは抵抗運動として正当な権利」との立場は堅持していたため、どこまでを「敵」とみなし、どこまでを「中立な民間人」として解放すべきなのか、判断は常に揺れていたのである。『シラー』紙が報じた「挑戦」とは、外国人拉致事件に対して煮え切らない態度を取るウラマー機構に対して、人質犯人側が「いっそ拉致した外国人を解放しろというファトワー（宗教令）でも発出してみるがいい」と挑発したことである。同じ頃、カタールに住むスンナ派の著名なウラマー、ユースフ・カラダーウィが「米人を殺すことは正当な行為」とのファトワーを出している。スンナ派ウラマーの全体的潮流から離れて、占領への抵抗権を放棄するような指導がウラマー機構に出せるのかと、武装勢力側は決断を迫ったのである。

3　紛争解決から政治参加への成否

さて、二〇〇五年一月三〇日、イラクにおける制憲議会を選出する選挙が行われた。二月一二日に発表された選挙結果によれば(9)、シスターニ師が公認するイラク統一同盟が四八％を獲得し、アッラーウィ首相の「イラク・リスト」は存外伸びず、一三・六％に留まった。その一方で、人口の一七％程度を占めるクルド民族は人口比以上に得票を伸ばし、二五・四％を得てイラク統一同盟に次ぐ第二政党になった。以下、主要政党の得票結果は左表の通りである。

本節では、選挙前に生じたシーア派地域とスンナ派地域での紛争解決の方法と結果の差が、制憲議会選挙での選挙行動にどのように表れたか、そして選挙によっていかなる政治勢力がその社会を代表するものとして固定化されたのかを見ていく。

表1　2005年1月30日実施のイラク国民議会選挙結果(2月13日発表)

登録番号	政党・会派名	得票数	比率	所属政党，政治家	性格
169	イラク統一同盟(UIA)	4,075,295	48.19%	SCIRI，ダアワ党，INC，バドル組織，トルコマン・イスラーム連合，ファディーラ党	シーア派中心，イスラーム系
130	クルド統一同盟(KA)	2,175,551	25.73%	KDP，PUK	クルド，世俗中心
285	イラク・リスト	1,168,943	13.82%	INA（アッラーウィ首相），カーシム国務相，フザイ元統治評議会員	宗派混合，世俗
255	イラキユーン	150,680	1.78%	ヤーワィル大統領，ハサニ元イラク・イスラーム党幹部	スンナ派，イスラーム・世俗混合
175	イラク・トルコマン戦線	93,480	1.11%	トルコマン諸政党	トルコマン
352	国民幹部エリート集団	69,938	0.83%	サドル派の一部	シーア派，イスラーム
324	人民連盟	69,920	0.83%	共産党	宗派混合，世俗
283	クルド・イスラーム協会	60,592	0.72%		クルド，イスラーム
111	イスラーム行動組織	43,205	0.51%	ムダッリシー	シーア派，イスラーム
258	国民民主同盟	36,795	0.44%	スマイディ前内相	スンナ派，世俗
204	ラフィダイン国民会派	36,255	0.43%		キリスト教系
311	和解と解放	30,796	0.36%	ミシュアン・ジュブーリ（元共和国防衛隊）	スンナ派，世俗
146	国民統一連合	23,686	0.28%		世俗
158	無所属民主派連合	23,302	0.28%	パチャーチ前統治評議会員，サマライ電力相	スンナ派系，世俗
351	イラク・イスラーム党	21,342	0.25%	アブドゥルハミード元統治評議会員	スンナ派，イスラーム
192	イスラーム・ダアワ運動	19,373	0.23%		シーア派，イスラーム
349	立憲王政運動	13,740	0.16%	シャリーフ・アリー	宗派混合，世俗
220	自由将校・市民運動	6,372	0.08%	ナジーブ・サーリヒ（元共和国防衛隊）	シーア派系，軍人
361	国民民主党	1,603	0.02%	チャーディルチー前統治評議会員	スンナ派系，世俗
353	イラク国民運動と無所属市民社会組織連合	1,558	0.02%	ハーティム・ムフリス	スンナ派系，世俗
290	統一党	1,202	0.01%	ムブディル・ワイス	スンナ派，アラブナショナリスト

出所：〔http://www.ieciraq.org/Arabic/Frameset_Arabic.php〕（イラク独立選挙委員会の公式ホームページ）

(1) 紛争処理の失敗によって生じた政治参加意欲の地域的格差

①スンナ派地域での政治組織の不在と政治参加意欲の低下

スンナ派地域の住民は、二度の激しい掃討作戦によって被害をうけたファッルージャ住民に同情と共感を示しつつも、反米活動を拡大しようとする旧体制勢力や宗教的過激派の存在に自らの生活をも脅かされる、ジレンマに最も強く曝された集団となった。というのも、ファッルージャ作戦は、二つの面でスンナ派の住民生活に打撃を与えたからである。第一には攻撃によって多くのスンナ派民間人が巻き添え被害が出たことであり、第二は攻撃が本来掃討すべきテロ勢力の根絶を実現できず、逆にテロ勢力の各地への分散と活動の先鋭化を生んだことである。

一一月のファッルージャ掃討作戦で暫定政府は、同市の民間人住民に対して疎開・避難を呼びかけた。その結果、二五万人程度といわれる市民の約八割が市外に避難したが、軍事攻撃が終わっても多くの人々は自宅に帰還できず、帰還を認められたのは今次選挙の有権者登録期限が切れる一二月半ばを過ぎてからであった。こうした地域、特にアンバール県とニネヴェ県の住民は期限内の登録ができず、政府は選挙当日の登録を例外的に認めることになったが、避難してテント生活を送る住民にとって投票自体が他地域住民に比較して負担が大きかったことは明らかである。さらに、ファッルージャ作戦が中途半端な形を取ったことで、本来のテロ勢力はモースルなど他の都市に移動して一層攻撃を激しくした。一二月以降発生したイラク人民間人を巻き込んだ攻撃のほとんどが、スンナ派地域で行われている。

こうした事態を反映して、選挙に際してイラク・イスラーム党は一二月二七日時点で選挙ボイコットを表明した他、ムスリム・ウラマー機構も国民に選挙ボイコットを呼びかけた。またボイコットという形式ではないが、一一月二六日にパチャーチの率いる無所属民主派連合など一七政党が選挙実施の半年間延期を要求した。約言すれば、選挙に向けたスンナ派の参加意欲は選挙公示までに大幅に削がれていたのである。もともと政治組織化ができていなかったことで「支持層なし」とするスンナ派住民にとっては、この最悪の治安状況のもとであえて投票するほど熱意をもてなかったのが実情といえよう。

②シーア派地域での宗教界を中心とした政治参加への意気込み

一方で、イラク統一同盟の勝因は、各政党がシスターニ師を頂点として大同団結を維持したためであり、とりわけイスラーム主義政党は同派の選挙活動にシスターニ師の写真を使用して、有権者の信仰心と政治的支持を融合する形で、大量の動員に成功した。多くの南部シーア派地域で「初めての民主的で自由な選挙」を喜び、一種祝祭のように参加を促進した心理環境があったことは否定できないだろう。そこで初めて「シーア派」としてのアイデンティティを公けに政治的に主張することへの興奮が見られた。

ところで、概してシーア派イスラーム主義政党に知名度と歴史の長い政党が多く、スンナ派政治家の多くは組織化されず、個人の無所属的な政治活動を行ってきたものが多い。このことは、宗派的先天性から来る違いではない。両宗派が歴史的に置かれた政治的環境の違いが、そこには明確に存在する。シーア派のダアワ党やSCIRIは、その活動を専らイランなどの海外拠点において拡大、展開してきた。特にSCIRIは一九八二年イラン・イラク戦争の長期化のなかで、イランに亡命したイラク人ウラマーたちがイラン政府の支援を受けて結成したという経緯を持ち、亡命先のホスト国の意向を背景として政治組織化を進めてきた。さらには、こうしたシーア派イスラーム主義政党の多くは、政治政党としてのみならず軍事組織をも編成・拡充する機会をふんだんに与えられていた。SCIRIの軍事組織であるバドル軍団は、イラン・イラク戦争期にはイラク国内での反フセインゲリラ作戦を担うものとして、イラン政府の特に保守派（革命防衛隊など）の支援を受けていた。こうした民兵組織の有無は、戦後のイラクにおける各政党の治安維持能力を左右した。国軍や新生イラク警察の治安維持能力が十分ではない現在、地域での治安維持は畢竟こうした民兵集団や部族のもつ軍事能力に依存することになる。選挙の実施にあたっても、シーア派地域では、治安に不安を抱く有権者でもこれら警備能力を持つ与党の手配する車両に乗れたからこそ、投票所に行くことができた、という側面は無視できない。

(2) 紛争途中地域での選挙に際しての政治志向

一方、政治参加の意欲を削がれ主要政党が選挙ボイコットを呼びかけたスンナ派地域では、選挙のなかでどのような政治志向が見られたのであろうか。スンナ派地域のアンバール県の非公式の投票率は、わずか二%といわれている。県人口約二〇〇万人と推測されるニネヴェ県での投票数は、二〇万人強であった。

しかしこのわずかな投票結果のなかからも、現時点でのスンナ派住民の政治志向が——政治参加を希望する場合に限ってであるが――いかなるものかを推測することができる。そこで見て取れる傾向は、第一に、スンナ派だからというだけでスンナ派住民は支持政党を選んでいないということ、第二に旧体制に参与していたスンナ派住民の支持が期待されるのはイデオロギー的側面によってではなく、軍などの旧体制組織に関与したものだということ、第三には部族集団など地元勢力への選好が見られるが地域的に限定されているということ、である。

①スンナ派既存政治家の求心力低下

スンナ派社会での問題は、立候補した各種政党がいずれも広範なスンナ派住民の支持を得られなかったことである。スンナ派が主流を占める政党で最も多くの票を得たのはヤーウィル大統領の「イラキユーン」だったが、地元であるニネヴェ県では一応二八％得票したものの、同じスンナ派アラブの中心県であるサラハッディーン県では一二％、アンバール県では一〇％しか取れていない。都市知識人を中心に得票が期待されたパチャーチ元外相率いる無所属民主派連合は、全体では一四位に留まり、スンナ派地域でもアンバール県の三％弱を除けば一％以下しか獲得できなかった。また同じく元統治評議会員で、米占領下でパチャーチとともにスンナ派にとっての求心力と期待されていたチャーディルチー氏率いる国民民主党に至っては、一一〇の立候補組織中八一位であった。ボイコットを呼びかけつつ有権者の投票を否定しなかったイラク・イスラーム党（一五位）ですら、ディヤーラ県で第四位（七％）を占めた以外は、スンナ派地域での得票率が他県でのそれを大幅に上回ることはなかった。またドゥレイミ部族出身のスマイディィ率いる国民民主同盟は、そのドゥレイミ部族勢力の居住地域であり、反政府活動が激しいアンバール県で、なんらかの支持が得られるかと期待されたが、同組織のアンバール県での得票は他地域と大してかわるものではなかった。

結局スンナ派地域ではいずれの県でも、第一党はクルド統一同盟（ニネヴェ）やイラク統一同盟（サラハッディーン）、イラク・リスト（アンバール）といった他民族、他宗派主導の政党だという皮肉な結果に終わっている。約言すれば、既存のスンナ派政治家のいずれもが現存するスンナ派社会を代表できていない、ということであり、スンナ派の代表性を確保するためには、今ある政治組織ではない形でスンナ派社会の政治意識の吸い上げがなされる必要がある、ということであろう。

②伝統的にスンナ派に影響力を持つ政治勢力の動向

次の特徴は、アラブ・ナショナリスト政党の退潮と、旧軍人系組織のスンナ派地域での一定の得票である。イデオロギー的に旧体制は、バアス主義というアラブ・ナショナリズムに基づく体制であった。通常アラブ・ナショナリズムは、エジプトやシリアなどのスンナ派主流のアラブ諸国で支持を得てきたことから、スンナ派社会で一定の影響力を持ちやすいとみなされてきた。しかし二〇〇五年一月の選挙で明確なアラブ・ナショナリズムを掲げた政党としては、「アラブ・ナショナリズムの父」と呼ばれるムブディル・ワイス率いる統一党が唯一立候補したのみである。しかし同党の得票は九七位と低迷し、しかもアンバール県でやや他地域より得票率が高い以外は、特にスンナ派地域で支持されているという状況ではない。

他方、スンナ派地域、特にサラハッディーン県で支持を得ている政党として、旧共和国防衛隊将校の率いる政党が挙げられる。同県で第四位につけた「和解と解放」は、九〇年代半ばまでフセイン政権下で共和国防衛隊将校を務めたのち、亡命したミシュアーン・ジュブーリが率いる政党で、同党はその得票数の半数以上の支持を同県で得ている。ジュブーリ部族が同県を含む地域を地元にしていることもあるが、旧体制支持者の多いと言われるサラハッディーン県で彼がかなりの票を得たのは、旧軍人票が反映されているのではとの推測ができる。そうした仮説を補強するように、同県ではシーア派の旧軍人勢力が結成する「自由将校・市民運動」に対する支持もある程度見られる。同運動の全体得票数のうち、一七％がサラハッディーンで、一一％がディヤーラで得られている。

③親米亡命イラク人勢力の限界と地元勢力の強み

その一方で、同じサラハッディーン県出身で軍人家族出身という背景を持つハーティム・ムフリス（父マウルード・ムフリスは王政期のイラク軍に影響力を持った政治家で、ティクリート閥の生みの親）率いる「イラク国民運動と無所属市民社会組織連合」は、地元サラハッディーンを含めて惨敗した（八四位）。その敗因は、同じ亡命経験者でもジュブーリやナジーブ・サーリヒ（自由将校団）のように湾岸戦争後の亡命者ではなく、長期にわたって国外に離れていたことにあろう。今回の選挙の特徴として、長期に亡命していた帰国組イラク人政治家は、概して惨敗している。パチャーチや立憲王政運動（一九位）の敗北にはそうした側面もあろう。

反対にこの選挙で強みを見せたのは、地元勢力および地元に支持基盤を持つ政党であった。「イラキユーン」は、シャンマル部族長の子孫であるヤーウィル大統領の出身たるニネヴェ県で圧倒的な強みを見せたし、右のジュブーリはジュブーリ部族の居住するサラハッディーン県やタミーム県で支持を伸ばした。しかし、こうした地元勢力は、他県ではその得票は大きく下がる。ある意味でスンナ派の間では、全国区で通用する大政党が不在だと言える。

こうした地元志向は、必ずしもスンナ派社会にのみ見られた傾向ではない。イラク統一同盟の勝因は、地元シーア派社会に圧倒的影響力を持つハウザの公認を取り付けたことにあるが、同じシーア派地域でもハウザの影響力の強いナジャフ、カルバラといった聖地周辺県に比較して、南部のバスラ、マイサンではイラク統一同盟の得票数はやや下がり、代わりに地元に影響力を持つシーア派イスラーム勢力が一定の票を得た。マイサンではサドル派の一部が結成した「国民幹部エリート集団」が四％弱の票を獲て第三党となり、またバスラでも地元のダアワ運動が一・三％で第三党につけた。サドル派の「エリート集団」については、最大の地盤であるサドル・シティーのあるバグダードでも、第三党（一・五％）になっている。

おわりに

以上に見てきたように、二〇〇五年一月のイラク制憲議会選挙では、過去の国内紛争の処理過程で政治力を発揮して代表性を確保したシーア派イスラーム主義勢力と、十分な代表性を得ることができなかったスンナ派社会の差異がきわめて明確な形で固定化され、選挙を期に宗派対立、民族対立が建国以来最も深刻な亀裂となって生じた。しかしそのことは、旧来から存在してきた宗派に沿った社会的亀裂が表面化したというものではなく、九〇年代以降、特にイラク戦争以降にイラク社会が急速にイスラーム化するような政策が取られ、その結果宗派ごとに異なる住民動員のメカニズムが構築されていったことによるものである。そしてそこでの問題は、ただ宗派的バランスの悪さという問題ではなく、特定宗派社会において政治的代表性を確保できる政治組織の発展がなされていないということにある。

換言すれば、以下のようになろう。シーア派社会では一応の地域レベルでのガバナンスは確立されている。またここでは触れていないが、クルド地域はイラク戦争以前から二大政党によるガバナンスが維持されている。他方、スンナ派地域においては、そもそも「スンナ派社会」という一体性を歴史的に持たなかったことや、シーア派イスラーム主義組織のようなイスラームの政治関与理論を十分構築してこなかったことから、地域レベルですらガバナンスが確立していない。つまり、イラク戦争以前はイラク社会ではバアス党や共産党など、全国区レベルでの政治組織化が主流であったのだが、戦後シーア派やクルドがいち早く宗派、民族ベースの政治組織化を進めて多文化社会型の代表システムに適合する傾向を見せているのに対して、スンナ派地域では「スンナ派社会」という宗派アイデンティティすらも確立されていない。さらに、都市部や宗派・民族混合地域では、文化的統一性に基づいて資源を配分するというシステム自体に無理がある。

二〇〇五年一月の国会選挙は、転換期にあるイラク社会の代表性をどのように確保するかという極めて困難な難題を抱えながら実施された。イラク社会が文化多元主義に基づいた資源配分システムの確立に進むのか、あるいは中央集権的な政治イデオロギーと均質化された国民の創造が可能なのか、進む方向性によって今後のガバナンスの方法、レベルも変わってくることになるだろう。

注

（1）〈http://icasualties.org/oif/〉による。
（2）〈http://www.iraqbodycount.net/database/bodycount.php〉による。
（3）*New York Times*, 6. November 2004の報道による。
（4）酒井啓子「戦後イラクにおける民主化―二〇〇五年一月移行国会選挙を中心に」日本国際問題研究所編『湾岸アラブと民主主義』日本評論社、二〇〇五年、二三―二四頁。
（5）以下、紛争の具体的な経緯については、*BBC Monitoring Service-Iraq* が報ずるイラク国内各紙による。
（6）戦後のムクタダ・サドルの政治的・社会的台頭については、酒井啓子「イラクにおけるシーア派イスラーム運動の展開」、酒井啓子・青山弘之編『中東・中央アジア諸国における権力構造』アジア経済研究所、二〇〇五年。
（7）*al-Shirah*,12 September, 2004.
（8）*AFP*, 6 January 2005.
（9）以下選挙結果はすべて、イラク独立選挙委員会の発表による。〈http://www.ieciraq.org.〉

第4章　アフガニスタンとイラクにおける国連とアメリカ

田中浩一郎

本書のテーマであるガバナンスについて考えれば、国際秩序レベル、周辺国との関係にかかわる地域レベル、主権国家レベル、コミュニティレベルの四段階を考えることができる。アフガニスタンとイラクにおける国連とアメリカの役割と課題について考察する上で、アフガニスタン、イラクの主権国家レベル、コミュニティレベルのガバナンスについては、遠藤論文、酒井論文で扱い、本章では、両国の主権国家レベルのガバナンスを基盤に周辺国を含む域内レベル、さらには国際秩序レベルにおけるガバナンスにつなげて議論することを目的とする。

ここで議論するのは、アフガニスタンやイラクの事例において、国連やアメリカに代表される国際社会がどのような役割を担ったのかということである。仮に国際社会が建設的かつ効果的な役割を果たせなかった場合には、その検証も必要となる。また、アフガニスタン、イラクの事例をもとにアメリカと国連の関係を見つめ直し、どのような関係構築が望まれるかについても考察したい。

1　アフガニスタンにおける国連

(1)　アフガニスタンの状況と国連の役割

国連事務局（以下、国連）は、内戦状態にあるアフガニスタンにいかにして平和をもたらし、どのような政権を作るかに関して、アフガニスタン戦争以前から方策を練っていた。このような活動は、国連安全保障理事会（安保理）によって国連事務総長に課せられ、同時に国連総会においてアフガニスタンを代表していた「アフガニスタン・イスラーム国」からの要請を背景とした、和平調停活動の一環として位置付けることができる。

国連は、一九九〇年代を通じてアフガニスタン国内及びその周辺国に国連アフガニスタン特別ミッション（UNSMA）など、歴代の出先機関を設置し、国内外のアフガン人との幅広い交流を進め、和平提案や国民和解政府の構想に着手した。その下で、限られた情報であったとはいえ、国連は、アフガニスタンとその周辺国との地域レベルでの関連について問題意識を抱くこととなったのである。

しかしながら、実効支配を進めるタリバーンと、これに抗する通称「北部同盟」の間でこう着状態が続く中、このような和平案や計画がいつ日の目を見るのか、皆目検討がつかない状況にあった。アメリカを筆頭とする主要国は、内戦の政治的解決がきわめて悲観すべき状況であることを承知しながらも、それを超える関与については意欲的ではなかったためである。それ故に、一九九〇年代に国連の関与のもとで数多くの和平提案が用意され、実行に移す機会に恵まれないまま、忘れ去られる運命をたどった[1]。

最終的にアメリカは、二十数年間にわたる地域レベル、国際秩序レベルでのガバナンスの失敗として総括することとなる「同時多発テロ」を経て、価値観と利害を共有する関係国とともに事態の改善に乗り出した。ここに至ってアフガニスタンでの経験に富む国連の役割に注目が集まることは、当然の成り行きでもあった。

安保理は、二〇〇一年一一月に決議を採択し、国連が中心的な役割（central role）を果たしつつ、アフガン国民が望む政権の樹立を助けるよう、国際社会に呼びかけた[2]。国連は、アメリカを中心とする関係国の側面支援を得ながらアフガン人諸派の議論を集約した上で、暫定行政機構の議長人事に影響を及ぼし、平和裏の主権委譲を実現させた。安保理は、この「ボン合意」を確認し、履行に向けた国連の役割を改めて定めた。

国際社会は、新たな安保理決議に基づき、カブールの治安維持を支援する目的で、国際治安支援部隊（ISAF）を編成した。こうした関与は、あくまでもアフガン側の要請に基づくものであり、軍隊とはいえそれは安定的な活動遂行のために重要な要件である。当初六カ月の任期を以て派遣されたISAFは、逐次任務が延長され、次第に地域復興チーム（PRT）として展開地域をカブールの外へ広げている。

一方、緊急人道的な救援に続き、国家の経済的な復興を支援する目的で、国際社会は、国連を始めとする国際機関の関与のもとでアフガン側とともに復興計画を策定し、東京とベルリンで二つの復興支援会議を開催した。国際社会による復興支援は、戦時から平時への回帰を促進し、安定を確固たるものとするため、民生の安定と戦争経済からの脱却を意図して行われている。

このように、アフガニスタンの内戦終結から国家再生に至るまでの国連の関与は、その準備段階の長さもさることながら、紛争時から復興期を通じて中心的な役割を一貫して与えられてきたことが特徴となっている。また、国連は、アフガニスタンにおけるこのような活動に関して、アフガン側の代表に加え、周辺国を含む国際社会の双方から理解と支援が幅広く得られたことも、特筆するべき点である。

(2) 治安確保における国連の役割

治安の維持は、統治権を確立したい当事国政府とそれを支援する側の双方にとって重要な課題である。

アフガニスタンでは、治安の確保及び改善に関して、同国における二つの駐留軍である国際治安支援部隊（ISAF）と多国籍軍が中心的な役割を担っている。米軍などが訓練を担当する新国軍（ANA）の編成には時間を要することもあり、局地的ながら多国籍軍とISAFの存在が及ぼす肯定的な影響は小さくない。

国連は、ISAFに派兵する各国への働きかけを通じて、間接的ながら治安確保に貢献している。首都カブールへの派遣から始まったISAFは、その後地域復興チームの形態を模しながら、NATOの指揮下で拡大した任務を与えられることとなった。このようにNATOが従来の関心領域を超えて支援に乗り出したことの意義も大きい。(3) 多国籍軍とは指揮系統が分離されているISAFの地域復興チームは、展開領域の拡大に伴い、先輩格である米軍の地域復興チームに置き換わることでISAFと多国籍軍が混在する「同居」状態を避けている。(4)

一方、G8によって包括的な治安体制作りに対する支援が約束されたことを受け、国連は、国連開発計画(UNDP)などを通じて武装解除・動員解除・社会復帰(DDR)プログラムの実施にあたった。同様に、治安の確保と切り離すことが出来ない麻薬取締りについても、国連麻薬犯罪事務所(UNDOC)による周辺国を含む地域的な支援が行われている。

さて、ボン合意の定めたタイムテーブルが経過し、アフガニスタンは、二〇〇四年からは民主的な選挙を実施する段階を迎えた。アフガニスタンにおける選挙の実施は、同国が歩んできた政治史における「パラダイムの変革」(5) をつぶさに示す出来事である。選挙を成功させた暁には、少なくとも一定の成功を収めた体制転換(regime change)の事例の一つとして、アフガニスタンの名を登録することが可能となる。その点では、体制転換に熱心なアメリカによって、アフガン側に限らず、国連と国際社会に選挙の確実な成功が課せられているものと考えなければならない。

一般論として国際社会は、選挙の監視などを通じてその存在と関与を示すことにより、選挙の公平性、中立性を確保し、その後の国家再建・復興プロセスを支える国家の安定にも肯定的な影響を与えることができる。その点で、アフガニスタンで初めての民主的な大統領選挙における国連及び国際社会の役割は、特に重要である。また、選挙を安全に実施することを目的とした多国籍軍及びISAFの増派は、一般犯罪も含めた治安に対する抑止効果を発揮することが期待される。

しかしながら、本質的なアフガニスタンの治安改善は、この国の状況に適応した抜本的な対策が導入され、それが成功することによって初めて訪れるのであり、外国軍が増員されたことの効力については一時的なものと理解しなければならない。加えて、通過点にあたる選挙の実施を最大の目標とし、短期的な関心からそれをあくまでも最優先するようでは方々に禍根を残すこととなりかねない。選挙を目前に控えた段階でアメリカが育成途中の文民警察の武装配備を性急に進めたことは、その後の治安情勢の流動化の一因にもなっていることを指摘する。

(3) アフガニスタン復興に見るガバナンスとその課題

法治国家において統治の基本となるのが法である。

アフガニスタンでは、新憲法制定までの間、ボン合意が基幹となる法として取り扱われ、一九六四年に制定された旧憲法などがこれに続く地位を与えられたものの、包括的な法体系として機能するにはじゅうぶんではなかった。そこで「すき間」を埋めるため、暫定政権当時から立法措置として議長令（大統領令）が発効された。正式な議会を持つに至るまで時間を要したアフガニスタンにおいて、この行政令が国家再建復興プロセスにおいて一定の役割を果たし、国連や関係国もそのもとで定められた活動に従事したことをまず指摘したい(6)。

アフガニスタンの新しい憲法の草案が用意される次の段階では、国連をはじめとするドナー有志の支援によって、アフガン側と世界の様々な憲法学者との間で対話が持たれた。このような啓蒙の結果、国内少数民族及び宗派の地位と権利に配慮した条文が憲法に盛り込まれることとなった。こうした取り組みは、アフガニスタン国内での摩擦発生の懸念を低下させることに寄与し、必然的に、同国と周辺国との関係にも好影響を与えるものと考えられる。

さて、政権移行期には国内外の要因によって状況が刻々と変化しているが故に、時の行政機関が取り組むべき重大事や優先事項が入れ替わることは避けられない。アフガニスタンに関しては、総合研究開発機構・武者小路公秀・遠藤義雄編著『アフガニスタン—再建と復興への挑戦—』(日本経済評論社、二〇〇四年)が出された頃とでは状況がかなり変化している。一つの例として、当初、軍閥や武装勢力と米軍との「不健全な関係」が危険視され、その清算が強く求められた経緯がある。このような状況は、徐々に改善され、また、目立たなくなったこともあって、カブール政府の抱いた懸念も次第に低下したことがうかがえる。

ところが、中央政府の意向や実権がなかなか地方に及ばず、引き続きガバナンス上の課題として残っているという点では、その端緒となったアメリカのアンビバレントな行動の影響はいまなお甚大である。ここで問題を認識しながらも、介入する術を持たない国連は苦い思いをした。今、アフガニスタンは、麻薬問題に関して急速に注目度が増している。ここでは米軍による便宜的な軍閥擁護の姿勢によって、かかる勢力が麻薬をはじめとする不法・違法手段を通じた財源確保へと向かった流れが否定できない。ゆえに、この点は他国での政治プロセスで繰り返されないよう、関係国及び諸機関の間で周知徹底し、注意を喚起するべきだと考える。

これまで国連に対して相対的ながら信頼を置いてきたアフガン市民の数は多い。周辺国との間で緊張の多いアフガニスタンは、「善隣友好関係に関するカブール宣言」(7)を成立させた今も利害調整を国連と国際社会に依存する部分が少なくない。内戦時代に行われた人道支援に対する記憶が比較的新しいことも国連のイメージに肯定的な影響を及ぼしていることだろう。今後ともアフガン側の期待感が保たれたまま、国連がその役割を果たしていくことが望ましく、それによって国連がもっとも有効に機能する環境が整うこととなる。

しかしながら、その国連も批判とは無縁ではない。二〇〇二年の緊急ロヤ・ジルガや選挙の運営をめぐる微妙な立場もあり、国連全体の信用が下落しているのが実態である。実は、国連の政治活動は、矛盾を内包している。皮肉なことに、国連アフガニスタン支援ミッション（UNAMA）が和平プロセスの当事者である暫定政権や移行政権に対する支援を目的として組織されたことが、その根源である。選挙などを通じて暫定政権や移行政権に挑戦しようと考える政治勢力は、見かけ上のこととはいえ、このような行事に際して国連の中立性や公平性に疑問を持つこととなる。

さらに、ガバナンス支援を含む復興の枠組みに関して逆風が吹き始めている点についても目を向けなければならない。汚職にまつわる話が伝わる一方、実体のなかなか見えない復興に対して、ひところから不満のはけ口としてドナーからNGOに至るまでの援助社会が槍玉に挙げられるようになった。(8) 満足に機能しない行政機構とそのもとで改善されない民政への批判が隠然と広がっており、国連を始め、国際援助社会に対する信頼が揺らいでいる。

2　イラクにおける国連

(1)　イラクの状況と国連の役割

イラクにおける国連の活動は、湾岸危機が発生した一九九〇年以降、安保理制裁の適用と監視体制の維持、大量破壊兵器の廃棄に関わる査察と報告、そして制裁下のイラク国民に対する人道的な配慮から導入された「食料のための石油」計画（OFFP）の導入と運営の三点に集約することができる。実施体制を主要国に依存していた制裁、そして、あくまでも国連監視検証査察委員会（UNMOVIC）や国連大量破壊兵器廃棄特別委員会（UNSCOM）のような専門機関と専門家の手に委ねられた査察に対して、「食料のための石油」計画は、国連が広範に関わった一大事業である。

これに対して、政治面での活動には制約が設けられていた。加盟国を代表するサッダーム・フセイン政権の崩壊や、その後のシナリオ作りをあからさまに行うことは国連としてははばかられる行為である。安保理も、体制転換を想定した受け皿作りを国連事務総長に求めることはなかった。また、国連は、地域国によるイラク問題協議の場を設けるような冒険もできなかった。そのために国連は、在外イラク反体制派との意思疎通を通じて情報収集の面で積極的に動いていたアメリカなどに対して、遅れを取ることとなった。

国連のこのような政治活動でのハンディに対して、アメリカは、アフガニスタンにおいて着手した「不朽の自由作戦」（対テロ戦争）の一環として、二〇〇一年末には「先制攻撃によるイラクの体制転換」への備えを発動した[9]。以後、軍事作戦が着々と練られることと並行して、開戦に先立つ二〇〇三年一月には国防総省内に「復興人道支援室」（ＯＲＨＡ）が設置された[10]。復興人道支援室では、諸省庁の横断的な連携を通じたイラクの戦後体制作りに向けた準備が進められた。

国連は、戦争が現実問題として迫ったことから、要員の安全を懸念して「食料のための石油」計画のもとでの人道支援を大幅に縮小し、イラク戦争の勃発とともにこれを停止した。国連では戦闘中、そして戦後に発生する人道問題への対処が協議された。しかしながら、安保理が分裂する中でこのような計画が表面化することとなれば、その政治的影響が大きいため、内部での極めて限定的な対応に終始せざるを得なかった[11]。

アメリカは、国際社会からの幅広い同意と協力を取り付けるためにイラクの脅威を説いたが、その際に、長年にわたる在外イラク反体制派との蜜月関係を通じて得た情報の一部が援用された[12]。成り行き上、サダム・フセイン後の政治体制に関しても、イラク国民会議（ＩＮＣ）の元党首アフマド・チャラビに代表される、アメリカ政府当局と親交の深い人材に期待が寄せられることとなった。

国連は、人道支援での限定的な活動を例外とすれば、戦争を契機としてイラク問題に関する役割が明らかに減退した。さらに、イラク戦争に至る過程で国際社会の分裂が顕在化したことから、戦後の新体制構築に向けた関与を検討するに際して、国連に躊躇いと無力感が浸透したことも、また容易に想像できる。それ故に、大規模戦闘が終結しても、国連の政治的な役割は、なかなか見えてこないのである。

(2) 治安確保における国連の役割

治安の乱れる戦後イラクで国連は、橋頭堡を築くことに苦労している。

国連は、安保理決議一四八三号の採択とセルジオ・デ・メロ事務総長特別代表の任命を経て、イラクに復帰した。その後、復興人道支援室を継承した連合暫定機関（CPA）によって統治評議会（IGC）が任命され、国連ではイラク支援ミッション（UNAMI）が設置されている。[13] この段階での国連の役割は、連合暫定機関及びイラク国民との協力体制下での安保理への定期報告、ポスト・コンフリクト期の政治プロセス及び人道・復興活動に携わる国連諸機関の調整などを、事務総長特別代表（SRSG）を通じて行うものと規定されている。[14] イラク国民との協力体制に関する記述こそあるが、占領体制が敷かれていたことから、実質的に国連は、連合暫定機関を相手とすることとなる。

国連は、いっこうに安定しない占領体制下の治安情勢に対して重大な懸念を抱いていた。それが現実のものとなったのが二〇〇三年八月のバグダッド国連事務所に対する爆破テロである。事件によって、国連は、イラク国内での活動停止を余儀なくされたことはもちろんのこと、自力で治安を確保し得ない状況であることから、再展開にはきわめて慎重になった。イラクの治安確立に貢献するどころか要員の安全確保すらままならない国連の意を汲んで、安保理は、治安の改善を前提条件とした復帰を第一五四六号で決議している。[15]

本来、国連は、イラク戦争後に緊急人道支援、戦後体制の構築、復興支援などの活動に復帰するに際して、イラク人の目に映る自身のイメージを再確認するべきであった。イラクでの国連の評価は、決して良好でも友好的でもなかったからである[16]。そして、それは一過性のものではなく、連合暫定機関からイラク側に対する主権委譲が間近に迫った二〇〇四年六月の世論調査でも、改めて厳しい国連不信にさらされた[17]。

むしろ市井のイラク人にとって、国連の姿は、「食料のための石油」計画を通じてイラクの財産を侵害するにとどまらず、それで潤った国際機関として映ることから、きわめて否定的なのである。後に、「食料のための石油」計画をめぐる汚職が発覚することで、その恨みつらみは倍加したことであろう。同時に、一九九〇年代以来、安保理を通じて、国連がアメリカによって対イラク制裁及び軍事攻撃に正当性を与える「道具」と化したことへの批判も込められているものと見られる[18]。

しかしながら、国連の活動に制約を課したのは、治安問題や反国連感情ばかりではない。治安の著しい悪化を除けば、その最大の原因は、連合暫定機関の存在を始めとする占領体制の下、国連の位置づけとその活動が明確に定義されてこなかったことにある。戦後、イラクにおける国連活動の権限と義務及び責任は、一四八三号、一五〇〇号、一五一八号、一五四六号などの累次安保理決議によって規定されている。国連は、主権委譲前には占領体制に対して従属的な立場に置かれ、その後は表現こそ改められたが、完全なる主権委譲が実態として滞っている限り、その立場が強化されることにはならない[19]。

実は、国連事務総長は、安保理に対する定期情勢報告も、人道・復興支援の進捗に関する定期報告も、当初は提出を求められていなかった。安保理がイラク問題の協議に割いてきた時間は、記録を見る限り、決して少なくない[20]。しかしながら、一般情勢と復興支援活動に関する報告書二編と、その後のイラク支援ミッションの活動に関する報告書二編を除けば、しばらくの間、事務総長の手による報告書は作成されていなかった。[21] この事実は、国連に戦後イラクにおける限定的な役割しか期待していない安保理と国際社会の雰囲気を端的に物語っている。国連の関係者は、占領体制下での活動に戸惑いを示すばかりでなく、こうした状況にも失意を覚えたのである。

また、国連は、再度の復帰に際して、治安を重視する観点から拠点を米軍が管理する「グリーン・エリア」内に移すことによって、その思わぬ弊害に悩まされている。一つは、セキュリティ確保の観点から甘受しなければならない、米兵による外部からの来訪者のチェックと、会合への立ち会いである。[22] これによって、一般イラク人から否定的な印象を持たれることに加え、協議内容が逐一、アメリカ側に伝わることとなる。これでは米軍に対してあまり好印象を有していないイラク市民が、たとえ国連の政治・復興支援活動に有益な情報や提案を持っていたとしても、相談する意欲が削がれることとなる。これに加えてイラク支援ミッションは、要員のあらゆる通信（電話通話及び電子媒体）を米軍が傍受し、記録するような体制の下に置かれている。

この二つの事例は、占領体制のもとでの国連活動の独立と自由度の低さを示しているが、イラク人には両者の距離感の少なさと誤認されるにじゅうぶんである。[23] 安全確保を最優先したこの選択によって、国連活動が阻害的されていることは辛いところであるが、それもまた治安に独自に貢献できない国連の限界である。

(3) イラク復興に見るガバナンスとその課題

占領下でのイラクの統治と制度の再建を考える上で、まず、占領当局の動きを無視することはできない。上述の通り、アメリカは、当初、復興人道支援室を通じた人道復興支援に乗り出した[24]。ところが、米英軍に対する武装抵抗が止まず、市民生活の混乱と治安の流動化が進む中、最低限の人道復興支援にも支障が生じるようになり、ついにはアプローチの転換を求められる事態となった。急遽、フランクス中央軍司令官（当時）のもとで組織化された連合暫定機関は、ブレマー行政官を迎え、復興人道支援室は解体された[25]。

ブレマー行政官は、連合暫定機関令（Orders）を通じてイラクの占領統治を行った。一二カ月に及ぶ在任中、一〇〇の連合暫定機関（CPA）令がイラク国民に対して発出された[26]。同令は、イラク旧政権の国内法に取って代わる効力を持ち、占領当局は、これによるイラクの事態正常化を目指した。しかしながら、こうした連合暫定機関令は、時折、イラク社会の実状を無視し、受容能力を超えた急進的な変革を押しつけることとなり、占領当局の意図に対するイラク側の先入観や誤解が発生したことと併せて、各方面から反感を買うこととなった。

いっこうに止まない暴力を前にして、連合暫定機関は、次に、イラク側への主権委譲を目指し、そのために「基本法」を成立させた。同法は、暫定的な憲法であるとともに、政権移行プロセスを定めたイラク人諸勢力間の和平合意としての機能を持つ。二〇〇四年春の基本法の制定に際して、アメリカが率先して「手を貸した」ことは占領体制を考えれば自明であり、対照的に国連は、ブラヒミ事務総長特別顧問が各派間のシャトル外交を行うという役回りをようやく得たに過ぎない。

その国連は、イラク撤退状態にありながら、二〇〇四年とそれ以降の支援のあり方に関する方針を発表している。[27] 活動の重複や欠落を避け、資金と事業の効率化を図る目的で策定した戦略に基づき、分野ごとに国連機関の集合体（cluster）を作り上げ、対イラク及び対ドナーの両面において処理手続きを改善するとともに、横断的テーマ（cross-cutting issues）に対しても見落としや矛盾が発生しないように留意している。[28]

国連は、この枠組みのもとでガバナンス及び市民社会に対する支援を行う。その目的は、(1)法の支配、人権尊重、「よい統治」（good governance）に基づく、民主的システムに則った活動に対する支援、(2)効率性、透明性、分散型、参加型方法論に基づく行政能力の再建、の二本立てとなっている。[29] イラクの民主化プログラムで一定の役割を果たそうという国連の意識がここには表れている。

経済復興の中でも特に財政再建について、産油国イラクの自己資金を前提とする考え方がドナーの間には根強く存在する。しかしながら、二度の軍事攻撃と制裁による影響の深刻さとともに、旧政権時代に築き上げた対外債務は、そのような見積もりにとっての足かせとなった。それ故に、債務免除を含めた救済措置が検討され、パリ・クラブにおける合意を経て実施に移されたわけであるが、このような措置は債権国側の理解と善意に委ねられており、国連や国際機関の役割は、債権国の間での議論に復興計画の観点から一つの指針を与えるに止まる。

さて、基本法が定める政治日程が消化される中、憲法制定を端緒とした民族及び宗派間の相違の拡大は、国連が連合暫定機関とともにかねてから懸念していた事項である。基本法に則った二〇〇五年の憲法制定プロセスでは、早期の改正に含みを残したまま憲法が承認されるという、争点となった連邦制をめぐる玉虫色の決着となった。仮にイラク一国における連邦制への流れが不可逆的なものだとしても、国際社会は、その影響が地域に波及する蓋然性を視野に入れなければならない。また、憲法の策定に際して、国内および対外危機の発生や存在が及ぼす影響についても、これを過小評価するべきではない(30)。

一方、地域的な取り組みとしてアラブ連盟は、政治プロセスと距離を置くスンナ派（スンニ派）アラブ人の劣勢を挽回する目的で国民和解会合を呼びかけ、また、イラクの周辺国は、おもに治安分野への支援を確認する会合を開いている。これに対して、国連やアメリカから発せられる多国間イニシアチブは、マドリード復興支援会議以降は低調であり、特に、周辺国を介在させたイラク問題協議について、アメリカの慎重な姿勢が認められる。

さらに、国際秩序の視点からイラク戦争とガバナンスを眺めた場合、戦後のイラクにおける混乱ぶりからして、寛大に評価したとしても、ガバナンスの成功例として認めることはできない。その一方で、イラク及び周辺国、そして世界秩序にとって長期的には「サダム・フセイン抜きのイラク」が安定材料となるという反論もあることだろう。しかしながら、結果として不要不急な軍事介入を不透明な判断材料に基づき、安保理が分裂したままで強行した点において、イラクの事例は、アメリカはもとより国連の意図、能力、信頼性に対して瑕を付けた点を看過できない。その傷跡は大きく、深いばかりでなく、回復までに相応の時間を要するものと覚悟しなければならない。

3　アフガニスタンとイラクの対比から見えるグローバル・ガバナンス

ここまで見てきたように、国連及び国際社会がアフガニスタンとイラクにおいて担っている役割や示している対応に関して、共通項や類似性、あるいは対照的な傾向が認められる。また、この数年間のこうした活動を振り返ると、それぞれに得手不得手の領域があり、さらに、成功や失敗を経験していることも分かる。

アフガニスタンとイラクにおける安定回帰に向けて今後、国連と国際社会に何が求められ、さらに、将来的に他所でのガバナンスを念頭に置いた場合、どのような経験が有用となるのかを知ることの意義は大きい。そこで、両国で表出した特長と課題を整理し、それが地域レベルと国際秩序レベルのガバナンスに関して与えるインプリケーションについて考察してみる。

(1)　情報の「質」と経験の確保

国連は、アフガニスタンにおける活動に必要な情報と経験の点で、アフガン人を難民として多数受け入れていた周辺国に絶対量でこそ劣るものの、アフガニスタンと距離を保ち、テロを恐れて同国に入ろうとしなかったアメリカに対して、比較優位を築いていた[31]。それ故に、アフガニスタンのポスト・コンフリクト期に一定の役割を負い、しかも、和平プロセスを主導する中心的な立場を確保できた。対照的に、イラクのケースで国連は、「食料のための石油」計画の人道援助活動に役立

予定	アフガニスタン	実際	月数	実際	イラク	予定
	ボン合意	2001.1	0	2003.5	大規模戦闘終結	
	暫定行政機構発足			2003.6	連合暫定機関発足	
2002.6	緊急ロヤ・ジルガ	2002.6	6	2003.1	11月合意	
	移行行政機構発足					
				2004.3	基本法合意	2004.2
			12			
				2004.6	主権委譲	2004.6
					暫定行政機構発足	
			18	2004.8	国民会議	2004.7
				2005.1	国民議会選挙	2005.1
2003.1	憲法制定ロヤ・ジルガ	2003.1	24		移行行政機構発足	
	憲法制定	2004.1				
					憲法草案	2005.8
2004.6	（ボン合意失効）		30	2005.10	憲法制定国民投票	2005.10
	大統領選挙	2004.10		2005.1	国民議会選挙	2005.1
	正式政権発足	2004.1			正式政権発足	
			36			
			42			
	議会選挙	2005.9				

つ地場の情報に通じていたものの、占領下で政治プロセスにかかわっていく主要なイラク人組織とのパイプをじゅうぶんに築くことができなかった点では劣っていた。

一方、アメリカは、アフガニスタンはさておき、イラクに関して、情報も準備も万端であると考えていたのかもしれない。アメリカは、大量破壊兵器を隠し続けているとして、イラク攻撃に踏み切った。だが、その根拠となった情報と分析が過っていることをブッシュ大統領が自ら認めることとなり[32]、アメリカは、戦争の大義を立証することに失敗している。軍事介入の結果、圧制者の下で虐げられていたイラク国民を解放したが、戦後直ちに諸民族及び宗派間の緊張が高じ、国民の一部層においてイスラームへの回帰を促すこととなった。さらに、アメリカは、占領政策の主柱となる治安維持に失敗することで、イラクの一部をテロの巣窟に変えてしまった。

実は、復興人道支援室にしても、その後を引き継ぐ連合暫定機関にしても、イラクでの経験はもちろんのこと、現地の人間とのコミュニケーション能力に乏しかった[33]。この点に関しては、通信事情や移動上の制約が原因であるとの指摘もある[34]。しかしながら、これは要員の適性が欠けていたことの説明とはならず、占領当局は、占領行政を軽視していたと批判されても反論はできないはずである。

占領当局が政治判断で犯した過ちの一つに、ブレマー行政官が発令した非バース党化政策に続く、イラク国軍の早期解体がある。ここで旧体制に忠誠を尽くした暴力装置を無力化することに異論はない。しかしながら、一般兵士の社会復帰はもとより、武器回収についてすら手だてを講じなかった旧軍の解体は、問題の解決に寄与するのではなく、治安情勢の急速な悪化の要因となった。同じように、サダム・ロイヤリストの追放を意図した非バース党化政策は、政府機関における混乱と停滞を招いたばかりでなく、特定の行為に対する責任追及を超えて、集団的懲罰に匹敵した。アメリカがイラクで急進的な対応に終始したことの背景には、彼らが偏重していた在外イラク人の影響に加え、民主主義の旗手としての自らのイメージに対する錯誤がある。ワシントンでは、米軍が圧制からの解放者として市民に歓迎されることに何の疑いも抱いていなかった。

イラク戦争前からアメリカが頼っていた人脈を通じて得た情報については、後にその真贋が問われ、情報分析が歪められたことも問題視されている。これは、イラク情報の質が問われていることはもちろんのこと、政治的な圧力のもとで限りなく一元化されてしまった分析について、改めるべき点が多いことを示唆している。

国連にとっても、アメリカにとっても、分析は、情報と同様に重要である。最終的に、状況を的確に理解し、適切な措置を講じるための根幹を成すのは、質の高い情報と、多元的な分析であると考える。

(2) 行動の基準と判断の明確化

アフガニスタンに関して国連が行動を起こす際の基準は、明確である。国連は、安保理から権限を付託された上で、その活動が安全に実施できる環境が整ったときに、国際社会から求められた役割を果たすべく和平調停を行い、政権移行を支援した。同じ国連は、イラクでは戦前の政治活動が限定され、さらに、戦後は、時には自らの役割を求めて復興及び政治プロセスへの関与を急ぎ、また、時には国際社会の団結を誇示したいアメリカに急かされることによって、敵対的な環境のもとに身を置くこととなった。そして、多大な犠牲を払った後、いまだに明確な役割を見出せずに推移している。

二〇〇二年から〇三年にかけてアメリカは、アフガニスタンでの事例とは一線を画する行動をイラクで見せた。まったくの別方向を向いているかのようなアメリカの対応は、実は、同じコインの表と裏でしかない。アメリカでは、同時多発テロの根源となったアフガニスタンを長期的な不作為によるガバナンスの失敗例として位置付けることによって、先制攻撃に言及した二〇〇二年の国家安全保障戦略を策定し(35)、さらには、イラクに対する性急な介入に進んだのである。

しかしながら、これは教訓の誤った採り方である。アメリカは、占領政策の試行で各方面からの抵抗に直面し、効果的な治安維持に失敗することによって、皮肉なことにイラクを国際テロリストの巣窟に変えてしまった。然るに、アメリカの下したイラク軍事介入に関する判断も、ガバナンスの観点からすれば、これまでのところ失敗である。

また、アメリカが短期的な利益を追求することによって、長期的に全体の構造を脅かしてしまうことは、アフガニスタンの事例で指摘したとおりである。どの国であれ、その行動に一貫性が保たれる必要があることは、改めて指摘するまでもない。そして、国づくりが難航するイラクと対比することで、アフガニスタンを「成功例」として誤認してしまうことも危険な兆候である。このような判断を下すことによって、アフガニスタンに根を深く生やした問題や課題が覆い隠されてしまい、再び国際社会の目が行き届かなくなることが懸念される。

国際社会は、現在のアフガニスタンやイラクから、アメリカを始めとする多国籍軍などの一方的な早期撤退が何をもたらすか、という点についても客観的に見なければならない。情勢の流動化に至ることは、多少なりとも蓋然性があるとして、撤退を「勝利」と読み解くテロ組織が勢いづくことによって、その脅威が改めて両国の版図をはるかに凌駕することとなるのではないだろうか。仮にアメリカの国内政局を優先させる立場から撤退が判断されるとすれば、アフガニスタンやイラクに限らず、随所で新たな混乱と悲劇を生むこととなるかもしれない。地域レベル及び国際秩序レベルでのガバナンスの観点から論ずれば、これは由々しいことである。

イラクの事例が示しているように、国連は、加盟国に対して自ら弓を引くことはできない。国連は、国際機関とはいえ、加盟国政府との政治問題に対して無防備な官僚組織に過ぎないことを理解したうえで、最大活用の道を探るべきである。機構的な制約のために表立った動きが取れないとき、国連にどのような活動を課すことができるのか、これまでのタブーに踏み込むことを厭わずに、その検討を行う必要を認めるところである。(36)

(3) 協調的行動への回帰

アフガニスタンと対比した際のイラクの混乱状態を考えると、イラク戦争後の国連の不在に問題があるのではないかということを、国連の限界を承知の上で、あえて提起したい。最低限、なかなか上昇しない安保理での関心を向上させ、国際社会による協調的行動への復帰のもとで、イラク問題における国連のあり方を再構築する余地がある。

これまでにも分かっているように、国連は、当事国の要請に基づいて、国際社会の幅広い理解の下、中心的な役割を与えられることで、初めて一定の機能を果たす。換言すれば、いまの姿のままでは、その条件が整ったときにしか国連の機能に期待することができないものとして捉えた方が無難である。しからば、国際社会が国連の看板を利用するに際して、このような条件の整備に留意する必要がある。

アフガニスタンのケースでは、周辺国を交えた構図が現在に至るまで大きく変わることなく推移している。そのため、隣国から否定的な影響がアフガニスタンに及んだ場合にも、それを限定的なものに収めるための対話機能が備わっている。しかしながら、イラクの場合には、この類の地域的な構図は、戦後の早い段階で崩れてしまったのである。

周辺国を合わせた地域として捉えた場合、アフガニスタンとイラクでは、例えばアメリカによるイランのような隣国の取り扱いが対照的である。アフガニスタンでは、北に隣接する中央アジア諸国をはじめ、タリバーン政権と近かったパキスタンに加え、断交状態にあるイランも交えた協議と協力が進行した。そのため、戦後処理における体制作りの協議にも各国の参画が保証された。中でもイランは、アフガニスタンとの歴史的関係に限らず、アメリカとの敵対関係からすれば、極めて特異な存在である。同時多発テロ後、両国は、アフガニスタンにおける利害関係の一致から協調し、それはまた、地域の安定促進に一定の寄与を果たすこととなった。

一方、イラクに関する周辺国の対応は、戦争前の安保理の足並みの乱れが伝播したため、域内の一元化が適わなかった。(37) イランは、宗派的な関係故にイラクでの干渉について疑われることとなり、その否定に追われた。結局、米・イラン間の協議は、アフガニスタンの事例ほど深まることがなく、大規模戦闘終結直後に断たれた。

実際の干渉の有無を問わず、このように周辺国を取り込んだガバナンスの存在の有無が、アフガニスタンとイラクの戦後に差異をもたらす要因のひとつであると考えられる。これは、想定することができる協調的行動の一例に過ぎないが、国連の仲介のもとで地域レベルのガバナンスが改善された暁には、イラクに一筋の光明が差す可能性が高まる。そのためにも、今後、米・イラン間協議に場を提供した国連のイラクにおける役割が、国際社会のコンセンサスによって再建される必要性を認める[38]。

(4) 信頼性と正当性の担保

レベルを問わず、外部からガバナンスにかかわるに際して、その主体が得ている信頼感や、関与に正当性を与える根拠が、活動の受容には不可欠である。

国連は、長い間、国際社会とアフガニスタンの双方から調停者としての役割を認められ、一定の信頼を築いてきた。そして、政権移行期においても、アフガン側からの要請に応える形で、安保理が国連の支援活動に正当性を与えるという手続きを踏んでいる。これに対して、イラクでは一九九〇年からの制裁に対する積もる不満に加え、戦後早々に国連の名のもとに安保理が決議一四八三号で占領体制を追認したことから、さらに反発を受けるに至った。

後に、「食料のための石油」計画をめぐる汚職が、イラクにおける国連のイメージ悪化を助長することとなった。独立調査委員会の手で粛々と解明が進められている「食料のための石油」計画は、戦前からイラクの石油資産を食い物にし、また、結果としてサッダーム・フセイン体制を延命させたとして、イラク国民には評判の悪いスキームであった。ここを舞台として、関係者による流用や横領が行われていたとなれば、国連の受けるダメージはさらに甚大である。併せて、事件は、国連の側でも、イラク戦争の是非でアメリカに対して抗ったアナン事務総長の求心力低下とレイムダック化をもたらしており、イラクへの取り組みに対する動きをいっそう鈍重にしている。

一方、軍事攻撃と占領を主導したという点に関して、アメリカに対する信頼や、そのもとで進められる政治活動に対して正当性を認めようとする機運がイラクではいっこうに高まらない[39]。アメリカは、このほかにも、グアンタナモ基地における不法な抑留や、アブ・グレイブ刑務所での虐待に関して、その悪評を撒き散らすに至っており、これにアフガニスタンにおける対テロ軍事作戦での問題行動も加わることによって、イメージはさらに急降下している。

アメリカは、唯一の超大国として、国連を含め、国際社会に大きな影響力を行使し得る立場にあることを自認しているが、さらに言えば、その意味を自覚しなければならない。アフガニスタンでは、国連が責任を負っている活動について、批判と非難の輪が広がっているという事実もあるが、ことさらアメリカの「使い走り」としての国連を印象付けるような内外での行動によって、国連のイメージとその機能をアメリカがむやみに低下させている。

国連は、決して万能ではなく、また、万全でもない。イラクでは機能停止の状態にある。しかしながら、地域によっては、アメリカよりも中立なイメージを持ち、高い信頼を受けていることもある。そこでは、国連のイメージをうまく利用しながら、政権移行や復興を進めていくことが、アメリカを含む国際社会にとって得策であり、効率的である。

それ故に、アメリカとして、むやみに国連の権威を失墜させるような行為は避けるべきであり国連などの国際機関が機能する環境を認めることも、ガバナンスへの取り組み方の一つである。

(5) 復興の位置づけ

まず、国際社会は、復興を対象国に限定したプログラムとして捉えるのではなく、地域的な発想を反映できるように柔軟性を発揮しなければならない。ドナーは、対象国を含む地域の安定を促進する手段として、周辺との連携や波及効果をもたらすような復興のあり方に目を向け、国連などは、そのための国際世論の形成と、実際の開発に乗り出さなければならない。これは、アフガニスタンとイラクの双方に共通する課題である。

留意すべき点として、このような地域プログラムについては、往々にして、地域の特定国とアメリカとの二国間関係がその実現を阻むような環境を作り出すことである。そのために、このような開発は、上述した国連による協議設定の機能が再建されていることを前提とする。

さて、アフガニスタンとイラクの現場では、戦闘が続く中での復興という課題を抱えていることから、それを推進する方策の一つとして、軍民協力（CIMIC）が実施されている。アフガニスタンではローカル・ガバナンスの向上に寄与すると考えられている多国籍軍や国際治安支援部隊（ISAF）の地域復興チームが軍民協力に相当する。一方、イラクの場合には、占領体制下で援助実施機関を含む民間人による活動そのものが軍民協力となることから、両国における事情は、似て非なるものである。[40]

しかしながら、形態のいかんにかかわらず、治安に不安を抱える地域で復興を進めようとする意図が働いている点では共通しており、軍民協力の是非に関する道義的な議論は決着を見ていないものの、現実的な対処として、軍民協力に至る流れは両国において定着しつつある。また、これが万全ではないとしても、外国軍の存在には一定の抑止効果が認められることから、国連が復興と民生安定を促進するための手段として、国際社会に治安支援部隊の派遣に応じるように働きかける構図は、今後とも続くこととなる。これによって、軍民協力の機会は、増すこととなる。

このような状況は、治安確保に関する国連と国際社会の間の認識の共有化、さらには軍との協調のあり方が、復興の推進に際して、ますます問われてくることを示唆している。

おわりに

内戦時代から多くの犠牲を払ってきたアフガニスタンでは、アフガン側、国連、国際社会によって、平和を達成するために多大な投資が行われている。「ここで失敗するわけにはいかない」という心情が、アフガン市民の間にも、国際社会の側にもある。いまのところ、このような不退転の決意に支えられたアフガニスタン政府と支援国間の協議もまた、同国の安定に向けて国連と国際社会が一定の役割を果たす土壌となっている。

翻って、イラクを見た場合、同国の政治復興のプロセスは、主権委譲後も依然として国連に実質的な役割や関与が認められないままである。国連も自身の活動の場を模索し続けている。国際社会としても、イラク問題における国連の停滞と機能不足を見るにあたって、国連改革の必要性を痛感するに至ったわけである。しかしながら、その答えは、いまのところ出ていない。

国際社会を率先するアメリカにとって、対テロ戦争の大義で何があったにせよ、アフガニスタン及びイラクに軍事的に介入した責任がある。国際社会にも、それに賛同を示すか、あるいは、黙認した責任がある。それ故に、途上でこの国や地域を放棄することは許されず、そうとうな期間にわたって見届けなければいけない義務を負っているものと考える。そのためにも、各国には、国連が機能するための協調体制の構築を含め、地域レベル、国際秩序レベルでのガバナンスに取り組むための方策を求めていくことが今後とも課せられている。

注

（1）国連がかかわった種々の和平案の詳細とその運命に関しては、田中浩一郎「粉塵の向こうに何が見えるか――タリバーン後のアフガニスタンを展望する――」『論座』二〇〇一年一二月や、川端清隆著『アフガニスタン――国連和平活動と地域紛争』みすず書房、二〇〇二年を参照願いたい。

（2）S/RES/1378 (2001).

（3）アフガニスタンは、その後、上海協力機構（SCO）構成国による「逆包囲」をかけられる事態になっていることを指摘する。

（4）二〇〇五年春からシンダンド空軍基地を擁するファラ州へ派遣されている地域復興チームは、NATO指揮下にあるもののその兵員は米軍によって提供されていることから、多国籍軍とＩＳＡＦとの連携が新たな形態の下での融合に向けて歩みだしているものと認識する。

(5) コンドリーザ・ライス・アメリカ国務長官候補（当時）の議会承認公聴会での証言（二〇〇五年一月一八日）[http://students.washington.edu/sphanson/526/resources/transcript1.pdf]。

(6) 多国籍軍による対テロ軍事行動は、この範疇の外に位置する。

(7) 総合研究開発機構・武者小路公秀・遠藤義雄編著『アフガニスタン―再建と復興への挑戦―』日本経済評論社、二〇〇四年、一一九頁。

(8) 個々の批判についてはさまざまな背景があるが、二〇〇三年末からＮＧＯの主管官庁である計画省に混乱が発生し、以後ＮＧＯに対する批判がアフガン側の責任ある立場の人間によって公然と口にされるなど、援助社会にとって敵対的な環境が広がっていることを指摘する。

(9) Bob Woodward, *Plan of Attack*, New York: Simon & Schuster, 2004, pp. 53-54.

(10) "*Pre-war Planning for Post-war Iraq: Unclassified*" [http://www.defenselink.mil/policy/isa/nesa/postwar_iraq.html].

(11) 川端清隆「国連はなぜイラク危機の処理に失敗したのか…安保理審議の推移とその本質」『論座』二〇〇三年一〇月。

(12) Woodward, *op. cit.*, p. 289.

(13) 本来、イラク支援ミッションは、二〇〇三年一一月二一日をもって終結が予定されていた「食料のための石油」計画の後を受け、一年間の期限で同計画の最終仕上げを行うことを目的として設置された。

(14) S/RES/1483 (2003).

(15) 決議の関連部分は、以下のとおりであり、イラクへの復帰はあくまでも条件付きとなっている。なお、文中のアンダーラインは筆者による。"*Decides* that in implementing, as circumstances permit, their mandate to assist the Iraqi people and government, (以下略)."

(16) Oxford Research International, Ltd. が二〇〇四年二月に実施した全国世論調査（National Survey of

Iraq : February 2004）では、前年八月時の調査に続き、依然として国連に対する不信を示す回答が五割を超え、対象としては連合暫定機関や統治評議会に迫る数値を記録した。

（17）Oxford Research International, Ltd., *"National Survey of Iraq : June 2004."*

（18）実際に制裁を発動し、軍事攻撃を容認したのは安保理であるが、イラク人一般には国連の所業として認識される傾向にある。

（19）主権委譲前に採択された安保理決議である一四八三号及び一五一一号では国連の役割を"vital"と位置付けているが、委譲後の一五四六号ではこれが"leading"に置き換えられている。例えば、国連が国家再建事業において枢要な役割を果たしている国連アフガニスタン支援ミッションの活動に関する決議一四七一号における"central"に達していないことは一目瞭然である。

（20）安保理は、イラク問題に関する公式及び非公式協議を、大規模戦闘終了後の二〇〇三年中に一六回、二〇〇四年にも一六回、そして二〇〇五年中に一三回開催している。

（21）安保理は、決議一五四六号の採択をもって、ようやく四半期ごとにイラク支援ミッションの活動報告を安保理に対して行うよう事務総長に求めるようになった。安保理も、国連の限定的な役割を承知していたからこそ、それまで関心の低い対応を取ってきたものと考えられる。なお、同じ期間に国連イラク・クウェート監視団（UNIKOM）の活動に関する事務総長報告が二編（S/2003/656及びS/2003/933）安保理に対して提出されているが、その対象と内容が異なることから、ここでは除外している。

（22）決議一五四六号で多国籍軍（MNF）は、主権委譲後も国連機関に対してセキュリティを提供していく旨安保理議長に申し出ていることから、それを根拠とする。

（23）二〇〇四年九月及び一〇月にイラク支援ミッション関係者に対して行ったインタビューに基づく。

（24）その名称が示しているように、この時点でアメリカは、復興人道支援室を通じた占領統治体制の構築が想定外のことであったと推察される。

（25）正確を期すれば、復興人道支援室は、二〇〇三年六月一日をもって連合暫定機関に吸収された。

（26）連合暫定機関令に関しては、以下のウェブサイトで参照可能である［http://www.cpa-iraq.org/］。

(27) United Nations, "A Strategy for Assistance to Iraq 2004：A Synopsis," IRFFI Meeting in Abu Dhabi, 28 February 2004. 困難な状況にもかかわらず、地域や分野によって国連の活動が実施されている。しかしながら、現実的には治安情勢が改善されるまで、数多くのオペレーションがヨルダンのアンマンから遠隔操作されることとなる。

(28) 一〇の集合体が形成されており、教育・文化、保健、水・衛生、インフラ・住宅、農業、食料安全保障、地雷対策、国内避難民（ＩＤＰ）・難民、ガバナンス・市民社会、貧困削減・人間開発である。また、横断的テーマとしては、治安、人権、ジェンダー、環境、雇用が上げられている。

(29) [http://www.uniraq.org/clusters/cluster9.asp].

(30) イラク近隣国の事例として、一九七九年にイランの憲法制定に際して起きた内外危機による新憲法への影響が指摘されている。詳しくは、Bahman Baktiari, *Parliamentary Politics in Revolutionary Iran*, University Press of Florida, 1996, p. 70を参照。

(31) 一九九八年以降、タリバーン崩壊に至るまで、アメリカは、その外交官はおろか、自国籍を有する国連職員に対しても、アフガニスタン国内に展開することを原則的に禁止し、その運用は国務省において徹底されていた。同様の措置は、イギリスも採用した。

(32) "President's Address to the Nation," The Oval Office, December 18, 2005.

(33) 復興人道支援室及び連合暫定機関に日本外務省から派遣された故奥克彦参事官の公開日記［http://www.mofa.go.jp/mofaj/annai/staff/iraq/030503.html］を含め、組織にアラビア語を理解する人材が不足している様子が数多く報告されている。

(34) International Crisis Group, "Baghdad：A Race Against The Clock," Baghdad/Amman/Brussels, 11 June 2003.

(35) "The National Security Strategy of the United States of America," September 2002.

(36) 現在、国連改革の一環として進められている平和構築委員会（Peacebuilding Commission）の設置があるが、これもポスト・コンフリクト期の機能強化と改善を目的とするものであり、その点で「事後」の対応であることに変わりはない。場合によっては、アウトソーシングに頼ることもひとつの手段であるが、第三者機関の活動に対して国連としてどこまで責任を負えるのか、その保証が難しい。

(37) 隣国で明確にイラク戦争支持を打ち出したのは、クウェートとヨルダンの二カ国にとどまった。

(38) この協議は、国連のジュネーブ本部で行われたことから、関係者の間では「ジュネーブ・プロセス」と称されている。属人的な要素に目を向ければ、国連のブラヒミ事務総長特別顧問と、アメリカのハリルザード駐イラク大使の関与が認められる。

(39) Oxford Research International, Ltd. がイラク国内で実施した世論調査に基づく。*BBC*, 'Analysis : Degrees of Optimism in Iraq," 12 December 2005.

(40) 相似性という点では、サマーワにおいて自衛隊が実施する雇用創出を目的とした復興活動にアフガニスタンでの軍民協力に通じる性質を認める。

第III部　グローバル・ガバナンスと国連・EU

——「新たな脅威」に対して——

米国のクラスター爆弾の残がいを手にするアフガニスタンの子どもたち（毎日新聞提供）

第*1*章 問題提起

横田洋三

グローバル・ガバナンスは、地球的規模の諸問題を適切に処理する枠組みを提供する。その場合、その担い手は国際機構、国家、NGO、個人、企業などさまざまなものがあるが、その中でももっとも重要な主体は、言うまでもなく国連システムである。

国連システムには、総会や安全保障理事会（安保理）、経済社会理事会などの国連の主要機関に加えて、国連児童基金（ユニセフ）、国連難民高等弁務官事務所（UNHCR）、国連開発計画（UNDP）などの国連総会の自立的補助機関、さらにはユネスコ、世界銀行、国際労動機関（ILO）、国際通貨基金（IMF）などの専門機関が含まれる（図1参照）。

グローバル・ガバナンスの担い手としての国連システムには長所と欠点がある。

長所としては、①唯一の世界的権威としての正統性付与機能、②全世界を活動範囲とする普遍性、③国連システムがもつ中立性、専門性および国際性、④加盟国やNGO、地域的国際機構、多国籍

図1　国連システム組織図

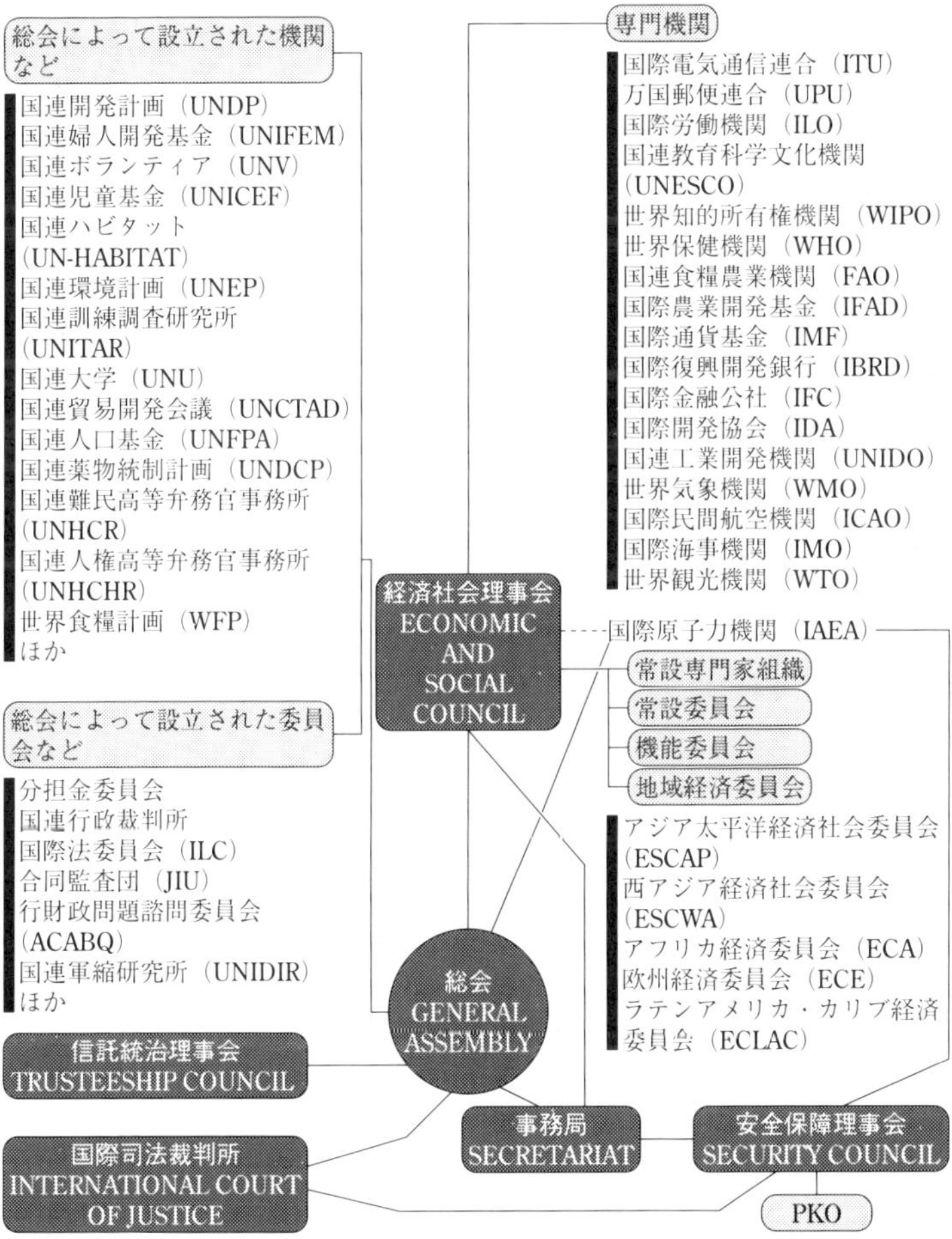
総会によって設立された機関など
国連開発計画（UNDP）
国連婦人開発基金（UNIFEM）
国連ボランティア（UNV）
国連児童基金（UNICEF）
国連ハビタット（UN-HABITAT）
国連環境計画（UNEP）
国連訓練調査研究所（UNITAR）
国連大学（UNU）
国連貿易開発会議（UNCTAD）
国連人口基金（UNFPA）
国連薬物統制計画（UNDCP）
国連難民高等弁務官事務所（UNHCR）
国連人権高等弁務官事務所（UNHCHR）
世界食糧計画（WFP）
ほか
総会によって設立された委員会など
分担金委員会
国連行政裁判所
国際法委員会（ILC）
合同監査団（JIU）
行財政問題諮問委員会（ACABQ）
国連軍縮研究所（UNIDIR）
ほか
専門機関
国際電気通信連合（ITU）
万国郵便連合（UPU）
国際労働機関（ILO）
国連教育科学文化機関（UNESCO）
世界知的所有権機関（WIPO）
世界保健機関（WHO）
国連食糧農業機関（FAO）
国際農業開発基金（IFAD）
国際通貨基金（IMF）
国際復興開発銀行（IBRD）
国際金融公社（IFC）
国際開発協会（IDA）
国連工業開発機関（UNIDO）
世界気象機関（WMO）
国際民間航空機関（ICAO）
国際海事機関（IMO）
世界観光機関（WTO）
経済社会理事会
ECONOMIC AND SOCIAL COUNCIL
国際原子力機関（IAEA）
常設専門家組織
常設委員会
機能委員会
地域経済委員会
アジア太平洋経済社会委員会（ESCAP）
西アジア経済社会委員会（ESCWA）
アフリカ経済委員会（ECA）
欧州経済委員会（ECE）
ラテンアメリカ・カリブ経済委員会（ECLAC）
総会
GENERAL ASSEMBLY
信託統治理事会
TRUSTEESHIP COUNCIL
国際司法裁判所
INTERNATIONAL COURT OF JUSTICE
事務局
SECRETARIAT
安全保障理事会
SECURITY COUNCIL
PKO

資料：『イミダス 2006』518 頁の図をもとに横田が作成.

企業などの他の担い手の活動を調整する機能、⑤各地に展開している活動拠点を通じての情報ネットワークなどである。

他方で、短所としては、①決議に拘束力がないこと（ただし安全保障理事会の決定には拘束力があるが、拒否権という別の障害がある）、②活動に必要な資金、人、軍などがつねに不足気味、③ときに決定の遅れやあいまいな内容の決議からくる非効率や政治性が問題にされる、といったことが指摘される。

こうした国連システムがかかえる機構的、手続き的問題を摘出し、具体的改革案を提言することを目指して、コフィー・アナン国連事務総長は、二〇〇三年秋に、一六人の専門家からなるハイレベル委員会を立ち上げた。この委員会は、二〇〇四年一二月二日に『より安全な世界へ――われわれが共有する責任』と題する最終報告書を提出した。この報告書は、三〇二パラグラフ、一〇一の勧告からなる大部の文書であるが、「『新たな脅威』とグローバル・ガバナンス」を扱う本章に直接関連する内容を多く含んでいるので、その文書を紹介し、批判的にコメントする形で第III部の「問題提起」とすることとしたい。

1　ハイレベル委員会報告書の基本的立場

ハイレベル委員会報告書は、最初に大きく四つの基本的認識を示している。

第一に、国連が創設された六〇年前の世界と、二一世紀に入った今日の世界はすっかり様変わりした。一九四五年においては、国際関係は「国家間関係」(inter-State relations)であった。しかし、今日の世界においては、国家とは異なる国際機構や個人、NGO、多国籍企業などの行為主体が、国家と並んで重要な役割を果たすようになった。その結果安全保障も、「国家の安全保障(State security)」とともに「人間の安全保障(human security)」を考慮する必要が出てきた。

第二に、国際社会の行為主体の多様化とともに、グローバル化の進展と科学技術の長足の進歩が見られ、その結果、人類の生存を脅かす脅威も、国家間戦争から内戦、テロ、貧困、環境破壊、感染症など多様化し、かつ、地球大に拡大し、いずれの一国も自国の国民の安全(人間の安全保障)を一国では守りきれなくなった。

第三に、こうした人類の生存に対する脅威は、多様化すると同時に相互に関連し、一つの問題への対処のみでは十分ではなくなってきた。かくして、人類に対する脅威に対処するには、包括的(comprehensive)な取り組みが不可欠となった。

そして最後に、第四点として、報告書は、六〇年前に作られた国連はもはや二一世紀の現実に対応するには代表性(representativeness)、効率性(efficiency)、および実行性(effectiveness)を欠き、改革を通して強化する必要があると主張する。

以上の四点にわたるハイレベル委員会の報告書の基本的スタンスは、多くの識者によって共有される一般的認識であろう。

2　脅威の類型化および制度的欠陥

次に、ハイレベル委員会報告書は、今日の世界において人類の安全（人間の安全保障）にとって脅威となるものは、以下の六つのカテゴリーに分けられるとする。

① 経済的社会的脅威―貧困、感染症、環境悪化など
② 国家間武力紛争
③ 国内武力紛争―とくに内戦、集団殺害その他の大規模な残虐行為
④ 核兵器、生物化学兵器などの大量破壊兵器
⑤ テロ
⑥ 国際的組織犯罪

ここで若干のコメントをするなら、以上の脅威に加えて、「⑦破綻国家ないし独裁・抑圧国家」、および「⑧自然災害―地震、津波、火山爆発、台風、旱魃、水害など」、も現代の人類の安全を脅かす脅威として考慮すべき追加的カテゴリーであろう。

ハイレベル委員会報告書は、以上にのべた人類への脅威に対応する国連システムの制度的欠陥として、以下の七点をあげる。

① 国連総会は活気を失い今日の差し迫った問題に、重点的かつ効果的に取り組んでいない。
② 安全保障理事会は、もっと先攻的（proactive）に活動すべきである。そのためには、安保理

に資金的、軍事的、外交的に貢献できる国をそこでの意思決定に参加させ、信頼性(credibility)、正統性(legitimacy)、代表性(representativeness)を確保しなければならない。

③紛争下の国に対する対応には、政策とそれを実現するための資源の間に、深刻な制度的ギャップがある。

④安全保障理事会は、もっと地域的、準地域的機構を活用すべきである。

⑤経済的および社会的脅威に対する新たな制度的仕組みが必要である。

⑥人権委員会は正統性を欠き、国連の全般的評判を貶めている。

⑦事務局は、必要な活動を実施できるよう専門性を高め組織改革をする必要がある。

国連の制度的欠陥に関するハイレベル委員会報告書の右の指摘は、これまで国連改革について論じられてきた論点との間に、かなりのズレがある。たとえば、これまで国連の制度的欠陥として指摘されてきた安保理における五常任理事国の拒否権の問題性や、総会等における国の人口やその他の国力の違いを無視した一国一票制の非現実性については、ほとんど言及されていない。また、経済社会理事会の形骸化の問題や、慢性的資金不足についても正面から扱われていない。他方で、人権委員会の正統性の欠如という、これまで国連改革論議の中であまり指摘されることのなかった問題を七大制度的欠陥の一つとして取り上げている。人権委員会については、その政治的偏向性や、大規模人権侵害に対する無力などに関して、さまざまな批判がなされてきたことは事実であるが、国連全体の評判を落とす主要な原因になっているという指摘は、これまであまりなされたことがない。

ハイレベル委員会報告書の制度的欠陥に関する見解は、このように、必ずしも多くの識者の賛同を得る内容とはなっていないように思われる。とくに問題なのは、ハイレベル委員会が設置された際のもっとも大きな問題であった、テロからの脅威に対して国連が適切に対処できないことについての制度的欠陥の指摘がまったくないことである。そのほか、安全保障問題との関連では必ず指摘される軍縮、軍備管理について、国連の取り組みが極めて不十分であることについても、指摘がない。このハイレベル委員会報告書の制度的欠陥に関する見解の弱点は、これに続く具体的提言の弱点へとつながっている。

3　具体的改革案の中身と問題点

ハイレベル委員会報告書の具体的提言は一〇一項目にわたっている。その中でも、とくに国連の機構改革との関連で注目される提言は、以下の一一点である。なお、各項目のあとに括弧をつけて、筆者の若干のコメントを付すことにする。

① 国連諸機関、とくに総会は、加盟国やNGOと協力して、ミレニアム開発目標（MDGs）を達成するよう努力すべきである。［コメント＝国連総会等の政策目標活動内容に関する提言であって、機構改革に直接関係する提言ではない。とくに制度的欠陥の第一項目に総会の問題点が取り上げられているが、その指摘とこの提言との関係が明確でない。］

② 安全保障理事会は新たな脅威を防止するために、もっと積極的に行動すべきである。とくに

急迫性（imminence）のある脅威については、意思と能力のある国家の軍事的行動を容認すべきである。ただし、脅威の深刻さ、適切な目的、最後の手段、軍事行動の均衡性、行動と結果のバランス、という五つの要件をクリアーする必要がある。［コメント＝これも制度改革というよりは政策提言である。これまで法的に議論のあったいわゆる多国籍軍型の軍事行動（朝鮮戦争、湾岸戦争など）を一定の条件のもとで積極的に支持する提言として注目されるが、国連の制度的改革に関する提言とは必ずしも言えない。］

③　安全保障理事会は次のように改革されるべきである。

A案：(1)六つの新たな常任理事国（拒否権なし）を追加し、(2)三つの非常任理事国（任期二年、再選不可）の席を新たに設ける。

B案：八つの新たな非常任理事国（任期四年、再選可）の席と、一つの非常任理事国（任期二年、再選不可）の席を新たに設ける。

A案の非常任理事国の選定は、国連の平和活動に対して、資金的（financial）、軍事的（military）、外交的（diplomatic）貢献をする意思と能力があるかどうかを基準とする。［コメント＝これはハイレベル委員会報告書の中でも、とくに日本のメディアによってもっとも注目された提言である。国連改革に関する具体的提言という意味では、興味深い示唆に富む案として評価できる。ただし、拒否権制度を「時代遅れ」と批判しつつもその根本的改革についての提言がないうえ、A案では、新たに加わる六つの常任理事国には、説明がないまま「拒否権を認めない」という提言になっており、一貫性がないという問題がある。］

④　安全保障理事会に補助機関として平和構築委員会（Peacebuilding Commission）を設置し、また事務局内に平和構築支援局を設けるべきである。［コメント＝ハイレベル委員会報告書は、紛争末期の緊急人道支援の段階から平時の復興、開発段階への移行期において、継ぎ目のない（seamless）支援を行うことを目的とする平和構築の考え方をとくに強調し、こうした平和構築に関する新たな内部機構の設置を提言している。この提言は内容的に意味のある提言である。ただし、これまでの国連改革の動きは、国連機構のスリム化を進めるものであったが、この提言は、国連の機構拡大につながる提言であり、その財源等をどのように調達するかが問題である。］

⑤　経済社会理事会は、自己の責任領域の経済社会問題を扱うにあたって集団的安全保障とのつながりを重視すべきである。そのために補助機関として「安全に対する脅威の社会的経済的側面に関する委員会」（Committee on the Social and Economic Aspects of Security Threats）を設置すべきである。［コメント＝安全保障問題と経済開発問題は密接に関連するというハイレベル委員会報告書の基本的立場からすれば、この提言は当然である。これまで、無力との批判があった経済社会理事会の活性化につながる可能性もある。ただし、経済社会理事会が、もっと行動的になることが前提となる。また、機構拡大につながる危険性があるから、どのように財源やポストを確保するかという実際的問題が残されている。］

⑥　地域的および準地域的機構の安全保障理事会による活用。［コメント＝提言内容は当然であるが、政策提言であって機構改革に関する提言ではない。国連憲章では五二条、五三条のもと

で地域的機関や取極との協力をすでに規定しており、とくに新しい提言ともいえない。]

⑦ 人権委員会は現在の五三の加盟国による構成をやめ、すべての国連加盟国(現在一九一カ国)が参加する委員会(将来は人権理事会設置の可能性も視野に入れる)とすべきである。また、人権委員会に、一五人の個人的資格で事務総長と人権高等弁務官によって選任された専門家による諮問委員会を設置すべきである。[コメント=具体的な機構改革案ではあるが、ハイレベル委員会報告書に含まれる提言の中でも、もっとも理解に苦しむ提言である。現在の五三カ国による人権委員会でも、人権問題に関する掘り下げた議論が難しい状況の中で、すべての国連加盟国が参加する人権委員会に拡大することによって、はたして効率や効果が改善されるのか疑問である。とくに、今でも国連総会の常設委員会として第三委員会があり、人権を含む社会問題をすべての加盟国の代表が集まって議論しているが、それとの関係がどうなるのかが不明である。とりわけ、人権委員会を、現在のままの経済社会理事会の補助機関として位置づけるとすると、五四理事国で構成された経済社会理事会の補助機関に一九一カ国の代表が集まって議論する人権委員会を位置づけることになり、不均衡である。また、一五人の専門家による諮問委員会の設置は、すでに二六人の個人的資格の専門家によって構成された人権促進保護小委員会が一九四七年から、人権委員会のシンクタンクとして人権問題の研究、審議、基準設定、モニタリングなどの活動を行っているが、この小委員会に関する言及がまったくないままこのような新しい諮問委員会の設置を提言する意図が理解できない。]

⑧ 平和と安全保障問題担当副事務総長のポストの創設。[コメント=事務局改革の効率性を高

めスリム化を図ろうとする努力が進行している中で、はたしてこの新しいポストが国連事務局の機能改善につながるのかどうかは極めて疑問である。むしろ、現在ある政治局（DPA＝トップは事務次長）と平和維持活動局（DPKO＝トップは事務次長）を統合する方が効率性の観点からは良い提案のように思われる。」

⑨「敵国」に関係する憲章五三条および一〇七条の改正。［コメント＝内容的にはまったく問題のない提言である（この点に関しては、一九九五年の総会決議で「次の憲章改正において敵国に関する条項の削除」が了解されている）。本文の方で何も触れないまま、突然改革提言の中に出てくることに、多少の違和感がある。」

⑩憲章一三章の信託統治理事会に関する規定の削除。［コメント＝これも信託統治地域がすべて独立した今、信託統治理事会は事実上機能停止しているのであるから、当然の提言である。ただ、本文でまったく議論されていない提言であり、唐突の感があることは否めない。」

⑪軍事参謀委員会に関する憲章四七条の削除および二六条、四五条、四六条における軍事参謀委員会への言及の削除。［コメント＝軍事参謀委員会は国連創設以来まったく機能してこなかった機関であるから、廃止の提案に何の問題もない。ただし、本文で議論がなされていないために、なぜ削除しなければならないのかが一般の人には理解できないだろう。」

おわりに

ハイレベル委員会の報告書は、上記の通り、伝統的国家間関係を前提にした安全保障観を乗り越えて、人間の安全保障に基づく包括的安全保障の観点で総合的集団安全保障制度を国連システム内部に構築しようと意図している。その理念そのものは高く評価できるが、現実の人類の存亡に関わる脅威の分析、国連システムの制度的欠陥の検討、具体的改革の提言においては、必ずしも現実を的確に踏まえておらず、提言も論理的一貫性を欠き、しかも決して大胆な改革案とはなっていない。

その最大の問題点は、グローバル・ガバナンス（実際、ハイレベル委員会報告書にはグローバル・ガバナンスという言葉が出てこない）の視点が欠如していることにあるように思われる。つまり、ハイレベル委員会報告書には、改革を通じて何を実現しようとしているかという理念が存在しないということである。かろうじて、報告書が理念的な視点で論じているのは、グローバル・ガバナンス概念の要素である効率や効果（実効性）の観点で、国連の現状を批判し改善の方策を提言していることである。たとえば、安全保障理事会の改革については、その実効性、正統性、代表制を高めることを目指している。

この報告書が、グローバル・ガバナンスの観点からの国連改革という立場を明確にしていたとすれば、より根本的な改革案が提言されていたのではないかと思われる。たとえば、拒否権の廃止または合理的な範囲における拒否権使用の制限をもっと大胆に提言できたはずである。また、民主主義原則を国連にも貫徹させ、一般市民の国連活動への積極的参加を促すために、国連総会に諮問的補助機関として「世界議会」（八〇〇人くらいの、ある程度人口比を考慮して国ごとに配分された数の議員によって構成される）や、経済社会理事会に補助機関として「市民社会フォーラム」（N

GOの代表によって構成）を設置するなどの改革案を提示してもよかったと思われる。

なお、以下の各章においては、今日の世界における唯一の超大国であるアメリカと、地域的機構の代表としての欧州連合（EU）の政策や活動が、本章で検討した国連システム全体のグローバル・ガバナンスとの関係で、どのように評価できるかを詳細に検討する。そして、それを踏まえて、ふたたび国連システムに戻ってその役割と課題を考える。

〔追記〕

本稿脱稿後、コフィー・アナン国連事務総長の国連改革に関する報告書（二〇〇五年三月）および世界首脳会議の成果文書（二〇〇五年九月）が公表され、二〇〇五年九月以降、これらの文書をふまえた国連改革の議論および交渉が国連総会の場で展開された。そこでは、安保理改革は、各国の主張にへだたりがあり、先延ばしされる公算が大きく、逆に、人権委員会に代る人権理事会の創設と、新しい平和構築委員会の設置が具体的に進行する可能性が出てきている。

第2章　アメリカと国連

星野俊也

1　はじめに——9・11事件後のアメリカの対応の衝撃

二〇〇一年九月一一日の米同時多発テロ事件が真の意味でどれほど国際政治のダイナミズムに本質的な変化を及ぼしたのかについては議論が分かれるが、それが米国の外交・安全保障政策に与えた影響が決して少なくないことは誰しもが実感することだろう。もしも9・11事件が世界を変えたとするならば、それは、事件そのものによるものもあるが、むしろより大きな要因として事件への米国の対応によるものが顕著である。

この未曾有の事件は、G・W・ブッシュ大統領の共和党政権が発足した最初の年に発生した。前政権からの政策を見直し、新政権の地歩を固める過程で直面した事件に対し、最も厳しい対応を声高に推進したのが、伝統的に保守的な共和党政権のなかでもとりわけ強硬な「新保守主義者」といわれるスタッフを含むグループであった。「テロとの戦い」を宣言した米国は、二〇〇一年一〇月、まず、個別的な自衛権の行使という位置づけで、事件の首謀者とされるオサマ・ビン・ラディンと彼のテロ組織アル・カーイダに活動拠点を提供していたアフガニスタンのタリバン政権を軍事的に攻撃し、打倒した(「不朽の自由」作戦)。そして、二〇〇三年三月、大量破壊兵器(WMD)開発やアル・カーイダとの関係について疑惑をもたれていたイラクのサダム・フセイン政権に対する戦端が開かれ、米国は、同政権も崩壊させている(「イラクの自由」作戦)。

9・11事件後の米国の一連の行動の妥当性については、さまざまな観点から多くの疑義が寄せられているが、より広く米国と国連の関係、あるいは米国と国連とグローバル・ガバナンスとの関係を考える上でも多くの疑問を投げかけることとなった。なぜならば、これらの行動は、国連憲章に結晶化された国際社会の基本的なルール――それは第二次世界大戦の末期、米国が自ら主導的な役割を果たすなかに構築されたものである――に正面から挑戦するものでもあったからである。すなわち、自国を標的とされた大規模な国際テロ事件を受け、米国は「敵」とみなされる主体(国家及び非国家主体)に対して単独行動と先制攻撃と政権打倒というアプローチを取ることを辞さなかった。そして、米国はこれを『国家安全保障戦略』(いわゆる『ブッシュ・ドクトリン』)として正当化しているが、[1]米国の行動を国際の平和と安全に対する脅威に集団的な行動を求める国連の精神や、武力攻撃の「発生」を与件とする自衛権行使の原則や、相手国の国家体制や政権という主権・内政事項への不干渉原則といったルールに矛盾するとの強い批判も投げかけられた。ことに米国の対イラク軍事作戦は、国連安保理で主要国の立場が分裂した結果、明示的な武力行使容認決議のないままに実施されたことから、「(国連憲章の観点からは)違法」(アナン国連事務総長)との指摘もあった。

もとより、9・11事件という一つの事件に端を発する米国の行動のみをもって米国と国連の関係や、さらにグローバル・ガバナンスという地球規模の秩序の現状と今後の展望を論じることには慎重でなければならないだろう。ブッシュ政権自体も二〇〇五年に第二期目がスタートすると、第一期目とはやや異なる外交方針を示し始めている。それゆえ、今日の世界における唯一の超大国・米国に対して非国家の国際テロ組織が攻撃を仕掛けるといった新しい事態に対する効果的な取り組み方を探り、国連安保理における団結と分裂といった主要国の駆け引きの実態を明らかにし、さらに、テロ事件を生み出す政治・経済・社会・文化的な背景にまで切り込んでいくためには、米国と国連の関係を歴史的な視座に位置づけ、そのなかから一定の連続性と変化を見出すことが重要になるだろう。そこで、本章では、一般に「アンビバレント(二律背反的)」とされる米国の国連観の背景にある思想的な側面を検討した後に、安全保障分野に限らず幅広い分野にも目配りをしつつ国連創設から今日までの米国・国連関係を概観し、最後に、グローバル・ガバナンス領域を広げるという観点から米国・国連関係のあるべき姿について考察したい。

2　二つの「例外主義」

米国自らが国連創設に主要な役割を果たしながら国連に束縛されることは徹底して嫌うという二

重性をもつ米国・国連関係は「アンビバレント（二律背反的）」であり、「スキゾフレニック（分裂症的）」でさえあるとは、よく指摘されるところである。通史的に米国・国連関係を分析したエドワード・ラックが著書に『メッセージの錯綜（Mixed Messages）』というタイトルをつけたことは、この両者の複雑な関係をよく言い表している。(2)

しかし、やや抽象的な言い方になるが、ある主体が制度を作るのは、それに自らが拘束されることのみを目的にしているのではなく、他者も自らと同様の規範や制度の下に置かれることによって共通認識が広がり、主体間の行動の予測可能性が高まり、コスト面からみても個別に対応するよりも有利に働くといった合理性・功利性が期待できるからである。これが、主体間の法的な合意に基づく制度であれば、そこには合法性（法的正統性）を担保する仕組みが盛り込まれる。もちろん、あらゆる合意は主体間の政治の産物であり、法的な合意に政治的な背景があることも見逃すことはできない。言い換えるならば、制度には規範の権威（authority）と政治的な権力（power）の両側面がつねに内在していると考えられる。

その意味で、今日の文脈で国連憲章を見直すとき、それが第一義的には一九四五年六月時点での国際政治環境のなかで合意が可能となった最大公約数の文書であることを正しく認識する必要があるだろう。このことは、国連憲章の歴史的な価値を決して軽減するものではない。実際、国連憲章を今日の世界のほとんどすべての国が署名しているという事実からも、これがもっとも普遍性の高い国際社会の「基本法」的な文書であることがわかる。また、署名から六〇年を経て憲章が全体として有効性を維持していることは、この文書のいわば先取性を証明するものである。国連憲章の条項のなかにはわれわれが当然に達成すべき規範でありながら、十分に行動が追いついていないものは多い。だが、他方で、憲章の条項と国際社会の今日の実態とが乖離している部分があることもまた事実であり、それについても起草当時から今日までの時代の変化を考えるならば当然のことと言えるだろう。

では、国連創設に尽力した当時の米国は、国連に何を期待したのだろうか。ここでは、それぞれに角度の異なる三つの意図を見出すことができそうである。

第一に、「第三次世界大戦」を回避し、「国際の平和と安全の維持」という国連本来の目的を達成することが構想の原点であることは間違いない。背景には世界大戦の再発防止のために設立されたにもかかわらず、「第二次」の世界大戦を食い止められなかった国際連盟の失敗の教訓があった。敗戦国を徹底して糾弾した結果、国家主義的な反動を招いた一九三〇年代の経験から、国連は第二次大戦の講和条約や戦後処理とは切り離した「一般的な国際機構」として構想され、敗戦国にも「平和愛好国」になることで加盟の道を開くなどの工夫をした側面が一つ。もう一つは、ローズヴェルト大統領の「四人の警察官」構想に表されているように、安保理常任理事国（米英仏ソ中の五大国）の結束による、強制力のある集団安全保障制度を導入した側面である。言い換えるならば、これは、第二次世界大戦後の「国際の平和と安全の維持」のためには、五大国の間での平和を維持し、さらに共通の脅威に対しては五大国が共同で対処するという発想に基づく制度である。五大国のみに認められた安保理での拒否権は、これらの国々が第二次大戦後も国連のなかで連合を続けていくための現実的なインセンティブであった。

国連創設直後から米ソ間の冷戦が激化し、双方の拒否権乱発によって国連安保理が機能しにくくなったことは歴史の皮肉だが、これは、好むと好まざるとにかかわらずソ連との間で一定の協調関係を維持することを平和の前提と考えていたローズヴェルト大統領が国連創設を目の前にして病死し、ソ連への不信感を露わにしていたトルーマン大統領が後を引き継いだこととも無縁ではない(3)。

米国が国連に期待した役割の第二は、これもまた国連構想を主導したローズヴェルト大統領の信念によるものだが、国連に参加することによって米国が再び孤立主義に戻らないように担保させることであった。一九二〇年代から三〇年代にかけての米国の孤立主義的な傾向が結果的に戦雲を世界大に広げることに寄与してしまったのではないかというローズヴェルトの教訓がここにある。したがって、国連には米国に国際主義を選択させる拠り所としての役割が期待されていたといえるだろう。

米国が国連に投射した第三の役割としてやはり見逃せないのは、理念の側面ではないだろうか。「われら合衆国の人民は」で始まる合衆国憲法と「われら連合国の人民は」で始まる国連憲章との間に思想的な相似性を見出すことはさほど困難なことではない。米国は、自由主義・民主主義・平等主義といった「アメリカニズム」の理念を国是とし、それを自ら実現するだけでなく世界にあまねく広めていくことを使命とする「例外主義(exceptionalism)」の国としてのセルフ・イメージがある(4)。社会主義のソ連も加わって起草された国連憲章に「民主主義」という言葉はないが、そもそも合衆国憲法にも「民主主義」という言葉は書かれていない。ウィルソン大統領的な理想主義と言われることも多いが、国連を通じて国家間の主権の平等とともに「人権及び基本的自由」を普遍化することに米国は重きをおいたことも重要な側面といえる。

しかし、ジョン・ラギーは米国の「例外主義」のもう一つの側面として、合衆国憲法に盛り込まれた諸規定を守り、外部の干渉によってそれらが影響を受けることを避けようとする姿勢——いわば「適用除外主義（exemptionalism）」の意味での「例外主義」——があることを指摘する。[(5)] 一般に米国では行政府がアメリカニズムを世界に広げることに関心をもつ一方、立法府の側は国際社会のルールが米国内に適用されること——米国の主権を侵害すること——に敏感で、まったく許容しないというパラドックスがここにある。米国の行政府が締結した条約は上院の「助言と合意」による批准が必要である。したがって、議会で批准を確保するには国際的なルール作りの段階で米国が受け入れやすいように工夫するほかはない、ということになる。さもなければ、米国が国際的なルールに加わらない（あるいは国際ルールの外で、独自のアプローチによる問題解決を進める）とする選択肢になることが多い。

こうしたジレンマは、国連憲章の起草時にもあった。最も象徴的な例として、当時、米国の南部諸州で一般的であった一連のアフリカ系アメリカ人に対する差別法（ジム・クロウ法と総称された）の問題がある。国連創設会議に出席していた米代表団は「基本的人権に関する信念を改めて確認する（reaffirming faith）」という文言を憲章前文に盛り込んだが、上院で南部民主党の支持を得るには何か工夫をしなければならない。言うまでもなく、上院の一部ではジム・クロウ法を優先するために憲章の批准を拒む動きが予想されたためである。国連憲章の第二条七項には「この憲章のいかなる規定も、本質上いずれかの国の国内管轄権内にある事項に干渉する権限を国際連合に与えるものではない」という但し書きがあるが、これは何を隠そう、米国の国内事情から米国案として付加されたものであった。ラギーによれば、皮肉にもこの表現をソ連圏やその他の多くの国々が歓迎したという(6)。

国連に対する米国のこうした「適用除外主義」は、しかし、米国政治のより本質的な側面である「反国家(anti-statism)」の思想に通じるものがある。米国政治における「自由」とは個人の自由であって、国家・政府による抑圧をもっとも警戒し、憲法上も政府の弾圧には抵抗する権利も認められている(「武器を携行する権利」が規定されているとして知られる憲法修正第二条は政府への抵抗権を表現したものである)。淵源は英国国教会の抑圧から逃れて新大陸を求めた清教徒たちの求めた個人の信教の自由と、その結果としての国教禁止・政教分離の考えだが、これに米国の国家としての権利(すなわち、国家主権)に対する超国家(supra-national)機関からの抑圧に抵抗する考えが重なった結果、米国の行動に国連の制約が課されるような事態への不信感・猜疑心は根強い。これは、欧州の国々のように欧州連合(EU)という超国家の機関に主権を「プール」し(東にまとめ)、共通の憲法、通貨、政策、制度に自らを任せようとするアプローチとはまったく逆の発想である。

中山によれば、米国の超国家機関へのイデオロギー的ともいえる不信感は、国際連盟への加盟の是非をめぐって行われた米国議会での議論にもさかのぼる根深いものであるが、その一方で米国の国連加盟が実現し、少なくとも一九七〇年代まであまり大きな問題とならなかったのは、米政府が国連の役割を比較的軽視していたためだと分析する(7)。(一九七〇年代の米国の国連批判は、「シオニズムを人種差別主義とみなす」という一九七五年の国連総会決議三三／七九の採択に象徴される非同盟諸国の「数の専制」と反米・反イスラエル・容共的な動向に対する抵抗感が強まった。)

米議会上院でも特に国連嫌いで有名だったジェシー・ヘルムズ元議員の持論も、「国連は国家間の紛争の平和的な解決を手助けするために創設されたはずが、いつの間にか国家にとって代わろうとしている」というものであった(8)。ヘルムズによれば「国連のエリートたちは、国家を狭隘な国益を追い求める存在として軽蔑し、国連こそが主権をもちグローバルな利益を追求すべきだと考えている」という。ヘルムズ議員は、特にブトロス・ガリ国連事務総長（当時）の『平和への課題』報告書（一九九二年）の一節にある「絶対的で排他的な主権の時代は終わった。主権理論が現実とマッチしたことなどはない。これを理解することが国家の指導者の役割である」という言葉に噛み付き、では事務総長に主権国家のみが正当に保有する常備軍や徴税権を与えようとでも言うのかと批判し、国連が大胆な改革をするか、米国が国連を去るか、選択肢は二つに一つだとも主張した。同議員の立場は強硬で、発言も極端ではあるが、国連の主人は加盟国という認識は米国でも根強い。

以上のように、米国の国連観には、米国モデルによる国際秩序の構築と不都合な国際規範からの米国の適用除外という二つの側面が見て取れる。しかし、このいずれもが米国が超大国としてのパワーを有しているからこそ可能な行動であり、国際的な支持がなければ独善的な行動ととられてもおかしくないものである。だが、国連が設立後、米国の（そして、どの一国の）コントロールも及ばない組織に発展していく。さらに、どの加盟国の政治的影響力にも屈しない不偏中立性をもつことが国連の価値となり、それが振り返って米国にとっても有用な存在になるとも考えられる。逆に、米国のパワーがあれば単独行動が可能なときであっても国連が関与することで付加価値が与えられたケースも多い。これが国連のもつ正統性のパワーであり、米国と国連の関係を考えるエッセンスの一つは、まさに米国の物理的な権力と国連の正統性の権威との相関関係にあるともいえるだろう。

3　アメリカの権力と国連の権威

一九九一年の湾岸戦争と二〇〇三年のイラク戦争は、米国の権力と国連の権威の相関関係を考える上できわめて対照的な事例といえる。

いうまでもなく、湾岸戦争は、隣国クウェートに武力侵攻をしたイラクに対し、米国が中心となって多国籍軍を編成し、イラク軍の撃退とクウェート正統政府の回復を実現したもの（「砂漠の嵐」作戦）である。このとき米国は、ジョージ・H・W・ブッシュ大統領の下、国連安全保障理事会を最大限に利用した。イラクの行動を徹底非難した安保理決議六六〇号に始まり、イラクに対する武力行使を授権した決議六七八号を採択し、作戦に臨んでいる。米軍兵力を大規模に投入した本格的な戦闘になるかどうかは、決議六七八号が撤退期限とした一九九一年一月一五日をイラクが尊重した行動に出るかにかかっていた。そこで、米議会でも一月一〇日から三日間、米国の武力行使授権に関する激しい論戦が繰り広げられた末、非軍事的な努力ではイラクの安保理決議の遵守を確保しえないと大統領が判断したならば、米軍の使用権限を付与するとの決議を採択する。これは戦争回避に向けたサダム・フセイン大統領に「平和のための最後で最善のチャンス」（ブッシュ大統領）

を与えるメッセージであった。(9)

当時、ブッシュ大統領が、「新世界秩序」を語り、「国連本来の集団安全保障が機能した」と評されたのは、安保理の五常任理事国の一致した立場が確保されたからであった。とりわけ冷戦の終結によって米ソ両国が共同歩調をとれたことが、「新世界秩序」の「新しさ」であった。これは、米国の物理的な権力が国連の正統性の権威と一体となり、国際社会の共同行動が実現した類まれなケースであった。逆に言うならば、このことは国連創設直後からの冷戦という東西両陣営間の対決により、どれほど長い年月にわたって国連安保理での大国間関係がほとんど身動きのとれないほどにまで固定化してしまっていたかを物語っている。湾岸戦争以前に国際社会が軍事的強制力をもつ多国籍軍を組織したのは一九五〇年の朝鮮戦争時であり、それはソ連が迂闊にも安保理での審議を欠席した合間に米国が決議を採択したからであることはよく知られている。その後、ソ連はそうした「間違い」は犯さなくなった。

それから一〇年余りがたった二〇〇三年のイラク戦争の頃になると、国際環境は再び大きく変化していた。主なものとしては次の三つが重要である。

第一は、ソ連の崩壊によって米国が圧倒的なパワーをもつ唯一の超大国になったことである。この結果、国連安保理は、冷戦の終結によって五大国の協調の場になりうる可能性が高まった反面、かつての米ソ間のイデオロギー対立とは別のロジックによって五大国の立場が割れる機会も増えた。とりわけ、ある特定の国が圧倒的な優位に立つような国際システムよりも多極的な世界が望ましいと考えるフランスやロシア、中国にとって自分たちが拒否権という既得権をもつ安保理は米国をけん制する上で最も効果的な舞台となった。米国の立場から考えれば、これがフラストレーションにならないわけはないだろう。

第二は、イラクのクウェート侵攻のような国家間の紛争はあまりみられなくなったが、世界各地で国内紛争や人道的観点から目にあまる残虐な事態が頻発し、これらが安保理で審議される際には広い意味で「国際の平和と安全に対する脅威」と認識され、国連憲章第7章に基づく軍事的強制措置が多くとられるようになったことである。こうした動きのなか、国際社会が世界各地で起こるさまざまな事態に対して行動をとるかどうかは、つとめて関係国・国際機関の政治的意思の問題となっていく。この結果、八〇万人に上る人々が虐殺されたルワンダ内戦（一九九四年）には国際社会は機敏に動かず、ユーゴ連邦のコソボ自治区での民族浄化事案（一九九九年）に対しては国連安保理決議による授権がなくても北大西洋条約機構（NATO）軍による軍事作戦が挙行されるといった対応の違いも生じている。

第三は、グローバル化やITを中心とする技術革新が急速に進展した結果として、国家以外の主体が国家に影響を及ぼすような動きが顕在化したことがあげられる。これは、国境を超えた市民社会組織（civil society organizations）が各国政府や国際機関を巻き込み、新しい国際規範の形成に大きな存在感を示し始めた動き（たとえば、地雷廃絶、地球環境保全、国際刑事裁判所設立など）もあれば、多くの人々が集団で大国や国際機関を相手に活動をけん制する行動に出るケース（たとえば、シアトルの世界貿易機関（WTO）閣僚会議などを妨害した「反グローバル化」デモなど）もある。

二〇〇一年九月一一日の米同時多発テロ事件もこうした非国家主体による最も過激で非市民的な行動として位置づけられる。あまりに衝撃的だったこの事件によって国際テロ組織が国家を攻撃する非対称的な事態は国際安全保障上の深刻な脅威のアジェンダとして広く認識されることとなった。

振り返って二〇〇三年三月に戦端が開かれたイラク戦争をめぐる国際政治を分析すると、過去一〇数年間の正と負の動きを色濃く反映していたことがよくわかる。

まずイラクに対する軍事作戦を強行した米国の主張は、イラクが過去一二年間にわたり一連の国連安保理決議を無視して大量破壊兵器の開発を続けており、さらに、米国やその同盟国・友好国を標的にしたテロをたくらむアル・カーイダとの危険な関係を持っているとする疑惑を最後まで自ら明確に否定しなかった、というものである。自国に対するテロの継続的な脅威を感じ、さらに、イラクが過去の安保理決議の違反と不履行を続けていることだけでも十分な攻撃理由になるとも考えるG・W・ブッシュ大統領を説得し、とにかくイラクに対して国際社会の懸念を払拭する「最後の機会」を与えようとして採択されたものが安保理決議一四四一号（二〇〇二年一一月八日）である。(10)

米国のイラク政策に反対の立場をとる常任理事国のフランス、ロシア、中国や非常任議席を有していたドイツは安保理で米国に徹底的に挑戦した。これらの国々は、決議一四四一号が対イラク武力行使を自動的に授権するものではないとの立場をとり、その両者の対立は、米国が求めた武力行使容認に関する第二の決議案に対しても拒否権行使の態度を示すほどにまで激しいものだった。この結果、二〇〇三年三月二〇日に開始された米英軍を中心とする対イラク作戦は、単独行動であり、差し迫った脅威に対する明確な証拠がないままに実施された先制攻撃であり、さらにイラクの特定の政権を打倒するという体制転換をもたらしたことで国際法違反だとする意見も含め広範な非難を受けたことは前述のとおりである。だが、米国は、単独行動・先制攻撃・体制転換をオプションに含む『国家安全保障戦略』(二〇〇二年九月)をすでに内外に明らかにしていたことからこれらの非難によって政策や方針を改めることはしていない。米議会は、安保理で決議一四四一号が議論されるはるか以前にブッシュ政権に対する武力行使授権決議を採択している。また、米国の国際法学者マイケル・グレノンは、「イラクが決議を踏みにじっていることを安保理が(決議として)表明することを期待するが、安保理の決定によって米国の行動の自由が拘束されるとは思わない」というパウエル国務長官の発言(二〇〇二年一一月一〇日)を引き、これほど国際政治の現実を物語る言葉はない、と指摘し、「イラクをめぐる意見の分裂で安保理が衰退したのではなく、地政学の現実が安保理を衰退に追い込んだ」と述べている。[11] 彼は、「国際法で武力行使に枠をはめようとしたのは二〇世紀の国際社会の記念碑的な試みだったが、その実験は失敗した」と断言する。これは、米国の行動を決定するのは米国でありそれ以外ではないという確信と、米国の安全を保障するものは米国のパワーであるという「現実」を語る。

しかし、湾岸戦争とは異なり、イラク戦争が米国の権力と国連の権威が分離をした事例であったことも「現実」であり、それが必ずしも米国の安全保障に直結せず、米国の対テロ戦争や戦闘終結後のイラク政策がスムーズに進まない要因の一つになっていたこともいつわらざる事実といえるのではないだろうか。これは、今日のままの国連の姿が適切でないことを示しつつも、同時に唯一の超大国である米国にとっても国連は必要不可欠な存在になっていることを図らずもあらわしていると考えられる。イラク戦争後の国連と米国の関係に憂慮しつつも、米国も参加し、新しい多様な脅威に国連が集団的な行動の中心として効果的に機能できるように勧告をまとめることが、アナン国連事務総長によって指名された一六人の世界の有識者からなる「脅威・挑戦・変化のためのハイレベル委員会」であった。同委員会での審議は、国連創設六〇年の節目の年となった二〇〇五年を通じての国連改革論義のベースとなったアナン国連事務総長の報告書の下地（とくに安全保障分野のそれ）をなす、きわめて重要な作業であった。次節では、ハイレベル委員会での検討事項を中心に、関連する他の動きも交えつつ、米国と国連の今後を展望する。それは、広い意味でグローバル・ガバナンスにおける米国と国連の位置づけを考える機会を提供するものでもある。

4　アメリカと国連とグローバル・ガバナンス

多様化する脅威に対して国際社会が「効果的な集団行動」をとれるように国連を刷新したいというアナン事務総長の強い思いで設置されたハイレベル委員会は、つきつめると国際の平和と安全の維持に対して主要な役割を果たすという国連本来の集団安全保障システムに斬り込み、そこに新しい魂を吹き込むことが中心的な作業であったといえよう。ほぼ一年にわたる集中的な議論を経て二〇〇四年一二月に公表された報告書『より安全な世界へ―われわれが共有する責任』では、①国際社会が直面する新しい脅威の性格、②それらの脅威に対応する集団的行動のあり方、そして③そうした集団行動を可能とする国連の機構・組織の改革のそれぞれについて有益な分析と提案をしている[12]。同報告書に特徴ともいうべき視点を三つにまとめると、次のようになるだろう（第III部第1章参照）。

第一のポイントは、「新たな脅威」の分類である。本報告書では、国際社会が直面する脅威を、国家間紛争、国内の暴力（内戦、大規模人権侵害、ジェノサイドを含む）、貧困・感染症・環境悪化、大量破壊兵器（核、生物、化学兵器等）、テロ、国際組織犯罪、という大きく六つのクラスターに分類していることはよく知られている。しかし、こうした六つに類型化された脅威が、横軸では政治・安全保障と経済・開発の課題の相互連関性を意識しつつ、縦軸では「大規模な人命の損失や生存の可能性を減じさせるような事態・プロセス、及び国際システムの基本的な単位としての国家の土台を揺るがすような事態・プロセス」という共通の問題認識でくくられていることには注目すべきだろう。

第二のポイントは、「包括的な集団安全保障（comprehensive collective security）」アプローチの提唱である。本報告書では、脅威の性格が包括的であることに着目し、対応においても従来の軍事力主体の集団安全保障システムを見直し、これを「包括的」に取り組むべき新戦略とするように再定義している点は重要である。具体的には武力行使基準やテロの定義の明確化もあるが、「予防」の視点の導入（しかも予防外交や調停努力、予防軍縮の視点に加え、貧困・感染症対策など開発系の課題を紛争予防の最前線に位置づけている）、非軍事の取り組みの積極的な利用、そして紛争後の平和構築努力の強調（平和構築委員会の新設）、などに新たな問題意識を見出すことができる。

第三のポイントは、安保理改革を含む国連の機構改革案である。ことに安保理改革では議論が紛斜し、二つの案が併記される結果になったが、憲章の改正にも踏み込む本格的な提案を出した点は評価できる(13)。

これらの提案は、その後、開発分野で二〇一五年までに世界の貧困や飢餓を半減させることなどを掲げた「ミレニアム開発目標」達成のための「ミレニアム・プロジェクト」報告書（二〇〇五年一月公表）(14)の提案内容と一本化され、アナン国連事務総長自身の勧告として二〇〇五年三月の報告書『よりいっそう大きな自由』にまとめられた(15)。

グローバル・ガバナンスが、グローバル化のダイナミズムのなかで発生する世界のさまざまな問題に対し、国際社会がより組織的・体系的で、かつ効果的な対応をしていくための方向性を提供するものであるならば、これらの諸提案の実施のプロセスとも重なるものと考えられる。では、そのなかで米国と国連の役割はそれぞれどうあるべきなのだろうか。

少なくともそこに至る過程で必要なことは、米国は自国の権力のみを頼りにすることなく多国間主義のメリットを再発見し、国連は改革――特に安保理改革――を通じその権威としての正統性をさらに高める努力につなげることだろう。では、それをどこから始めるのか。

米国にとっての国連は、その創設に努力した国ではあるが、結局は国益を追求するための手段の一つという位置づけである事実は無視できない。しかも、手段としては決して使い勝手のよいものとはみなしにくいと考えられていることも否定できないだろう。自らが国連通常予算の二二パーセント、PKO予算は二六パーセント強という最大の拠出国でありながら安保理では他の常任理事国の拒否権によって、また、総会では一国一票の数によって制約をうける実態に不満感を募らせていることは保守派からよく耳にすることである。同様に、米国やイスラエルを敵視する傾向や米国が圧政国家と呼ぶ国々が参加する国連人権委員会の活動は米国の国連観を曇らせた。二〇〇五年の国連創設六〇周年を控えて国連改革論議が高まるなかで浮上した一連の国連スキャンダル（イラクに対する「石油・食糧交換プログラム」をめぐる汚職や国連PKO要員による性的虐待事件、スーダン・ダルフール地域の人道危機に対する対応の遅れなど）は、そうした否定的なイメージにさらに拍車をかけることになった。米国には、また、マルチの枠組みを通すよりも独自に対応したほうがはるかに効率があがると自負する分野もある（地球環境問題や、「ミレニアム挑戦会計」を用いた途上国援助などがその例である）。

こうした消極論を払拭して国連や、さらにグローバル・ガバナンスにおける米国の役割を見出すには、米国が超大国として国連や国際社会のガバナンスに不可欠な存在であることを再認識すること、米国の外交目標を追求する際に単独でなく国連を動員できれば費用対効果が増すこと、そして何よりも国連の権威が米国の権力の行使を他が受け入れる正統性の最も普遍的な源泉になること、を直視するほかはないだろう。米国が世界にとって「不可欠な国家（indispensable nation）」であるというセルフ・イメージは、クリントン大統領が第二期目の就任演説で用い、オルブライト国務長官も好んで用いた表現であった。クリントン時代の国連政策は、「積極的な多国間主義（assertive multilateralism）」を掲げる一方で、一九九三年のソマリア介入で米軍兵士に犠牲が出てから撤退を急ぎ、コソボ介入でも米兵に犠牲者を出さないことを至上命令とし、米国に対峙したブトロス・ガリ国連事務総長の追い落としに躍起になるなど、後ろ向きの姿勢が目立った(16)。しかし、唯一の超大国が自国の安全のみを考えるのでなく、広く世界における「不可欠な国」としての役割を自覚することは、グローバルなガバナンス領域の強化にとっては前提条件となるだろう[17]。

一方、国連にとって、傷ついた権威の回復・伸長と必要な機構改革は急務となる。二〇〇四年暮れにインドネシア・スマトラ島沖で発生した大地震とそれによるインド洋大津波への緊急救援活動で国連が中心的な役割を果たせたことは、不祥事続きの組織イメージの改善に寄与したが、それは一過性のものである。国連の仕事の是非を論じる場合、その多くが加盟国の政治的な決断で左右されることを考えあわせれば、いまや意思決定メカニズムに鋭くメスを入れることは避けられない段階になっているといえるのではないだろうか。そのなかでも安保理が一度一九六〇年に非常任理事国議席を増やし、理事国数を一〇から一五に拡大はしたものの、手付かずの常任理事国議席の問題を含め基本的に一九四五年の体制のまま今日に至っていること自体が、安保理での決定の不偏中立性や正統性に疑問を抱かせる要因になっている現状を直視し、できるだけ早く今日の世界の実像を反映した構成に変えていくことが求められる。国連の奥の院でもある安保理改革は決して容易ではないが、ただこの作業がどれほど進むのか（進まないのか）が、国連の可能性と限界を直に示す指標になりうるものと指摘できるだろう。

米国と国連は、グローバル・ガバナンス領域における権力と権威の基盤として諸問題解決の促進にも後退にも関わる重要な主体だが、そのどちらも活動と機構の見直しが急がれている。政治・安全保障から経済・社会、文化に至る分野で、国境を超えた市民社会組織や企業体などとも連携しつつ、共同行動の道筋を広げていくことができるかどうかがまさに今、試されているといえよう。

注

（1）National Security Strategy of the United States of America, September 20, 2002.

（2）Edward C. Luck, *Mixed Messages : American Politics and International Organization 1991-1999*, Washington, D. C.: Brooking Institution Press, 1999.

（3）星野俊也「冷戦以前―巨頭たちの国連構想」『国際政治』第一〇九号（一九九五年五月）。

（4）Martin Seymore Lipset, *American Exceptionalism : A Double Edged Sword*, New York : W. W. Norton & Co., 1996.

（5）John Gerard Ruggie, "American Exceptionalism, Exemptionalism and Global Governance," *Faculty Research Working Paper Series*, RWP04-006 (February 2004), pp. 1-2.

（6）Ruggie, *op. cit.*, p. 2 and n. 2.

（7）中山俊宏「アメリカにおける『国連不要論』の検証」『国際問題』第五二三号（二〇〇三年一〇月号）一二―一四頁。

（8）Jesse Helms, "Saving the UN : A Challenge to the Next Secretary-General," *Foreign Affairs*, September-October 1996.

（9）米国の合衆国憲法は、宣戦布告権限は議会に存する（第一条八節）と規定するとともに、軍事力を動かす権限は最高司令官たる大統領に排他的に属する（第二条二節）としている。しかし、米国が過去に宣戦布告をして実戦に参加したのは一八一二年戦争、米墨戦争、米西戦争、第一次・第二次両大戦の五つのみで、その他の軍事作戦は大統領の指示によるものである。こうした状況で、米議会は、特にベトナム戦争の泥沼化の経験から一九七三年に当時のニクソン大統領の拒否権も押し切って「戦争権限法」を成立させ、米国の戦争権限を大統領と議会で共有する仕組みを打ち立てた。米行政府は一貫して同法は違憲との立場を通しているが、同法の精神を尊重し米軍の使用については議会への通報や協議を適宜行っている。戦争の影が高まる一九九一年一月の米議会での米武力行使授権決議は、ブッシュ大統領の要請で、イラクに米国の決意を知らせるメッセージとして採択されたものである。他方、大統領は議会の同決議がなくても最高司令官としての大統領の権限で軍事行動は可能、という判断を有していた。星野俊也「湾岸戦争と主要国議会の対応―アメリカ」『議会政治研究』第一八号（一九九一年六月）参照。

（10）日本の小泉首相もブッシュ大統領との会談の機会に何度となく国連をより深く関与させるように説得しているが、同盟国では米国とともに軍事作戦を行った英国のブレア首相の要請をブッシュ大統領は重く受け止めた。政権内で国連関与をもっとも強く強調したのはパウエル国務長官だった。イラク戦争前後の米外交と国連安保理の動きについては、星野俊也「危機に直面した国連」、森本敏編『イラク戦争と自衛隊派遣』東洋経済新報社、二〇〇四年、参照。

（11）マイケル・グレノン「単極構造世界と安保理の崩壊―安保理はなぜ死滅したか」『論座』二〇〇三年六月号、二一九―二二〇頁。

（12）Report of the Secretary-General's High-level Panel on Threats, Challenges and Change, *A More Secure World: Our Shared Responsibility*, United Nations, 2004.

（13）「モデルA」は、拒否権のない常任六と非常任三議席を拡大し、全理事国数を二四とする案で「モデルB」は、四年任期の再選可能な「準常任」的議席八と非常任一議席の拡大で二四とする案。なお、報告書では、二〇二〇年には常任・非常任双方につき、すべての構成国のレビューを行なうこととしている。これら両案は、二〇〇五年に本格化した安保理改革のための具体的な議論と、そこで提起された決議案（日独印ブラジルのG4諸国の提案する常任・非常任議席拡大案と、それに対抗するイタリアなど「コンセンサス・グループ」の出した非常任議席のみの拡大案、およびアフリカ諸国の独自案など）に大きな影響を及ぼした。しかし、議席を一〇前後も増やそうとするこれらの案に米国は真っ向から反発し、二〇〇五年時点の改革は流れ、安保理拡大論議が仕切り直しを余儀なくされたことは周知の通りである。

（14）UN Millennium Project, *Investing in Development: A Practical Plan to Achieve the Millennium Development Goals*, 2005.

（15）United Nations, *In Larger Freedom: Towards Development, Security, and Human Rights for All, Report of the Secretary-General*, 21 March 2005.

（16） クリントン時代の米国の国連政策の概要は、星野俊也「クリントン政権の国連政策」『国際問題』第四四三号（一九九七年二月号）参照。

（17） 「不可欠な国」という表現は、『フォーリン・アフェアーズ』や『ワールド・ポリシー・ジャーナル』誌の編集者であったジェームズ・チェイス氏が発案した表現をクリントン大統領のホワイトハウスが政策スピーチに愛用したものだが、チェイス氏自身はクリントン政権の及び腰がちの対外政策を批判している。たとえば、James Chace, "An Empty Hegemony?," *World Policy Journal* (Summer 1997).

第3章　実効的多国間主義とEUの役割

庄司克宏

1　はじめに――イラク危機とEU

イラク危機への対応をめぐる問題は米・欧州連合（European Union：EU）関係だけでなく、EU加盟国間にも亀裂をもたらした。イラクへの武力行使の是非が問題となったとき、EU諸国はその問題に対する戦略的対応で一致することができないまま、国連に解決を委ねざるを得なかった。これは、EUとして国連安全保障理事会の常任理事国である英国とフランスに白紙委任状を与えるに等しいことであった。米国に対して正反対の態度をとる両国は、国連の正統性をめぐって真っ向から対立することになった[1]。

ブレア（Tony Blair）英国首相は、イラク危機の最中の二〇〇三年三月七日、国連安全保障理事会の新たなマンデートがなくとも戦争を始めるのかと問われたさい、とくにフランスを念頭に置いて「関係国のいずれかにより拒否権が発動されるような場合、つまり、不当に（unreasonably）拒否権を発動しようとしていると思われる諸国がある場合、そのような状況では私はそうするでしょう」と答えた。[2]「不当な拒否権」（unreasonable veto）とは、五大国の間で安全保障理事会の全会一致を確保するためにあらゆる「合理的な努力」（reasonable efforts）がなされた後に常任理事国の一つが武力行使の提案に拒否権を行使すると脅す場合、他の常任理事国は安全保障理事会を回避して「有志連合」により武力を行使することができるとする考え方をいう。[3]これは、五大国の同意原則を定める国連憲章第二七条三項に対する挑戦であった。EUは、主要国である英国がこのように国連の正統性に疑問を投げかける主張を行ったため、国連を中心とする多国間主義を守ることができなかった。

イラク危機により機能不全に陥った共通外交・安全保障政策（Common Foreign and Security Policy：CFSP）を立て直すべく、EUは二〇〇三年一二月「欧州安全保障戦略」（European Security Strategy：ESS）文書を採択した。[4]これによりEUは「新たな脅威」としてのテロリズム、大量破壊兵器の拡散、地域紛争、破綻国家および組織犯罪に対して、「予防的関与」（preventive engagement）と「実効的多国間主義」（effective multilateralism）により対抗することを宣言した。他方、対米関係については実効的かつ均衡のとれた連携の必要を説いている。

本章では以下、「欧州安全保障戦略」文書における予防的関与と実効的多国間主義について概観した後、EUの危機管理政策に焦点を当てることにより、EUが実効的多国間主義を通じて「新たな脅威」にどのように対抗しようとしているかについて考察する。

2　EUにおける予防的関与と実効的多国間主義

(1)　予防的関与

「欧州安全保障戦略」文書によれば、新たな脅威に関して「防衛の第一線はしばしば外国にある」。また、「新たな脅威はダイナミックである」。そのため、EUは「危機が発生する前に行動する用意ができているべき」であって、「紛争予防および脅威防止はいかに早く始めても早すぎることはない」。手段については、軍事的のみならず政治・経済的その他の手段を組み合わせることが不可欠であるとされている[5]。

また、同文書によれば、「われわれの安全にとって最良の保護となるのは、グッド・ガバナンスの民主国家から成る世界」であって、「グッド・ガバナンスを普及させること、社会的および政治的改革を支援すること、賄賂および権力濫用に対処すること、法の支配を確立することならびに人権を保護することは、国際秩序を強化する最良の手段である」[6]。そのため、EUは途上国その他の第三国に対してコンディショナリティを伴う開発・経済協力や人権規範を戦略的利益と位置づける外交を行っている[7]。

とくにEUの関心は近隣諸国(旧ソ連諸国および地中海諸国[8])にあり、EUの任務は「欧州連合の東側およびわれわれが緊密かつ協力的な関係を享受することができる地中海国境にグッド・ガバナンスの国々の輪を促進すること」とされている[9]。このため、EUはそれらの諸国を対象に「欧州近隣諸国政策」（European Neighbourhood Policy：ENP）を立ち上げ、EUの枠組による経済的利益の提供と引き換えに、民主主義・人権・法の支配をコンディショナリティとして課している(10)。

(2) 実効的多国間主義

EUの共通外交・安全保障政策の目的には「国連憲章の諸原則に従い、平和を維持すること及び国際的安全保障を強化すること」が含まれる（EU条約第一一条一項）。また、前掲「欧州安全保障戦略」文書によれば、EUは実効的多国間主義に基づく国際秩序を基本目的として追求している。「われわれは国際法を擁護し、発展させることにコミットしている。国際関係の基本的枠組は国連憲章である。国連安全保障理事会は国際の平和および安全の維持に主要な責任を有している。国連がその責任を全うし、かつ実効的に行動できるように国連を強化することは、EUにとっての優先事項である(11)」。

他方、「欧州安全保障戦略」文書は、「われわれは国際機構、レジームおよび条約が国際の平和と安全に対する脅威に立ち向かう点で実効的であることを望んでおり、それゆえ、それらのルールが破られるときには行動する用意ができていなければならない」として(12)、ルールには強制（enforcement）が必要であることを示唆している(13)。

「欧州安全保障戦略」文書が採択される半年前の二〇〇三年六月、EUの閣僚理事会は「大量破壊兵器不拡散のためのEU戦略基本一〇原則」を採択し、「新たな脅威に取り組むためには、広範なアプローチが必要とされる」との認識の下、多国間条約や輸出管理レジームのような政治的・外交的予防措置および国際原子力機関（International Atomic Energy Agency：IAEA）や化学兵器禁止機関（Organization for the Prohibition of Chemical Weapons：OPCW）のような国際機構の活用が「防衛の第一線」を成すとした。次いで、「（政治対話および外交圧力を含む）これらの措置が失敗したとき、国連憲章第Ⅶ章および国際法に基づく強制措置（選択的またはグローバルな制裁、積み荷の差し押さえ、および、適切な場合には武力行使）が想定される」としている。そのさい、中心的役割を果たすのは、国連安全保障理事会である。(14)

以上のように、EUは、最後の手段として、国連安全保障理事会のマンデートに基づく武力行使を受け容れている。しかし、EUは国連安全保障理事会のマンデートがない場合でも事情に応じて例外的に武力行使が許される場合があると考えている。それは、すべての加盟国が同意する人道的介入であって、国連憲章の諸原則に適合してなされるときに限られる。コソボの人道的危機に際して、北大西洋条約機構（North Atlantic Treaty Organization：NATO）非加盟国を含むすべてのEU加盟国は一九九九年三月の欧州理事会（加盟国首脳と欧州委員会委員長から成るEU首脳会議）において、国連安全保障理事会のマンデートがなくともコソボに軍事介入することを承認している。(15)

3　EUの危機管理と「人間の安全保障対応部隊」構想

(1)　EUの対外政策と軍事行動

EUの対外政策は、第一に共通通商政策、開発協力、人道援助などの分野、また、第二に共通外交・安全保障政策および警察・刑事司法協力（Police and Judicial Cooperation in Criminal Matters：PJCC）の分野に大別される[16]。第一の分野は超国家的特徴を帯びており、決定機関である閣僚理事会では特定多数決（qualified majority voting：QMV）が基本であり、また、その政策形成および実施について欧州委員会が重要な役割を果たす（立法・政策提案は欧州委員会のみが行うことができ、また、EU予算の執行は同委員会による）。さらに、欧州議会による立法参加と民主的コントロールが行われる[17]。これに対し、第二の分野は政府間協力を基本とし、閣僚理事会では全会一致による決定が原則であり、欧州委員会に加えて加盟国も立法・政策の提案を行うことができる。また、欧州議会は予算以外ではほとんど権限を有しない[18]。

このようにEUにおける政策決定の制度や手続が分野により大きく異なるため、EUが常に国際政治上のアクターとして行動できるわけではない。外交・安全保障分野におけるEUの政策は加盟国間の政策不一致と拒否権のため、しばしば一貫性・整合性に欠けるとして批判される（これと対照的に、通商政策は特定多数決により決定され、また、EUの排他的権限として加盟国の単独行動は許されない[19]）。

なお、二〇〇四年一〇月二九日に署名され、現在批准プロセスが凍結中の欧州憲法条約は、①EUに単一の国際法人格を明文で付与するとともに[20]、②共通外交・安全保障政策における全会一致原則を変更することはできなかったが、現行の六カ月交代制に代わる欧州理事会常任議長制（任期二年半、再任可）およびEU外務大臣（任期五年）ポストの設置により共通外交・安全保障政策における政治的リーダーシップの強化と外交の継続性確保を図っている。欧州理事会常任議長は共通外

表1　EU 諸国の軍事行動

4つのオプション			
自国軍隊による単独対応	アドホックな有志連合	NATO としての行動	EU としての行動

(出所)　Martin Ortega, "Beyond Petersberg : Missions for the EU Military Forces" in Gnesotto, Nicole, ed., *EU Security and Defence Policy : The First Five Years (1999-2004)*, Paris : L'Institut d'Etudes de Sécurité de l'Union européenne (available at http://www.iss-eu.org/books/5esdpen.pdf, accessed 15 February 2005), p. 86, 87 に依拠して，筆者作成.

交・安全保障政策事項における首脳レベルでの対外的代表を務める一方、EU外務大臣は欧州委員会副委員長（対外関係担当）を兼務してEUの対外政策の一貫性と整合性を確保する責任を負う。また、③実体政策面では、後述する軍事的危機管理に関わる点として、第一に現行のペータースベルク任務（後述）の範囲が拡張され、共同武装解除作戦、人道・救難任務、軍事的助言・支援任務、紛争予防・平和維持任務、平和回復および紛争後の安定化を含む危機管理を行う戦闘部隊任務となった。第二に、最も重大な任務に対応するため高度な軍事能力と強固なコミットメントを有する加盟国（能力と意思を有する加盟国）のみによる「常設構造化協力」「permanent structured cooperation）が制度化された。[21]

EU加盟国が軍事行動をとる場合、その枠組みについて四つのオプションが想定される（それぞれについて国連安全保障理事会のマンデートがある場合とない場合が考えられる）。これについては表1を参照されたい。第一は、自国軍隊による単独の対応である。例としては、英国のフォークランド紛争派兵、スペインのペレヒル島派兵（モロッコとの領有権をめぐる紛争）などがある。第二は、アドホックな有志連合への参加であり、イラク派兵がそれに当たる。

第三は、NATOとしての行動への参加であり、例としてコソボ紛争がある。第四は、EU主導の作戦行動を行う場合であり、これにはNATOのアセット（assets）と能力（capabilities）を使用する場合とそうでない場合がある。マケドニアでのコンコルディア（Concordia）作戦が前者、コンゴでのアルテミス（Artemis）作戦が後者に当たる。[22] 以下では、第四のオプションに焦点を当てる。

(2) 軍事的・非軍事的危機管理

EUが主導する軍事的危機管理作戦は「ペータースベルク任務[23]」（Petersberg tasks）と呼ばれ、共通外交・安全保障政策に含まれる「欧州安全保障・防衛政策」（European Security and Defence Policy : ESDP）として実施される。EU条約第一七条二項に次のように規定されている。

「本条にいう問題〔EUの安全保障に関するすべての問題〕とは、人道及び救難任務、平和維持任務ならびに平和創造（peacemaking）を含む危機管理における戦闘部隊任務が含まれるものとする。」

欧州安全保障・防衛政策としての危機管理には、軍事的作戦だけでなく、警察、法の支配、文民行政および民間人保護（civilian protection）の分野における非軍事的危機管理（civilian crisis management）も含まれる。非軍事的作戦は単独で行われる場合および軍事的作戦と併用される場合の両方が想定されている。非軍事的危機管理のため、危機管理・非軍事的側面委員会（Committee for civilian aspects of crisis management）等が設置されている。[24]

危機管理に関する決定は、欧州理事会またはその下にある閣僚理事会（総務・外務理事会）が行う。政策決定は原則としてすべて全会一致による。六カ月交代の輪番制に基づく議長国が調整役として加盟国間の合意を形成する役割を担う一方、対外的には共通外交・安全保障政策分野においてEUを代表し、その実施に責任を有する。議長国の他に理事会事務総局、欧州委員会および次期議長国の各代表で構成される「トロイカ」が年二回国連事務総長または同次長と会合する。[25] 議長国を補佐する者として共通外交・安全保障政策上級代表（High Representative for CFSP）が任命され（理事会事務総長を兼任）、EU外交の継続性の確保が図られている。また、共通外交・安全保障政策上級代表の下には主として加盟国からの出向職員で構成される「政策ユニット」（the Policy Unit）が置かれ、官房的機能を担っている。[26] 政策ユニットは、必要に応じて国連事務局の政治局（Department of Political Affairs：DPA）と協力を行っている。[27]

閣僚理事会（総務・外務理事会）の下には、政治・安全保障委員会（Political and Security Committee：PSC）が常設の部局（各国大使で構成）として理事会内に設置されているが、加盟国外務省政務局長レベルでも開催される。国際情勢の監視、理事会への意見具申による政策立案への参与、合意された政策の実施の監視を行うとともに、EUによる危機管理作戦の政治的コントロールおよび戦略的指揮を担う。政治・安全保障委員会は国連事務次長との会合を行う。[28]

軍事的危機管理のために、各国の軍事参謀総長で構成される軍事委員会（Military Committee：EUMC）が理事会内に設置されるとともに、加盟国から出向する軍人で構成される軍事幕僚部（Military Staff：EUMS）が理事会事務総局の一部として設置されている。[29] 軍事幕僚部は、必要に応じて国連事務局の平和維持活動局（Department of Peecekeeping Operation：DPKO）と協力を行っている。[30]

ＥＵが主導する軍事的な危機管理作戦の場合、ＮＡＴＯとの間で合意された「ベルリン・プラス」取り決め（'Berlin Plus' arrangements）によりＮＡＴＯのアセット・能力を使用することが可能である。これには、カナダ、トルコなどの第三国（非ＥＵ加盟国）も参加することができる（ＮＡＴＯのアセット・能力を使用しない場合にも第三国の参加がなされている）。他方、ＥＵは独自の軍事的能力を整備する努力も行っている。一九九九年一二月の欧州理事会で「ヘッドライン・ゴール」と呼ばれる軍事能力目標が設定され、二〇〇三年末より加盟国は六万人規模の緊急対応部隊を六〇日以内に展開して少なくとも一年間維持できるようにすることを約した。この目標は必ずしも完全には達成されなかったが、それを受けて新たに「二〇一〇年ヘッドライン・ゴール」が設定されている。これには、後述するアルテミス作戦が原型となって考案された即応性と維持能力を一層強化した「戦闘群」（Battlegroups）を二〇〇七年までに展開可能とすることが含まれている。[31]それらは、国連の平和維持活動への協力も念頭に置いている。[32]

ＥＵと国連は、二〇〇三年九月二四日、ＥＵ議長国と国連事務総長の間で「ＥＵ・国連危機管理協力共同宣言」を採択し、ＥＵが危機管理面で国連に貢献することを再確認するとともに、立案、訓練、コミュニケーションおよびベスト・プラクティスの四分野で相互の調整と適合性を向上させる方策を検討するための共同諮問メカニズムを事務レベルで設置することに合意している。[33]また、この共同宣言をうけて、二〇〇四年六月の欧州理事会は「軍事的危機管理作戦におけるＥＵ・国連協力――EU・国連共同宣言の実施要綱」を採択して協力の具体化を進めている[34]。

他方、非軍事的危機管理の実施のため、二〇〇〇年六月の欧州理事会において、文民警察協力の分野で加盟国は二〇〇三年までに五千人の警察官を紛争予防および危機管理作戦のための国際的ミッションに提供することができるようにすること、また、三〇日以内に警察官千人を配置可能とすることで合意した[35]。現在では、五〇〇〇人の警察官が利用可能となっており、そのうち一四〇〇人は一カ月未満で配置することができる。また、法の支配の強化のために約三〇〇人の検察官、裁判官および刑務官が利用可能であり、文民行政および民間人保護についても専門家の確保が図られている[36]。さらに、「二〇〇八年非軍事ヘッドライン・ゴール」(Civilian Headline Goal)が二〇〇四年一二月の欧州理事会で合意され、治安部門の改革や兵員の武装解除・動員解除・社会復帰に対する支援等のためのミッションを立ち上げてから三〇日以内に展開可能とすることが目指されている[37]。なお、非軍事的危機管理においては、欧州委員会が関与して欧州共同体(EC)事項に属する人道援助や開発協力等の手段も動員され、欧州援助協力事務所(EuropeAid Co-operation Office)、EU人道援助局(European Community Humanitarian Aid department：ECHO)、欧州開発基金(European Development Fund：EDF)などが活用される[38]。

(3) これまでの危機管理作戦

EU主導の危機管理作戦[39]は、これまでに一一件ある(うち三件はすでに終了)。ほとんどすべて国連安保理決議に基づくか、または、それを支援・補完するものである。①三件は軍事的危機管理で

表 2　EU の危機管理作戦

作戦名	期　間	地　域	タイプ
EUPM (EU 警察ミッション)	2003 年 1 月 1 日～	ボスニア・ヘルツェゴヴィナ	文民警察 安保理決議 1396 号
Concordia	2003 年 3 月 31 日～12 月 15 日	マケドニア	軍事的危機管理 安保理決議 1317 号 NATO アセット・能力
Artemis	2003 年 6 月 12 日～9 月 1 日	コンゴ	軍事的危機管理 安保理決議 1484 号
Proxima	2003 年 12 月 15 日～	マケドニア	文民警察 安保理決議 1371 号
EUJUST THEMIS	2004 年 7 月 16 日～2005 年 7 月 14 日	グルジア	法の支配ミッション
EUFOR-ALTHEA	2004 年 12 月 2 日～	ボスニア・ヘルツェゴヴィナ	軍事的危機管理 安保理決議 1551 号 NATO アセット・能力
EUPOL KINSHASA	2005 年 4 月 30 日～	コンゴ	文民警察 安保理決議 1493 号
EUJUST LEX	2005 年 7 月 1 日～(1 年間の予定)	イラク	法の支配ミッション 安保理決議 1546 号
EUSEC DR Congo	2005 年 6 月 8 日～(1 年間の予定)	コンゴ	治安部門改革支援 安保理決議 1592 号
EU Support to AMIS II (Darfur)	2005 年 7 月 18 日～	スーダン	アフリカ連合 (AU) の平和支援ミッションへの軍事的・非軍事的支援 安保理決議 1547 号等
AMM (EU アチェ監視団)	2005 年 9 月 15 日～06 年 3 月 15 日 (予定)	インドネシア	非軍事ミッション

(“ESDP Operations”, available at http://ue.eu.int/showPage.asp?id=268&lang=en&mode=g, accessed 15 February and 4 November 2005 に依拠して著者作成)

表3　軍事的危機管理作戦

国　名	兵力の提供	司令部要員の提供
オーストリア		○
ベルギー	○	○
フランス*	○	○
ドイツ	○	○
ギリシャ	○	○
ハンガリー		○
アイルランド		○
イタリア		○
オランダ		○
ポルトガル		○
スペイン		○
スウェーデン*	○	○
英国*	○	○
ブラジル**	○	○
カナダ**	○	
南アフリカ**	○	

*　総数約2000人から成る部隊のうち，フランスは約1700人，スウェーデンは約70人の兵員を提供した．英国は工兵部隊を提供して支援を行い，ベルギーは空輸および医療支援を行った．

**　これら3カ国は2003年7月5日まで支援を行った．

（出所）Gustav Lindstrom, "On the Ground : ESDP Operations" in Gnesotto, Nicole ed., *EU Security and Defence Policy : The First Five Years (1999-2004)*, Paris : L'Institut d'Etudes de Sécurité de I'Union européenne (available at http://www.iss-eu.org/books/5 esdpen.pdf, accessed 15 February 2005), p. 120.

あり、うち二件はNATOの作戦を引き継いだものでNATOのアセット・能力を使用している。[40]②八件は文民警察協力、法の支配ミッション等である。これらについては、表2を参照されたい。[40]

(4) アルテミス作戦(コンゴ)と国連

アルテミス作戦は、EUが国連安保理決議に基づき、欧州域外において、NATOのアセット・能力に依拠しないで主導した軍事的危機管理作戦である。[41]フランスが「枠組国」(framework nation)として作戦指令および兵員提供等のうえで中心的役割を担い、それに他のEU加盟国、加盟予定国および非加盟国が参加して協力を行った。[42]

EUがこの作戦を行った背景には、コンゴ民主共和国(Democratic Republic of Congo : DRC)イツリ(Ituri)地方の主要都市ブニア(Bunia)に国連コンゴ民主共和国ミッション(United Nations Organization Mission in the Democratic Republic of the Congo : MONUC)が展開していたにもかかわらず、部族対立による暗殺、民族浄化行為、略奪が行われ、人道的危機が発生していたことがある。EUは、国連が国連コンゴ民主共和国ミッションの立て直しと増強を達成するまでの約三カ月間、国連安保理決議一四八四号(二〇〇三年五月三〇日採択)およびEU理事会共通行動(二〇〇三年六月五日採択)に基づき、ブニアの治安状況の安定化および人道的状況の改善に貢献すること、空港および難民収容所の保護、ならびに、必要に応じて民間人、国連要員および人道援助団体の安全に寄与することを目的としてアルテミス作戦を実施した。[43]国連等とのコンタクトは共通外交・安全保障政策上級代表が主に担当し、大湖地域(the Great Lakes Region)担当のEU特別代表が補佐した。[44]

アルテミス作戦は、ブニアの治安状況の改善、難民の帰還、経済活動の復活、人道援助の再開がもたらされた点で成功と評価された。アルテミス作戦が成功した要因の一つに、民軍連絡将校（civil-military liaison officer）が設置されてEU人道援助局（ECHO）その他の人道援助団体と良好な関係が構築されたことにより、それら人道援助団体から現地情報を入手することができた点が挙げられる。とくにEU人道援助国は一九九九年以来イツリ地方で唯一援助供与団体として活動しており、EU主導部隊および国連コンゴ民主共和国ミッションに現地の主要人物を含む様々な重要情報を提供することができた。他方、EUの軍事的課題として、戦略的輸送、長距離通信、インテリジェンスの共有、相互運用可能性（interoperability）等の面でEUの軍事的能力に不足のあることが明らかとなった。[45] EUは、前掲「二〇一〇年ヘッドライン・ゴール」により軍事的能力の改善に向けた努力を行っているところである。

アルテミス作戦は、EUが国連による平和維持活動に協力する形態としての「架け橋モデル」（bridging model）の原型および実例として位置づけられている。[46]

(5)　「人間の安全保障即応部隊」構想

ソラナ（Javier Solana）共通外交・安全保障政策上級代表の要請により、カルドア（Mary Kaldor）ロンドン経済・政治大学院（London School of Economics and Political Science：LSE）教授が主宰した「欧州安全保障能力研究グループ」（Study Group on Europe's Security Capabilities）が作

成し、二〇〇四年九月一五日に提出した報告書「欧州のための人間の安全保障ドクトリン」(Human Security Doctorine for Europe)(別名バルセロナ・レポート)[47]は、予防的関与と実効的多国間主義を唱える「欧州安全保障戦略」を実行に移すため「人間の安全保障対応部隊」('Human Security Response Force')の創設を提案している[48]。

バルセロナ・レポートは、人間の安全保障とは個人が基本的な危険(insecurities)から自由でいられることを指し[49]、EUの人間の安全保障アプローチはEUの国境防衛のみに焦点を当てるのではなく、すべての個々人の保護に貢献すべきであるということを意味するとしている[50]。一方、同レポートによれば、EUのペータースベルク任務について、これまで同任務に基づく危機管理作戦を実施するための包括的なドクトリンがなかった。バルカン、アフガニスタン、イラクのような場所への国際的介入から得られた教訓は、国際的部隊が公共の安全を回復するために必要とされる種類の任務に十分に対応できていないということである。コンゴでのアルテミス作戦は、一定の課題を示すとともに今後の多国間介入のひな型となりうる[51]。

以上のような点を背景として提案されている「人間の安全保障対応部隊」は、対象地域の状況を安定化させることおよび人間の安全に対する脅威を減少させるために法と秩序(公共の安全)を確立することを目的とする。そのため、EUが整備している軍事的・非軍事的能力の中から、一万五千人の男女より成る軍民統合部隊(軍隊の他、少なくとも全体の三分の一は非軍事的能力として警察、租税・税関職員、裁判官、行政官、援助・人権専門家など)を現地の状況に応じて自在に組み合わせて派遣する。国連安保理決議によることを基本とするが、コソボ危機のように国連安保理決議がない場合でもEUが介入を決定する場合を想定している。その場合、法的枠組として対象国の国内法、加盟国の国内法、交戦規則（rules of engagement）、国際刑事法、人権法、国際人道法が参照されるべきである。[52]

「人間の安全保障対応部隊」が依拠すべき新たな欧州安全保障ドクトリンとして、七つの原則が提示されている。第一は、人権の優越性である。敵を敗北させることより民間人の保護それ自体が目的とされるべきであり、甚だしい人権侵害を行う者は集団的な敵というよりむしろ個々の犯罪者として扱われるべきである。第二は、明確な政治的権威（authority）である。人間の安全保障を擁護することができる正統な政治的権威の確立が中核的目標とされるべきである。EUの部隊も文民（政治家）が統率し、軍事的な指揮・命令系統に対して明確な政治的権威を行使すべきである。第三は、多国間主義である。これは、国連をはじめとする国際機構との協力、共通のルール・規範とその執行による問題解決、様々なアクター間における諸政策の調整を意味する。第四は、ボトムアップ・アプローチである。いかなる政策が決定されるべきか、また、どのように実施されるべきかについて、暴力や危険にさらされている現地の人々が認識する最も基本的な必要を考慮に入れるべきであり、そのためには女性団体を含む現地の人々と直接接触して協議・対話する必要がある。第五は、地域的な焦点である。一国だけでなくその周辺の地域を含めた対応が必要である。第六は、法的手段の使用である。配備される部隊の主要な任務は法の執行を支援することであり、法執行のための文民的能力として警察、裁判所職員、検察官および裁判官が必要とされる。軍人は、組織犯罪、賄賂、テロリズムに関わった者の訴追および裁判に必要とされる証拠・情報の収集などの点で警察および文民当局を支援するため、積極的に関与しなければならない。第七は、適切な武力行使である。作戦の目的は、最小限の武力行使により人々を保護し、死傷者を最少化することである[53]。

おわりに

本章では、「欧州安全保障戦略」文書を踏まえてEUの危機管理能力の向上と実行および「人間の安全保障対応部隊」構想に主な焦点を当てることにより、グローバル・ガバナンスにおける「新たな脅威」に対してEUがどのように対応しようとしているのかについて考察した。EUは文民警察、法の支配などの非軍事的危機管理や人道援助などの点で比較優位を有することに加え、欧州安全保障・防衛政策としてペータースベルク任務（軍事的危機管理作戦）を行う独自の軍事能力を持つに至っている[54]。「人間の安全保障対応部隊」は欧州的価値観の下、EUがそれらの手段を最適に組み合わせて「新たな脅威」に対抗しようとするものである。ソラナ共通外交・安全保障政策上級代表は、二〇〇四年九月一六日、バルセロナ・レポートを歓迎する声明を発し、提案をさらに徹底的に研究することに関心を表明している[55]。

二〇〇四年一二月一日付でアナン（Kofi A. Annan）国連事務総長に提出された脅威・挑戦・変革のためのハイレベル委員会報告書『より安全な世界へ――われわれが共有する責任』（委員一六名中、EU加盟国出身者が二名）は、本章で検討したEUの政策および方向性と合致するものである[56]。

他方、EUは国連中心の多国間主義を追求している点で米国のブッシュ政権と一線を画している。また、EUと米国の現政権の間では安全保障に対する考え方に根本的な相違がある。現在、米国務長官を務めるライス（Condoleezza Rice）女史はかつて、バルカン半島における米軍の展開を引き合いに出しながら、次のように述べたと伝えられている。

「民生行政や警察の機能を担うことは、米国が成さねばならないことを行う能力を減退させるだけである。われわれは第八二空挺部隊に子供たちが幼稚園へ行く護衛をさせる必要はない。」[57]

これに対して、一九九九年から二〇〇〇年までKFOR（NATO軍を主体とするコソボの国際安全保障部隊）司令官を務め、前掲バルセロナ・レポートの作成にも加わったラインハルト（Klaus Reinhardt）将軍は、ライス女史の発言趣旨に必ずしも対応したものではないが、以下のように異論を唱えている。

「コンドリーザ・ライスは間違っている。……もし紛争状況の中にある人々をより安全にするのであれば、子供たちを学校まで護衛することは軍隊の仕事である。」[58]

このような信念から上述の「人間の安全保障対応部隊」構想が出てきたのである。しかし、EUの政策は対米関係と必ずしも二律背反的というわけではなく、むしろ補完的に機能すると認識されている。また、司法・内務分野ではテロとの戦いにおけるEUと米国の関係は極めて良好であり、様々な分野で両者間の協力が積極的に進められている。[59]

以上に照らした場合、日本の課題は国連外交と対米協力をどのようにバランスをとりながら進めていくべきかということである。[60] 欧州諸国の中には例えばイラクに派兵したオランダのように二国間レベルでは親米協力路線をとりながら、ＥＵの枠組では独自の危機管理能力の向上を図ることを支持している国もある。日本としては、長期的にアジアにＥＵに匹敵する枠組を構築してその中で対米二国間関係と多国間主義のバランスをとることが望ましいかもしれない。アジアで超国家的機関の創設による経済統合を進めることは無理かもしれないが、コンセンサスに基づく政府間協力の枠組を作ることは不可能ではないように思われる。

　その場合、日本として二つのオプションが考えられる。第一のオプションは、スマトラ沖地震の津波のような災害救助からまず始めて、文民警察や法の支配に至る非軍事的な危機管理協力を多国間で行うことである。また、第二のオプションは、ＥＵの「実効的多国間主義」や「人間の安全保障対応部隊」構想を参考にしつつ、特に平和構築に注力していくことである。以上二つのオプションは、相互補完的に同時に進めることが可能である。

注

（1） Jean-Yves Haine, "An Historical Perspective" in Nicole Gnesotto, ed., *EU Security and Defence Policy : The First Five Years (1999–2004)*, Paris : L'Institut d'Etudes de Sécurité de l'Union européenne, 2004 (available at http://www.iss-eu.org/books/5esdpen.pdf, accessed 15 February 2005), p. 48, 49.

（2） "Britain's Blair : We'll Ignore 'Unreasonable' U. N. Veto", NewsMax. com Wires, 7 March 2003 (available at http://www.newsmax.com/arcives/articles/2003/3/7/92344.shtml, accessed 8 February 2005).

（3） Kennedy Graham, "Towards Effective Multilateralism The EU and the UN : Partners in Crisis

Management," *EPC Working Papers* (European Policy Centre), No. 13, 2004, p. 8, 17 (available at http://www.theepc.net/TEWN/pdf/80664081_EPC%20Working%20Paper%2013%20Toward%20Effective%20Multilateralism.pdf, accessed 15 February 2005).

(4) European Union, *A Secure Europe in a Better World : European Security Strategy* (available at http://ue.eu.int/uedocs/cmsUpload/78367.pdf, accessed 15 February 2004); 小林正英「EU安全保障戦略（European Security Strategy）」『慶應法学』（法務研究科）第二号、二三七-二五七頁。

(5) European Union, *op. cit.*, p. 7.

(6) *Ibid.*, p. 10. 欧州安全保障戦略文書のこの部分は、Biscopによれば、グローバル・ガバナンスの実効的システムとしての実効的多国間主義を示唆している（Sven Biscop, ed., "Audit of European Strategy," Brussels, Royal Defence College（IRSD-KHID）, *Egmont Paper*, No. 3, 2005, p. 27, 28 (available at http://www.irri-kiib.be/paperegm/ep3.pdf, accessed 4 March 2005)。このグローバル・ガバナンスの実効的システムとは、国家が国内レベルで市民に提供する（または提供すべきであるとされる）中核的な公共財（安定および安全、遵守確保可能な法秩序、開放的な経済秩序、健康、クリーンな環境、教育等へのアクセスのようなすべての側面におけるグローバルな福祉）へのアクセスをグローバルなレベルで確保することができるシステムをいう。

(7) Elena Fierro, *The EU's Approach to Human Rights Conditionality in Practice*, The Hague : Martinus Nijhoff Publishers, 2003 ; Richard Youngs, "Normative Dynamics and Strategic Interests in the EU's External Identity", *Journal of Common Market Studies*, Vol. 42, No. 2, 2004, pp. 415-435 ; 庄司克宏「欧州と人権外交」、渡邊昭夫編『アジアの人権』日本国際問題研究所、一九九七年、一九九-二二五頁。

(8) ウクライナ、ベラルーシ、モルドヴァ、グルジア、アルメニア、アゼルバイジャン、モロッコ、チュニジア、アルジェリア、リビア、エジプト、ヨルダン、レバノン、シリア、イスラエル、パレスチナ解放機構。

(9) European Union, *op. cit.*, p. 7, 8.

(10) European Union, *European Neighbourhood Policy Strategy Paper* (Communication from the Commission, Brussels, 12/05/04); Marise Cremona, "The Union as a Global Actor : Roles, Models and Identity",

Common Market Law Review, Vol. 41, No. 2. pp. 563-565 ; Marise Cremona, "The European Neighbourhood Policy : Legal and Institutional Issues", *CDDRL WORKING PAPERS* (Center on Democracy, Development, and the Rule of Law Stanford Institute for International Studies), No. 25 (available at http://iis-db.stanford.edu/pubs/20738/Cremona-ENP_and_the_Rule_of_Law.pdf, accessed 15 February 2005) ; 蓮見雄「欧州近隣諸国政策とは何か」『慶應法学』（法務研究科）第二号、一四一-一八七頁。

（11） European Union, *Euroean Security Strategy*, *op. cit.*, p. 9. EUが加盟国全体として国連に対して顕著な貢献を行っている証左として、国連の通常予算（二〇〇三年）におけるEU（当時加盟予定の一〇カ国を含む二五カ国）の分担率は三七・八%で第一位を占める。第二位は米国で二二・〇%、第三位は日本で一九・五%と続く。また、国連のPKO予算（二〇〇三年）におけるEU（同上）の分担率も三九%で第一位を占める。第二位は米国で二七%、第三位は日本で一九%と続く。さらに、EU（同上）が国連PKOに提供している要員は二〇〇三年六月の時点で四八〇一人であり、全体の一三・二%を占めている（European Union, *The Enlarging European Union at the United Nations : Making Multilateralism Matter*, Luxembourg : Office for Official Publications of the European Communities (available at http://www.europa.eu.int./comm/external_relations/library/publications/06_eu-un_en.pdf, accessed 15 February 2005), pp. 28-32）。なお、EUと国連の関係については、大隈宏「国連とEU」、臼井久和・馬場憲男編『新しい国連』有信堂、二〇〇四年、一九三-二〇三頁参照。

（12） European Union, *Euroean Security Strategy*, *op. cit.*, p. 9.

（13） Sven Biscop, "The European Security Strategy : Implementing a Distinctive Approach to Security," Brussels, Royal Defence College (IRSD-KHID), *Sécurité et Stratégie* No. 82, 2004 (available at http://www.irri-kiib.be/papers/Artikel%20V&S%20ESS.pdf, accessed 4 March 2005), p. 22.「実効的」（effective）とは、コソボの先例におけるような緊急事態にあっては、差し迫った行動が国際法の形式的適用と常に適合するとは限らないことを含意しているとされる（Haine, *op. cit.*, p. 52）。

（14） Antonio Missiroli, "From Copenhagen to Brussels European Defence : Core Documents, Volume 4,"

Chaillot Papers (L'Institut d'Etudes de Sécurité de l'Union européenne), No. 67, 2003 (available at http://www.iss-eu.org/chaillot/chai67e.pdf, accessed 15 February 2005), pp. 106-109.

（15） Martin Ortega, "Beyond Petersberg : Missions for the EU Military Forces," in Gnesotto, ed., *op. cit.*, p. 85, 86.

（16） モラヴチックは、米国と比べた場合にEUが比較優位を有する分野として次の五点を挙げている。第一に通商政策、第二に援助、第三に平和維持・警察部隊、第四に国際的監視への支援、第五にマルチラテラルな正統性である（Andrew Moravcsik, "Andrew Moravcsik" in G. Lindstrom and B. Schmitt, eds, *One Year On : Lessons from Iraq* (*Chaillot Papers*, L'Institut d'Etudes de Sécurité de l'Union européenne, No. 68, 2004) (available at http://www.iss-eu.org/chaillot/chai68.pdf, accessed 15 February 2005), p. 191）。

（17） 庄司克宏『EU法　基礎篇』岩波書店、一九-六三頁。

（18） 庄司克宏『EU法　政策篇』岩波書店、一三一-一四九頁。

（19） 同右、一四一-一五八頁。

（20） この点については、庄司克宏「国際機構の法人格と欧州連合（EU）をめぐる論争」、横田洋三・山村恒雄編『現代国際法と国連・人権・裁判―波多野里望先生古希記念論文集』国際書院、一三一-一六五頁参照。

（21） 遅くとも二〇〇七年までに五日から三〇日間内に任務を実行し、三〇日から少なくとも一二〇日間まで延長できる戦闘部隊を輸送および後方支援等の支援部隊とともに供給する能力を備えることを目標とする。庄司克宏「二〇〇四年欧州憲法条約の概要と評価」『慶應法学』（法務研究科）第一号、二〇〇四年、二一-二三頁。なお、欧州憲法条約の意義については、庄司克宏「欧州憲法条約とEU」『世界』第七三六号、一三一-一四〇頁および「EUにおける立憲主義と欧州憲法条約の課題」『国際政治』第一四二号、二〇〇五年、一八-三二頁も参照。

（22） Ortega, *op. cit.*, p. 86, 87.

（23） この名称は、西欧同盟（WEU）が一九九二年にペータスベルクで行った宣言に由来する。

（24） 植田隆子「欧州連合の軍事的・非軍事的危機管理」『国際法外交雑誌』第一〇二巻三号、九二-一〇頁。植

田隆子「欧州連合の拡大と欧州安全保障防衛政策（危機管理問題）」、植田隆子編『現代ヨーロッパ国際政治』岩波書店、四七–六九頁。植田隆子「欧州連合（ＥＵ）の紛争防止」『ヨーロッパ研究』東京大学大学院総合文化研究科ドイツ・ヨーロッパ研究室、第三号、二〇〇四年、一一七–一三九頁。

(25) European Union, *The European Union and the United Nations: The choice of multilateralism* (COMMUNICATION FROM THE COMMISSION TO THE COUNCIL AND THE EUROPEAN PARLIAMENT), COM (2003) 526 final, Brussels, 10.9.2003 (available at http://www.europa.eu.int./comm/external_relations/un/docs/com03_526en.pdf, accessed 15 February 2005), p. 13.

(26) Antonio Missiroli, "ESDP-How It Works," in Gnesotto, ed., *op. cit.*, pp. 58-63.

(27) Graham, *op. cit.*, p. 10.

(28) European Union, *The European Union and the United Nations*, *op. cit.*, p. 13.

(29) Missiroli, "ESDP-How It Works," *op. cit.*, pp. 63-65.

(30) Graham, *op. cit.*, p. 10.

(31) 植田「欧州連合の軍事的・非軍事的危機管理」、前掲論文。植田「欧州連合の拡大と欧州安全保障防衛政策（危機管理問題）」、前掲論文。広瀬佳一「ＮＡＴＯとの協調か競合か—拡大ＥＵの安全保障・防衛政策」『外交フォーラム』二〇〇四年八月号、五四–五九頁。Biscop, ed, "Audit of European strategy," *op. cit.*, p. 23.

(32) European Union, *EU-UN Co-operation in Military Crisis Management Operations Elements of Implementation of the EU-UN Joint Declaration*, European Council, June 2004 (available at http://ue.eu.int/uedocs/cmsUpload/EU - UN%20co - operation%20in%20Military%20Crisis%20Management%20Operations.pdf, accessed 15 February 2005), p. 4.

(33) European Union, *Joint Declaration on UN-EU Co-operation in Crisis Management*, New York, September 24, 2003 (available at http://www.europa-eu-un.org/articles/en/article_2768_en.htm, accessed 15 February 2005); Jan Wouters, "The United Nations, the EU and Conflict Prevention: Interconnecting the Global and Regional Levels" in Vincent Kronenberger and Jan Wouters, eds., *The European Union*

and Conflict Prevention : Policy and Legal Aspects, The Hague : T. M. C. Asser Press, 2004, p. 388, 339 ; 井上淳「紛争予防におけるＥＵと国連の連繫とその課題」、石川明編集代表『国際経済法と地域協力 櫻井雅夫先生古希記念論集』信山社、二〇〇四年、三六一-三六三頁。

(34) European Union, *EU-UN Co-operation in Military Crisis Management Operations*, *op. cit* ; Wouters, *op. cit*., p. 391, 392.

(35) 植田「欧州連合の軍事的・非軍事的危機管理」、前掲論文。植田「欧州連合の拡大と欧州安全保障防衛政策（危機管理問題）」、前掲論文。

(36) "Civilian crisis management" (available at http://ue.eu.int/cms3_fo/showPage.asp?id=278&lang=EN&mode=g, accessed 15 February 2005).

(37) Gustav Lindstrom, *The Headline Goal* (available at http://www.iss-eu.org/esdp/05-gl.pdf, accessed 15 February 2005), p. 4; European Union, *Civilian Capabilities Commitment Conference 2004 : Ministerial Declaration* (approved by the General Affairs and External Relations Council on 22 November 2004) (available at http://ue.eu.int/uedocs/cmsUpload/COMMITMENT%20CONFERENCE%20MINISTERIAL%20DECLARATION%2022.11.04.pdf, accessed 15 February 2005).

(38) Missiroli, "ESDP-How It Works," *op. cit*. pp. 58-60.

(39) ＥＵの軍事的・非軍事的危機管理については、植田「欧州連合の軍事的・非軍事的危機管理」、前掲論文参照。

(40) 欧州安全保障・防衛政策の最近の動向と分析については、広瀬佳一「欧州安全保障・防衛政策の可能性」『国際政治』前掲、四八-六二頁参照。

(41) Steven Everts and Daniel Keohane, "The European Convention and EU Foreign Policy : Learning from Failure", *Survival*, Vol. 45, No. 3, 2003, p. 181.

(42) Gustav Lindstrom, "On the Ground : ESDP Operations" in Gnesotto, ed., *op. cit*., pp. 119-121 ; Fernanda Faria, "Crisis Management in Sub-Saharan Africa : The Role of the European Union", *Occasional papers*

(L'Institut d'Etudes de Sécurité de l'Union européenne), No. 51, 2004 (available at http://www.iss-eu.org/occasion/occ51.pdf, accessed 15 February 2005), p. 42.

(43) United Nations, *Security Council Resolution 1484* (adopted by the Security Council at its 4764 the meeting, on 30 May 2003), S/RES/1484 (2003); European Union, "COUNCIL JOINT ACTION 2003/423/CFSP of 5 June 2003 on the European Union military operation in the Democratic Republic of Congo", *Official Journal of the European Union*, 11.6.2003, L 143/50.

(44) Faria, *op. cit.*, pp. 39-43.

(45) *Ibid.*, p. 40, 43-51.

(46) European Union, EU-UN Co-operation in Military Crisis Management Operations, *op. cit.*, p. 3, 4; Martin Ortega, "The EU and the UN : Strenghtening Global Security" in Espen Barth Eide, ed., *'Effctive Mulitilateralism': Europe, Regional Securiry and a Revitalised UN* (Global Europe Report 1), London : The Foreign Policy Centre (available at http://www.irri-kiib.be/papers/dec04Global%20Europe%201.pdf, accessed 4 March 2005), p. 20, 21.

(47) この報告書の存在については、広瀬佳一防衛大学校教授から教示頂いた。

(48) Study Group on Europe's Security Capabilities, *A Human Security Doctorine for Europe* (The Barcelona Report), 2004 (available at http://www.lse.ac.uk/Depts/global/Human%20Security%20Report%20Full.pdf, accessed 15 February 2005).

(49) 「人間の安全保障」という語の定義・用法については、初瀬龍平「『人間の安全保障』論の方向性」『京都女子大学現代社会研究』第四・五号、二〇〇三年、八一-九五頁（available at http://www.cs.kyoto-wu.ac.jp/bulletin/4/hatsuse.pdf, accessed 4 March 2005）参照。

(50) バルセロナ・レポートは、介入と国家主権についての国際委員会報告（二〇〇一年一二月）における「保護する責任」（The Responsibility to Protect）を反映したものということができる（The International Commission on Intervention and State Sovereignty, *The Responsibility to Protect*, Ottawa : International

Development Research Centre, 2001（available at http://www.iciss.ca/pdf/Commission-Report.pdf, accessed 5 March 2005)。同報告の紹介については、堤功一「紹介：保護する責任（The Responsibility to Protect）―介入と国家主権についての国際委員会報告（二〇〇一年一二月）」『立命館法学』第二八五号、二〇〇二年参照。

（51） Study Group on Europe's Security Capabilities, *op. cit.*, pp. 7-14.

（52） *Ibid.*, pp. 20-26.

（53） *Ibid.*, pp. 14-20.

（54） EUは、伝統的な国家アプローチとは異なる、非軍事的で信頼性ある実効的な国際アクターになり損ねたと批判される場合もある（Adrian Treacher, "From Civilian Power to Military Actor : The EU's Resistable Transformation," *European Foreign Affairs Review* 9, 2004, p. 66)。

（55） European Union, "Javier SOLANA, EU High Representative for the CFSP, responds to report by Study Group on Europe's Security Capabilities," S0239/04, Brussels, 16 September 2004（available at http://ue.eu.int/ueDocs/cms_Data/docs/pressdata/EN/declarations/81931.pdf, accessed 15 February 2005).

（56） European Union, *EU Written Contribution to the Work of the High-Level Panel on Threats, Challenges and Change*（The General Affairs and External Relations Council at its meeting of 17-18 May 2004 approved the transmission of this paper to the High-Level Panel)（available at http://ue.eu.int/uedocs/cmsUpload/EU%20written%20contribution2.pdf, accessed 15 February 2005); *Report of the High-level Panel on Threats, Challenges and Change, A More Secure World : Our Shared Responsibility,* United Nations, General Assembly, A/59/565（available at http://www.un.org/secureworld/report.pdf, accessed 15 February 2005); Valérie Arnould, "Security in the 21st Century : EU and UN Approaches," paper presented to the Japan-EU Think Tank Roundtable on "Next steps in Global Governance," EPC-NIRA-Japan Foundation, 13-15 January 2005, Tokyo（available at http://www.irri-kiib.be/papers/papJapan-vArnould.htm, accessed 4 March 2005).

(57) William Drozdiak, "Bush Plan Worries Europeans," *Washingtonpost. com*, October 24, 2000, Page A07 (available at http://www.washingtonpost.com/ac2/wp-dyn/A62966-2000Oct23?language=printer, accessed 15 February 2005).

(58) European Union, Press Release : "EUROPE NEEDS A HUMAN SECURITY DOCTRINE-AND A NEW FORCE WITH ONE THIRD CIVILIANS" (available at http://ue.eu.int/uedocs/cms_data/docs/pressdata/solana/040915PreRelBar.pdf, accessed 15 February 2005).

(59) 第一に、ＥＵはテロ対策調整官（Counter-Terrorism Co-ordinator）を設置する一方、米国はブリュッセルに常駐の代表としてテロ対策担当の高官を派遣して緊密な協力体制を整えている。第二に、ＥＵは加盟国間におけるテロ犯罪の共通定義を定めるとともに、テロリズムを含む一定の犯罪を対象として双方可罰性がなくとも犯罪人を引き渡すための欧州逮捕状を導入した（庄司克宏「『自由・安全・司法領域』とＥＵ市民―欧州逮捕状と相互承認原則」、田中俊郎・庄司克宏編『ＥＵと市民』慶應義塾大学出版会、一四三―一六六頁）。これにあわせて、ＥＵは米国との間に司法共助協定および犯罪人引渡協定を締結し、テロリストの捜査・逮捕および引き渡しで協力を行っている。また、ユーロポール・米国協定も締結され、個人情報の相互提供が行われている。第三に、航空機搭乗者氏名記録（ＰＮＲ）に関する協定を米国との間に締結し、同国当局がＥＵ加盟国の領域内に所在する旅客機の予約システムから、米国発着の旅客機のＰＮＲ情報（出国便、帰国便、クレジットカード情報、住所など）に電子的にアクセスすることができるようにしている。また、ＥＵは米国の要求に応じて、加盟国市民のパスポート等にバイオメトリックな特徴（顔貌および指紋）を含める規則を制定している。さらに、米国がコンテナ貨物輸送がテロリストに悪用されるのを防ぐ手立てとして採択したコンテナ・セキュリティ・イニシアティブ（the Container Security Initiative : CSI）への協力も行われている。以上は、筆者が二〇〇四年一二月一一日慶應義塾大学大学院プロジェクト科目「市民の安全と警察に関する比較法的研究」において行った研究報告「欧州連合（ＥＵ）におけるテロ対策法制の進展と現状〔II〕―二〇〇四年三月一一日マドリッド列車爆弾テロ後の対応を中心に―」に基づく。

(60) Toshiya Hoshino, "A Japanese View on the Global Role of the European Union" in Martin Ortega, ed.,

Global Views on the European Union, Paris : L'Institut d'Etudes de Sécurité de l'Union européenne, 2004 (available at http://www.iss-eu.org/chaillot/chai72.pdf, accessed 15 February 2005), p. 91は、米国に対して多国間主義の利点を説得することが日・EUのみならず米国自身にとっても最善であると説いている。

第4章　国連システムの役割と課題

大芝　亮

1　はじめに――加盟国の責任、事務局の役割

グローバル・ガバナンス・システムの担い手には、国際組織、国家、企業、NGO、個人など多様なアクターが存在するが、国連システムはこれらの多様なアクター間の役割を調整し、グローバル・ガバナンス・システムを運営していくうえで、きわめて重要な役割を担っている。そして、この国連システムについては、改革論議が現在進行している。二〇〇四年一二月に国連ハイレベル委員会が改革案を提示し[1]（第III部第1章参照）、さらに二〇〇五年三月、アナン国連事務総長が事務総長案を公表した[2]。

もとより、国連システムは、国連および補助機関、そして国連専門機関などから構成される複合的な存在であり、それぞれはフォーラムとしての活動と事業や調査・分析活動に従事している。国

連の場合には、安全保障理事会（安保理）や経済社会理事会などの理事会や、総会が存在し、専門機関などでも、おおむね同様に理事会と総会が設置されている。ここでの主役はいうまでもなく加盟国政府である。

加盟国のなかで最大の軍事力と経済力をもつ超大国アメリカには、アンビバレントな国連観が存在する。一方において自由・平等・民主主義といった理念を普及させようとする普遍主義があり、国際連盟・国際連合を創設したが、他方において「反国家」主義ともよぶべき思想をもち、その延長として反「超国家」主義も生まれ、国連に制約を受けることを嫌う（第Ⅲ部第2章参照）。

一般に、アメリカ外交は伝統的に国際協調主義と孤立主義の間を揺れてきたといわれる。アメリカの二つの国連観もそれぞれ国際協調主義的傾向と孤立主義的傾向を反映したものである。しかし、国際協調主義＝マルチラテラリズムで、孤立主義＝ユニラテラリズムとは必ずしもいえない。

国際協調主義・孤立主義とマルチラテラリズム・ユニラテラリズムの関係はもう少し複雑で、アメリカのパワーに影響される。すなわち、アメリカが大国のひとつにすぎない時代には、普遍主義はマルチラテラリズムを通じて実現をめざし、また他国からの干渉を避け、超国家的存在による制約を嫌う反超国家主義は、孤立主義政策によってしか実現できなかった。

しかし、第二次世界大戦後、アメリカ自身が超大国になり、特に冷戦後、唯一の超大国になると、目標と手段の組み合わせは変化してくる。アメリカの理念を世界に普及させるという目標は、国連安保理などを活用してマルチラテラリズムを通じて実現することもできれば、アメリカの単独の実力によっても達成することができるようになる。国際協調主義と単独行動主義のいずれの方法でも実現可能となり、二つの選択肢をもつようになった。

他方、他国からの干渉を回避し、超国家的組織からの制約を嫌うという目標についても、わざわざ世界から「孤立」しなくても、実力でもって拒否できるようになった。

現代アメリカのユニラテリズムとは、アメリカの理念の普遍化という目標を、国連等の制約を受けずに、単独行動で実現できるという考え方である。ユニラテラリズムの「ユニ（単独）」には、理念・思想についてアメリカのそれを唯一のものとする側面と、行動について単独で実現できるという、二つの側面がある。敢えて単純化すれば、理念・思想としては、多様性を前提とするグローバリズムに対することば、すなわち反グローバリズムでもあり、行動様式としては反マルチラテリズムであると整理できるかもしれない。いずれにせよ、国連の実効性は、超大国アメリカの政策に大きく依存する。

欧州連合（EU）加盟国は、安保理が武力行使を認める権限を持つ体制をもちろん受け入れている。しかし、安保理決議がなくても条件しだいで武力行使を認めうるかという点はいまだ議論の余地のあるところとする。人道的介入の場合、「事情に応じて例外的に」許されると考えている。さらに、イラク危機に際して、ブレア英国首相は、国連常任理事国による不当な拒否権発動が予想される場合には、安保理を回避し「有志連合」により武力行使ができるという主張を行ったという（第III部第3章参照）。EUから見れば、国連安保理だけが武力行使を容認する唯一の機関ではない。

国連システムにおいて、安保理等における決定は加盟国が行うものである。国連安保理が成果を挙げるとすれば加盟国のおかげであり、ついに失敗し国連は無能だと呼ばれるとしても、これもまた加盟国の責任である。

次に、国連システムを構成する諸機関には、膨大な数のスタッフから構成される事務局が存在し、これがアクターとして、事業活動や調査・分析活動に従事する。事務局は巨大な行政機構であり、官僚機構である。国連諸機関による事業活動はこうした官僚機構により行われる国際行政である。

グローバル・ガバナンスにおける国連システムの体制の役割と課題を考えるためには、国連システムのこの二つの機能を分析する必要がある。審議・決定を主とする国連諸機関の役割については、すでに本部第2章と第3章において、アメリカと国連、およびEUと国連という視点から分析がなされているので、本章では、おもに国連諸機関による事業活動に焦点をあてる。そのうえで、最後に、グローバル・ガバナンスの主要な担い手としての国連システムについて、加盟国との関係における問題、及び国際行政を担う機構としての問題を考察する。

2 「新たな脅威」とは

国連システムはさまざまな脅威に取り組む。ハイレベル委員会報告書では、国際社会が直面する脅威として、貧困・感染症・環境悪化、国家間紛争、国内紛争、大量破壊兵器（核、生物、化学兵器等）、テロ、国際組織犯罪という六つのカテゴリーに分類している。

冷戦期には国家間戦争が最重要問題であると考えられてきた。一九八九年以降、冷戦が終結に向かうと、大国間での直接的な戦争の可能性は遠のき、今後は、テロ、麻薬、エイズ、そして貧困や環境破壊などの非軍事的な「新たな脅威」に国際社会が一致して取りくむことになるだろうといわれた。

しかし、一九九〇年代には、旧ユーゴスラビアやソマリアやルワンダなどで紛争・内戦が勃発し、エスノ・ジェノサイドなどの悲惨な状況が生まれるようになった。国連は予防外交、平和創造（形成）、平和維持活動、そして平和構築に追われることになった。また、軍事力行使の問題はなくなるどころか、ボスニアやコソボでは北大西洋条約機構（NATO）による空爆が行われた。果たして人道的目的のために軍事介入することは許されるのか、という人道的介入の問題は、再び活発に議論されるようになった(3)。

そして、二〇〇一年九月一一日、アメリカ合衆国において同時多発テロが起こった。情報・技術や経済、そして人権のグローバル化が喧しく議論されていたが、同時並行的に、テロ組織のグローバル化も進展していたのである。同時多発テロの実行責任者と判断されたオサマ・ビン・ラディン率いるテロ組織のアル・カーイダは、突然行動を起こしたわけではなく、一九七九年以来、内戦状態の続いていたアフガニスタンに活動拠点を置き、一九九〇年代に再三、反米テロ活動を行っていた。「新たな脅威」を構成する極端な貧困や麻薬、そしてテロなどは相互に結びついて脅威を生み、しかも、その脅威はテロ手段の組織化、グローバル化により、グローバル化していたのである。

3　国連の反応、アメリカの対応

一九九〇年代に、すでにテロをはじめとして、エイズや麻薬、そして貧困や環境破壊などは「新たな脅威」として注意を喚起されていたにもかかわらず、国際社会はなぜこうした警告に適切に対処できなかったのだろうか。国連は、アフガニスタンについては、一九九〇年代にしばしば「新たな脅威」が深刻であると警告を発してきた。そして、二〇〇一年五月には、アフガニスタンに大規模な国際援助が投入されない場合には一〇〇万以上の人々が飢饉に遭遇するとの予測を発表している。しかし、国連の安保理や総会ではアフガニスタンへの「人道的介入」は真剣には検討されなかった。そして、同年九月一一日、同時多発テロが勃発した。

たしかに、国連安保理では、ボスニアやコソボなどで激しく展開する民族紛争への対応に追われていた。事務総長もまた、この問題に関心を集中させていた。そのために、国連事務局が発した、アフガニスタンについての警告は、緊急度の低い問題としてしか見られていなかったということだろうか。

かつて、国連による予防外交が注目をあびていた時、早期警報の必要性が多くの人から主張された[4]。しかし、アフガニスタンの事例をみると、現実には、早期警報がなされながら、安保理はこれに迅速には対応しなかったのである。早期警報のシステムが未発達であったというよりは、むしろ早期警報を活かす姿勢が欠如していた。国連システムの改革により改善される問題というよりも、基本的には加盟国自身の態度・姿勢の問題といえよう。

国連と国家間システムの限界が九月一一日同時多発テロ以降、戦争は主権国家と主権国家の間で起こるというよりは、むしろ、今後は、グローバル化している国際社会とグローバル化しているテロ組織との間で展開されることが増えるといわれるようになった。テロに限らず、エイズや麻薬などの「新たな脅威」は必ずしも国境にとらわれることなく広がっていく。従来の国家安全保障という見方や政府間組織としての国連では、「新たな脅威」に効果的に対処できないのではないかという疑問が高まる。

イラクの状況はアフガニスタンの場合とは違っていた。湾岸戦争後、イラクに対しては国連および国際原子力機関（IAEA）による査察が行われていた。また、経済制裁としてイラクの石油輸出には制約が課せられ、「石油・食糧交換計画」というプログラムのもとに、国連はイラクの石油生産を管理していた。

しかし、イラクが査察に対して非協力的な態度をとり続け、イラクでの大量破壊兵器開発の疑惑が高まった。米国は9・11同時多発テロから、「介入するならば早期に」という教訓を得ていたために、イラクへの先制攻撃論が強力になっていった[5]。そして、安保理決議のないまま、少数の有志連合により武力行使が行われた。

4　中長期的視野に立った取り組み

テロや大量破壊兵器の拡散という脅威に対して米国を中心に武力による対応が取られ、国連もこれを追認してきた。しかし、国連ではより中長期的な視点に立った、もうひとつのアプローチも採られてきた。それは、「新たな脅威」をも対象とする新しい安全保障観の提示であり、また復興支援や民主化支援など、平和構築の活動である。

(1) 新しい安全保障観の提示

アマルティア・センと緒方貞子を共同議長とする「人間の安全保障委員会」は、二〇〇三年にその最終報告書を公表した。(6) そこでは、「恐怖からの自由」とともに「欠乏からの自由」もまた、人間の安全保障を確保するために不可欠であるとする。軍事的脅威だけでなく、極端な貧困や人権侵害、そして地球環境破壊などの非軍事的脅威もまた重要であるとの見方は広く理解されていることであるが、この委員会は、両者が切実なほどに結びついていることを強く訴える。そして、この安全保障観に基づいた国連システムの改革を提案し、また、包括的アプローチをとることから論理必然的に、国連システムだけでなく、他の国際機関、市民社会とNGO、さらには企業とも連携したグローバル・ガバナンス・システムの改革を議論する。

もとより「人間の安全保障」とは広い概念であるために、さまざまな文脈や目的に応じて使われる。一九九四年に国連開発計画(UNDP)がはじめてこの概念を打ち出したとき、それは「人間開発」と対応させて理解するものであった。(7) その後、カナダのアクスワージー外相もカナダの国連政策を特徴づけるために、この概念を強調する。さらに一九九七年には、日本の小渕恵三外相(当時)もまたこの概念を掲げる。そこで小渕外相は、日本も人間の安全保障の理念を共有することを主張した。もっとも、この安全保障観に従えば、安保理の対象には伝統的な軍事的問題だけでなく、非軍事的脅威への対応も含まれることになり、これまで政府開発援助(ODA)などを通じて「欠乏からの自由」を支援してきた日本は安全保障問題に貢献してきたと主張できるという読みがあることも否定できない。

ハイレベル委員会では、六つのタイプの脅威を掲げ、やはりそれらが相互に結びついているために包括的なアプローチで取り組む必要性を述べている。

(2) 平和構築活動による対応

①復興支援

人間の安全保障という安全保障観では、「恐怖からの自由」と「欠乏からの自由」は一体であり、両者は同時に追求されなければならない。国連システムの諸機関が相互に協力しあうことが必要になる。しかし、国連専門機関間の管轄権や活動の調整は、国連創設以来くりかえしその必要性が叫ばれつつ、実現できていない困難な問題でもある。現在も、平和維持活動、人道支援、復興支援、開発援助を単線的に考えるのではなく、むしろ適宜、同時並行的に進める必要があるとしばしば指摘されており、国連諸機関は、平和構築の過程で、試行錯誤をくりかえしながらこの課題に取り組んでいる。

復興支援とよばれる活動領域では一般に次のような課題があるといわれる。まず、地雷除去や武装解除・武器回収などの物理的障害の除去である。国連ＰＫＯがおもに取り組む活動であるが、武装解除・武器回収を効率的に進めるために、世界銀行などの協力を得て、武器と金銭・食糧の交換などの方法にも取り組んでいる。次に、市場メカニズムの導入や復員兵士・難民の雇用対策などを通じた社会・経済的障害の除去である。市場メカニズムの導入には、なによりも民法や商法などの制定が必要であり、先進諸国政府は法整備支援に乗り出している。また、元兵士に職業訓練を供与し、雇用機会を確保することにより、ふたたび戦闘集団に戻ることを防ごうというもので、社会不安を取り除くために不可欠な取り組みである。平和維持活動、国連難民高等弁務官事務所（UNHCR）、そしてUNDPなどの協力が必要である。

次に、民主主義に基づき、ガバナンスの優れた政府造りも重要な課題である。この点は後述する。最後に、心理的障害の除去である。個々人の有する戦争中のトラウマをいかに克服していくか。旧ユーゴスラビアをはじめ、モザイク模様に諸民族が入り組んで生活していた多民族国家では、かつての隣人同士での殺戮も行われたために、この問題は深刻であった。また、どのようにして戦争犯罪を処罰し、内戦の歴史を次世代に伝えるのか。和解と記憶の問題でもある。

以上が復興支援の一般的課題として指摘される点であるが、現実には個々のケースにより、それぞれの課題が両立しないこともある。たとえば、アフガニスタンでは、戦闘集団を武装解除し、それに代わる国軍を創設すること国造りのために急務であるが、米国は、対テロ戦略という視点から、これらの戦闘集団から得られる情報を重視し、その結果、軍閥がいまだ強力なまま残っているといわれる。イラクでは石油・食糧交換プログラムで国連のスキャンダルが発覚し、国連のガバナンス自身が問題になっている。

②民主化支援

アフガニスタンでは二〇〇四年一〇月に大統領選挙が行われ、またイラクでは二〇〇五年一月に国民議会選挙が実施された。

占領行政あるいは暫定統治に終止符をうち、独立政府を選挙に基づいて形成する。軍事力によるテロ対策は報復を招くだけであり、それゆえ、やはり選挙の実施を通じて民主化への歩みを始めることがテロ対策として必要なことである。

もっとも国連による民主化支援は選挙支援に限定されるわけではない。まず、民主的な国際規範形成のための国連活動がある。世界人権宣言や国際人権規約をはじめ、人種差別撤廃条約など民主主義の規範に則した宣言・決議が採択され、これらは国連加盟各国において法制化されていった。また、人権委員会がこの領域で果たした役割は重要である。(8)

もちろんこれらはいずれも人権に関する規範であって、民主主義という政治体制の正統性に関する宣言・決議ではない。国連では、内政不干渉原則との関係から、民主主義という政治体制だけを前面に打ち出すことができないために、いわば迂回的に、人権などの他の規範の浸透を通じて民主主義規範の浸透を図っていったのである。

地域的国際機関はこの点で国連よりもむしろ明確な方針を掲げている。米州機構(OAS)憲章(一九四八)や欧州連合(一九九二)、そしてアフリカ連合憲章(二〇〇〇)などでは民主主義を規範として掲げ、非合法的な政権転覆が起こった場合、米州機構や欧州連合はそのメンバーシップを停止するデモクラシー条項を定めている。さらに、地域的国際機関への加盟の際にもこのデモクラシー条項は適用される。メンバーシップという点から、体制移行国の民主化努力を応援している。

次に、国連は、黙示的にではあるが、社会経済構造の民主化にも取り組んできた。それは大土地所有制度の是正や農村金融の変革などの社会経済構造の改革がなければ、政治的民主化も困難であるとの考え方に基づくものであった。ベーシック・ヒューマン・ニーズ戦略には、世界銀行や国際労働機関（ＩＬＯ）が、被援助国の政治体制の改革に直接には取り組めないために迂回的な戦略として打ち出したという側面もある。さらに、ガバナンスの重要性が強調されるようになると、内政不干渉原則を遵守しているとはいえ、いよいよ行政的要因にまで国際システムの諸機関が関与するようになった。

以上の時期を経て、冷戦後、民主主義の「普遍性」が主張されるようになると、国連は選挙支援を中心に、いよいよ一連の民主化支援活動を本格的に展開する。国連事務局政治局に選挙支援ユニットが設立された。ＰＫＯの一環として選挙支援が行われる場合もあれば、ＰＫＯの展開はないものの、国連が選挙支援に取り組む場合もある。後者の場合には、自由で公正な選挙の実施がなければ経済援助も見直すという、先進諸国政府援助機関の政治的コンディショナリティ政策の後押しを受けている。ＵＮＤＰは選挙行政の技術援助を行う。さらに、世界各地で国連のほか、ＮＤＩ（National Democratic Institute）、欧州安全保障協力機構（ＯＳＣＥ）、米州機構、ＮＧＯなどが選挙支援に取り組んだ。

しかし、民主化支援といいながら選挙支援だけでよいのか、国連という外部勢力による民主化支援で民主主義は定着するのか、さらにそもそも紛争終結後に選挙を実施することはかえって民族対立を助長するだけではないのか、などの疑問も提起された。

こうした問いかけもあり、国連の選挙支援活動には修正が施され、またこれを補足する活動も行われるようになった。まず、選挙の実施だけが民主化なのかという疑問に対して、九〇年代後半には選挙制度や政党といった政治制度の確立だけではなく、より長期的ではあるが、市民社会の発展や育成にも関心が向けられるようになった。

次に、選挙支援の「内発性」についても一九九〇年代後半には対応策がとられた。一九九〇年代前半までは外部から大規模な選挙監視団を招請することが目立ったことに対して、一九九七年に、アナン国連事務総長は、国際的団体ではなく国内団体が主体となって選挙支援を展開する方針を述べ、そのために政府からの要請があれば、特定政党と関係をもたない市民グループに対して国連が選挙監視のための研修やアドバイスを提供する方針を掲げた。

最後に、選挙は多数派支配を正当化するだけであり、紛争終結直後の選挙の実施にはタイミング的に疑問があるとの批判は、実務のレベルでも、研究者の間からも提起された。たしかに、アンゴラでは、一九九二年に選挙を実施したが、敗北した側はこれを受け入れず内戦が再発した。また、選挙により多数派支配を正当化し、少数派に対する差別政策を実施した例も少なくない。ソ連（当時）から独立を回復したバルト三国では、国籍法制定において、今度は逆に少数派となったロシア人に対して、ロシア人が市民権を得るためには、エストニア語とその歴史の試験に合格しなければならないという差別的措置を盛り込んだ(9)。この件はＯＳＣＥの迅速な介入により是正措置がとられたが、多民族国家の場合、選挙の実施は多数を占める民族グループの偏狭なエスノ・ナショナリズムを助長しかねないことを示すことになった。「新たな脅威」の根源を断つには、選挙の実施だけに目を奪われず、同時に少数派への保護措置を適切に実施していくことが肝要である。

さて、以上のような経緯を経て紛争終結国に、民主化支援が提供され、また経済的には市場主義の導入が図られる。しかし、国連による復興支援・民主化支援はいつ終わるのだろうか。いつまでも国連への依存状況が続くならば、これは「国連による新たな信託統治」ではないのか、という新たな問題が登場する(10)。たとえば、ボスニアでは、国家安全保障はNATOに、そして経済政策は国連スタッフに依存したままである。

5　国連システム改革による対応

国連は国家間組織として設立され、国連憲章は国家間戦争への対応として集団的安全保障構想を明記した。その集団安保構想は実現していないが、トランス・ボーダーな「新たな脅威」に対して、国連が政府間組織としての性格を強く残したままでは対処できない。グローバルな機関としての国連に変革する必要があり、それゆえに、グローバル・ガバナンスのなかの国連システムの役割を問うことが要請されている。このような視点に基づき、ハイレベル報告書および事務総長報告を考察する。

(1) 安保理の組織改革

国連において国際社会の平和と安全の確保の問題は基本的に安保理の管轄事項である。安保理のみが正当な武力行使を決定できる権限を有するのであり、国連はこの点で正統性の源泉と考えられている。しかし、果たして現在の安保理はこのような重大事項を決定するのにふさわしい正統な機関だろうか。

一九九〇年代初期には、英国は、「問題なければ修復する必要なし」としたが、日本やドイツはもっぱら財政負担と地位（およびそれに付随するパワー）のアンバランスを問題視した。また、一九六五年に非常任理事国数を六から一〇に増加させて以来、加盟国数の増大にもかかわらず安保理構成国数は増えておらず、公平な代表という点で問題があるという見方も提示された。さらに、冷戦後は拒否権の行使は減ったとはいうものの、アメリカは、コソボでは中国の拒否権行使を恐れ、イラク戦争ではフランスが拒否権行使を表明したことから、安保理での決議を回避した。

このようななかで、二〇〇四年一二月、国連ハイレベル委員会による国連改革に関する報告書『より安全な世界へ――われわれが共有する責任』が公表された。同報告書は、安保理改革について、常任理事国を六カ国（拒否権なしでアフリカ二、アジア二、欧州一、米州一）増やす「A案」と、四年任期で再選できる準常任理事国を新設する「B案」の両論を提示した（第III部第1章参照）。日本政府はいうまでもなく、「A案」を主張している。そして、今年三月、アナン国連事務総長は、期限付きで安保理の改革をよびかけた。拒否権はその存在自体が論議の的であるが、加えて、決議案を提出しようと考えている国から見ると拒否権を行使されることが予想される時、それならばいって安保理を回避してしまおうとなり、結果として安保理軽視につながっていることにも注意すべきだろう。

(2) 安全保障へのアプローチの変化

同報告書は、「新たな脅威」への対応という点で、従来の国連の安全保障問題へのアプローチに修正を施している。まず、現在では、さまざまな脅威は相互にリンクしあっているとのべ、テロや内戦の問題と極端な貧困などの問題を包括的に扱うことが必要であるとして、人間の安全保障観の共有を宣言する。

次に、同時多発テロにより、テロの脅威が一過性のものではなく、国際社会は常にその脅威にさらされているとする。そして同報告書は、「攻撃が差し迫っている場合」と判断される場合には、先制攻撃を含め国家の自衛権を行使できると述べている。先制攻撃の是非については、イラク戦争開始における重要な争点であり、また正戦論においても繰り返し議論されてきたテーマでもある[11]。条件つきとはいえ、先制攻撃の正当性を確認し、従来の戦争観を変化させている。

さらに同報告書は、大量破壊兵器拡散の危険性を強く訴え、国家もしくは国際テロ組織などの非国家主体による核兵器攻撃の危険を抑えるために、国連は早急な対応策をとることが必要であると主張する。

このようにハイレベル委員会はテロの脅威や大量破壊兵器拡散の危険性に対して先制攻撃を含め、果断な行動をとることを容認する方向を示しているが、疑問も感じる。そもそも加盟国の間でテロとは何かの定義ができていないという根本的な問題が存在している。テロの定義のあいまいさを考えると、対テロ政策としての先制攻撃には安全保障常任理事国の恣意的判断が大きく入り込む余地がある。このような状況のまま、果敢な行動を認めることはきわめて危険である。大量破壊兵器の拡散についてはいうまでもないが、拡散を先制攻撃容認論で抑制しようとする考え方は、核兵器国が責任を果たさない限り、果たして非核兵器国に受け入れられるかどうかは怪しい。

(3) 国連ガバナンスの改善

国連改革となると、安保理の構成メンバーに話題が向きがちであるが、安全保障理事会や事務局のアカウンタビリティーおよびトランスペアレンシーを改善していこうとする動きもある。国連システムを構成する諸組織のガバナンスの改善をめざすものである。このアプローチの重要性は、イラクにおける「石油と食糧交換計画」における腐敗問題が顕在化して、この問題の深刻さはいっそう強く認識されるようになった。

石油・食糧交換計画は、一九九一年の湾岸戦争後に始まる。国連はイラクに対する制裁措置として、イラクの合法的な石油売却はすべて石油・食糧交換計画で管理することとした。石油輸出を食糧、医薬品、その他の民生品を購入する費用を得るためにだけ認めるというものである。二〇〇三年のイラク戦争後、安保理決議一四八三に基づき、戦争中はいったん停止していた石油・食糧交換計画が再開され、イラク国民のための食糧と必需品を中心に物資を購入した。二〇〇三年年一一月、この計画は終了し、残った資金は連合当局が管理するイラク開発基金に移されることになった。

この石油・食糧交換計画において、国連のスタッフが関連企業から多額の賄賂を受け取っていたという疑惑が発覚した。特に、アナン事務総長の息子もこの疑惑に関連していたため、国連に対する信頼は低下し、事務総長に対しては辞任要求も出された。

国連では調査委員会が設けられ、また米国議会も独自の調査委員会を設けた。二〇〇五年二月、国連調査委員会（P・ボルカー委員長）は、暫定報告書を公表し、同プログラムの責任者である国連職員が特定企業に石油販売権を割り当てるようにイラク政府に要求したことを明らかにし、「倫理的に不適切な行為で国連の威信を傷つけた」と批判した。さらに、ガリ前事務総長の親族もまた、この事件になんらかの関わりのあることも判明してきた。

「新たな脅威」は広範囲の内容であり、それゆえ、「新たな脅威」への対応として、国連は、経済制裁や復興支援など、経済的利害の大きな活動にも関わるようになってきている。国際行政の範囲は従来よりも拡大し、その分、利権もまたかかわるようになり、腐敗を防止する必要性が高くなった。いよいよ国連システムの諸組織のガバナンスが問われるようになってきている。

注

（1）Report of the Secretary-General's High-level Panel on Threats, Challenges and Change, *A more Secure World : Our Shared Responsibility*, United Nations, 2004〈http://www.un.org/secureworld/〉.

（2）Kofi Annan, "In Larger Freedom : Towards Development, Security and Human Rights for All"〈http://www.un.org/largerfreedom/〉.

（3）日本国際連合学会編『人道的介入と国連』二〇〇一年、国際書院。最上敏樹『人道的介入―正義の武力行使はあるか』岩波書店、二〇〇一年。

（4）Kumar Rupesinghe, Michiko Kuroda, eds., *Early Warning and Conflict Resolution*, Palgrave Macmillan, 1992（吉田康彦訳『地域紛解決のシナリオ―ポスト冷戦時代の国連の課題』スリーエーネットワーク、一九九四年。納家政嗣『国際紛争と予防外交』有斐閣、二〇〇三年。

（5）本書、第II部第4章田中論文。

（6）『安全保障の今日的課題』（人間の安全保障委員会報告書）、朝日新聞社、二〇〇三年。

（7）勝俣誠編『グローバル化と人間の安全保障―行動する市民社会―（NIRAチャレンジ・ブックス）』日本経済評論社、二〇〇一年、第III部第4章参照。

（8）本書、第III部第1章横田論文。

（9）吉川元「OSCE予防外交と共通の安全保障」『修道法学』第一九巻第二号、一九九七年三月、三三三―三七一頁。

（10）橋本敬市「ボスニア・ヘルツェゴビナにおける和平プロセス―国際社会による強権的介入」『国際問題』二〇〇三年七月、二一―四〇頁。

（11）Michael Walzer, *Just and Unjust Wars*, New York : Basic Books, 2000.

提言　新たな国際秩序を求めて

Ⅰ　グローバル・ガバナンスとアメリカ

久保文明

世界の平和と安全を脅かす脅威は、国連が創設された六〇年前と比較すると、また冷戦が終結した約一五年前と比較しても、大きく変容している。とりわけ9・11米国同時多発テロ事件の発生は脅威の変化を痛感させた。9・11の衝撃は米国に「対テロ戦争」という戦時意識をもたせ、圧倒的軍事力を持つ米国主導の下でアフガニスタン戦争、イラク戦争が開始された。

しかし、米国がイラクに対して先制攻撃を行った根拠は、少なくとも結果的には必ずしも十分でなかったといわざるをえない。また、イラクの占領統治あるいは安定化の作業も、米国だけでは順調に達成できずにいる。二〇〇五年に三回行われたイラクでの選挙が、すべて事前の予想以上に平穏に行われたために、今後イラク情勢は大きく変わっていく可能性は存在する。また、米欧関係も今後ある程度修復されるであろう。にもかかわらず、単独行動主義的にイラク戦争を開始したブッシュ政権に対する批判が、いまだに米国内外において残存していることも否定しがたい。ただし、今後もテロの脅威は存在し続ける。

他方で、アメリカの政治・外交の最近の変化は、単に冷戦終結など国際的環境の変化の従属変数として起きたわけではなく、アメリカ国内に根ざし、アメリカ固有の論理に起因した変化も存在する。このような側面にも十分注意を払う必要がある。

1　9・11同時多発テロ事件後のアメリカに何が起きたのか

なぜアメリカが、アフガニスタン攻撃、さらにはイラク攻撃に踏み切ったのか。アメリカに対して何を提言するにしても、まずそれを理解する必要がある。

(1) アメリカの「対テロ戦争」の背景

9・11同時多発テロ事件はアメリカ国民に大きな精神的打撃を与えた。アメリカがテロリストによって狙われており、またその攻撃に対して脆弱であることも、アメリカ国民自ら思い知らされた。アフガニスタンでの軍事作戦には、次の攻撃を阻止する「自衛のための戦争」という側面がある。また、9・11の再発防止が、ブッシュ政権の、そしてある意味でアメリカ全体の最優先政策となった。ブッシュ大統領はこれをアメリカに対する全面的「戦争」と位置づけ、「対テロ戦争」の名の下にアフガニスタンを攻撃した。

次いでブッシュ政権は、国連の査察を拒否し、大量破壊兵器を保持していると思われ、さらにアル・カーイダなどのテロリスト集団と深い関係をもつと考えられたイラクに対する武力行使に着手し、イラク戦争にも踏み切った。

この背景には、伝統的に外交を担ってきた共和党内穏健派・国際派の政治的影響力が低下し、経済的に興隆する米国南部、南西部、西部を基盤とする保守勢力の政治的影響力が共和党内部で増していることがあり、ブッシュ政権の単独行動主義的政策を後押しする要因ともなっている。現在、共和党内では保守派が圧倒的な影響力をもっている。国内政策での保守は、同時に外交政策でも強硬な政策を支持する傾向がある。また、民主党・共和党それぞれが内部で同質化し、その分両党のイデオロギー的違いが明確になった。共和党では内政でも外交でも保守派が圧倒的に優位に立ち、政策形成の主導権を握るに至った。現政権の基盤もレーガンの流れをくむ保守派にある。その外交思想の基本は、「力による平和」(peace through strength) であり、軍事力の有用性を積極的に評価する立場にある。しかも、近年は道徳的問題を重視する宗教保守派が党内の重要な支持基盤となったために、新保守主義者による道徳的な外交論は、これまでにないほど共和党内部で支持される傾向にある。湾岸戦争における圧倒的な勝利が軍事的能力に対する信念を復活させる一方、親米民主主義国イラクの誕生はイラクの内外から歓迎されるだろうという新保守主義者の「主張」も、9・11事件以降、イラク戦争開戦前には相当の影響力をもっていた。

(2) テロ攻撃防止への最大限の協力

国連とNATOなどを筆頭に国際社会がアフガニスタン攻撃を支持したように、9・11事件は日本としても断じて許してはならない行為であると位置づける必要がある。日本はこの脅威を真摯に受け止め、その防止策に最大限協力する必要がある。また9・11のようなテロ攻撃が再発した場合には、実行グループの除去にあたっても、日本の憲法の範囲内で最大限協力すべきである。日本にとっては、これは同盟国が現実に攻撃されたことを意味するのであり、その意味では、日米同盟の本質、精神が問われている問題であると自覚する必要がある。

しかし、アフガニスタン攻撃では米国を支持した国際社会も、イラク戦争では開戦前から米国の方針への反対意見が表明され、さらに戦後には、戦争の大義でもあった大量破壊兵器が見つかっていないこと、主要戦闘終了宣言後も治安の悪化が続いたことなどから、米国の対イラク戦争への批判をいっそう強めているとともに、米国内でも大きな争点となった。

(3) 国際協調の要請

アメリカに対しては、9・11型の攻撃に対応するにあたっても、可能な範囲で国際社会に広く協力を求めるよう訴えるべきであろう。これはアメリカが武力攻撃を受けた後に自衛権を行使することを否定するものでは決してない。しかし、とくにイラク戦争のような、テロとの関連が薄いか疑わしいと思われる場合における先制攻撃においては、より慎重なアプローチを求めざるをえない。とりわけ、ブッシュ政権のいう先制攻撃に現実に着手するにあたっては、対象となる国や集団が自国にとって、早期の攻撃以外に防止することが不可能な、真に切迫した現実的脅威であることを、国際社会に説得力のある形で証明する、いわばきわめて重い挙証責任が攻撃国に対して課されていることを国際社会の規範とすべきであろう。

ただし、イラク戦争には、イラク自身による国連の査察への非協力とより露骨な妨害という問題もあった。これを一九九〇年代後半に放置しておいたのは、国連自身の問題でもある。そもそも、湾岸戦争停戦の条件としてイラクに課せられたのが、国連による査察であった。アメリカの国際法学者には、もし停戦条件をイラクが破れば、停戦以前の状態、すなわち戦争状態に戻るだけである、との意見があったのもまったく理由無しとはしない。G・W・ブッシュ政権が大規模な軍事的動員を行って、ようやくイラクは、少なくとも以前より査察に応ずるようになった。この経緯も的確に認識しておくべきであろう。また、必ずしも侵攻を全面的に正当化できる根拠ではないものの、サダム・フセインの体制がきわめて残虐な独裁体制であったことも事実である。一〇〇%クロ・シロの議論がしにくい部分があることも確かであろう。また、国連は国際的正統性の根拠でもあるが、同時にこの例にも見られるように、自らの決議を独力で執行する力を、そして時にはその意思をも、持たない機構であることも、認識しておくべきであろう。

またアメリカには、政権によって大きなぶれや揺れのない長期的で一貫性のあるテロ対策の策定と実行を提言すべきであろう。大量破壊兵器の移動や流出に対しての監視を強めること、テロリストの拠点となるような破綻国家の登場をより早期に防止する努力、大量破壊兵器開発の試みを早期に発見し、断念させることなどを、国連や同盟国などとともに協力しながら、地道にかつ長期的観点から進めることが必要と思われる。

2　アメリカとグローバル・ガバナンス――武力行使はどこまで認められるのか

アメリカは圧倒的軍事力を保持しており、その意味で今日のグローバル・ガバナンスをアメリカ抜きで語ることはできない。しかし、問題はそのアメリカの対外政策が大きく変化していることである。アメリカはG・W・ブッシュ政権のもとで、単独行動主義の傾向を強めた。一方、米国の軍事戦略も、脅威とする対象が、冷戦期のソ連から、ならず者国家（イラク、イラン、北朝鮮）、さらには国際テロ集団へと大きく変化する中で、本土防衛戦略へと転換している。ブッシュ政権は、先制攻撃を国家安全保障戦略として唱え、9・11事件後には、自衛のためとしてアフガニスタンに対する攻撃と、イラクに対する先制攻撃を開始した。

国連ハイレベル・パネル報告『より安全な世界へ――われわれが共有する責任』では、一定の条件の下に先制攻撃を容認しているが、今後のさらなる混乱をさけるためにも、先制攻撃の容認については、国際法の観点を含め、より一層厳密な検討が必要である。

(1)　武力行使の国際規範の再構築

「テロの時代」の下では、国際社会が軍事的介入を行う際の国際的な規範を再構築する必要がある。テロ攻撃の最大の脅威は、いつ、どこで、どのような態様の攻撃が行われるかについて、きわめて予想がつきにくいことである。テロ攻撃を事前に食い止めることは容易でない。しかもひとたび攻撃がなされてしまうと、9・11事件のように、もしくはそれ以上の膨大な被害を出してしまう蓋然性が高い。冷戦状況と異なり、相互抑止などの論理が働かないため、テロリストがアメリカに対して今後もさらに攻撃を行う可能性は高い。これをいかに阻止するかは、当面はアメリカにとって、また日本など他の国々にとっても、きわめて重大にして深刻な課題である。テロ攻撃後の、事後的な武力行使に際し国連安保理決議をはじめとする国際社会の合意を得ることはさほど困難でないと思われるが、問題は先制攻撃の場合である。どのような場合に国際社会として、あるいは国連として、先制攻撃を許容するかというルール作りが、急がれる課題である。これに速やかに取り組まない限り、米国と国連間の相互不信は一層増幅するばかりであろう。

(2) 先制攻撃に不可欠な国際社会の合意

国連憲章において各国が武力行使を許されるのは、自衛および集団行動のためだけであるが、その一方大陸間弾道弾への対処の必要性が強まるなど、自衛をめぐる国際環境は大きく変わっている。自衛権の行使を国際社会がどこまで容認すべきかについて、掘り下げて議論していく必要がある。

先制攻撃の容認については、国連安保理の事前の許可がある場合、大量破壊兵器の存在とそれが現実に当事国に使用される可能性を明確に証明できる場合などに限定するなどして、より厳密に検討し、乱用を避けるべきである。しかし、仮に真に切迫した脅威がアメリカにとって存在し、先制攻撃の必要性をアメリカが強く感じたとしても、国連の対応が緩慢であり、たとえば、ひたすら議論を続けているだけという姿を見せるならば、国連と米国の溝はさらに深くならざるをえない。米国政府としても、真に切迫した脅威が現存すると確信すれば、単に座して攻撃を受けるよりは、国連安保理の許可無しで先制攻撃に訴えざるをえないであろう。これは、米国だけでなく、同様の状況に置かれた国であれば、同じような行動をとる可能性が高い。

国連ハイレベル・パネル報告は、切迫した脅威に対する先制攻撃は許されるが、切迫していない脅威に対する予防攻撃は不可とする。しかし、切迫しているかどうかの判断基準は明確でなく、この区別に基づく武力行使の合法、違法の判断は、最終的には個別の事例ごとに、個々の国家の主観に依存せざるをえない面がある。

また、国連憲章五一条は実際に武力攻撃があった場合の自衛権の行使を容認しているが、武力攻撃前の先制攻撃、予防攻撃は五一条で許された自衛権ではない。テロ攻撃に対処するのに、これらの既存の枠組みで十分であるかどうかの問題が存在する。とくに「切迫した脅威」の概念は、今日、古典的戦争の時代とは根本的に異なってきていることに十分留意すべきである。

(3)　大量破壊兵器の査察の促進

限界はあるものの、大量破壊兵器の国際査察をさらに強化し、また活用することが勧められる。規範構築の段階を卒業し、人材や技術などの具体的なオペレーションを実施するための議論を開始すべきである。国際原子力機関（IAEA）のような国際機関による核物質や核技術に対する管理体制の強化が望まれる。アメリカもこれを支えるべきであろう。

また、大量破壊兵器の不拡散は重要な課題である。現状では北朝鮮やイラクなどの大量破壊兵器輸出入に限定されている拡散に対する安全保障構想（PSI）などの試みを強化し、また国連決議など国際法的裏づけを与えることにより、さらに普遍的な活動として強化していくべきであろう。拡散に対する安全保障構想は、国連の枠組みの外で、いわば有志連合的に組織されたメカニズムであるが、高い実効性を期待することができる重要な試みである。

(4) 国際テロに対する連携強化

アメリカを中心とした国際テロに対する国内および国際的な犯罪捜査の連携強化が必要であろう。そのための制度構築、法整備、情報共有、人的交流、共同訓練、国際裁判所の活用を提言したい。テロの資金源を絶つこと。たとえば、サウジアラビアからジェマ・イスラミアをはじめ、フィリピン、タイ、インドネシアなどに大量の資金が流れており、早急な対応が必要である。匿名による口座開設、送金の取り締まりなど、国際金融管理体制の整備が必要である。アメリカはこの試みの中心となるべきである。また、テロの資金源となりやすい麻薬取引や、ダイヤモンド取引を通したマネー・ロンダリングなどを国際的に取り締まる必要がある。アメリカを中心として、国際犯罪捜査に対応した人材育成と国際犯罪情報ネットワークの構築を急ぐべきである。

3 グローバル・ガバナンスのための連携強化――そのアクターとしてのアメリカへの期待

今日のグローバル・ガバナンスがアメリカ抜きで語れないことは明らかであるが、9・11事件後の世界は、アメリカの力――それがいかに強力であろうと――に限界があることを改めて示している。アフガニスタンでは大統領選挙・議会選挙を終え安定化に向かうことが期待されつつあるが、それでも、アメリカが一度は公表した「アフガニスタンのためのマーシャル・プラン」について言えば、その名に値する支援はまだアメリカから提供されていない。イラクの現状は、米国主導の軍事的介入の後、依然として安定したガバナンスが提供できない中で、今後の治安の確保、復興を図っていくためには、国連はじめ国際社会との連携協力が必要であることを示している。

(1)　アフガニスタンとアメリカ

アメリカがテロの脅威に立ち向かうにあたり軍事力に依存せざるをえない状況があることは確かであり、国際社会も、たとえばアル・カーイダに対する掃討作戦などは積極的に支援する必要がある。そもそも、タリバン政権が、ビン・ラディンらの引渡しを拒絶したことは問題であり、国際社会、国連、あるいは近隣のイスラム諸国は、タリバン政権への説得や影響力という点で、あまりに影響力を発揮しえなかったというべきである。むろん、軍事力の行使にあたってアメリカには、民間人への被害を最小限に抑え、軍事目的と均衡した兵力を使用することが望まれる。

(2)　安保理決議の重要性

イラクにおいては国連安保理決議の有無が依然として争点となっているように、軍事的な介入を行う場合には、安保理決議が重要である。先制攻撃の必要性を完全に排除できないものの、それが認められるためには、攻撃しようとする側に、通常の武力行使とは質的に異なる、相当重い挙証責任が課せられる。また、その後のイラクの混乱は、軍事的な介入は最後の手段であり、多国間メカニズムを通しての大量破壊兵器の査察や予防外交などをもっと活用すべきことを示唆している。

(3) イラクとアメリカの世論

アメリカ国内では、アフガニスタンでの軍事作戦については強いコンセンサスが存在する。しかし、イラク戦争については、開戦時には強い支持が存在したものの、二〇〇四年半ばには、その是非について世論は賛成・反対ほぼ半分ずつに割れている。二〇〇四年一一月の大統領選挙も大変な僅差であった。アメリカの中にも、ブッシュ政権に対して、そしてブッシュ外交に対して、根強い批判が存在することが窺える。とくに野党の民主党は、アメリカが「世界で孤立している」ことを訴えた。国外からのブッシュ外交批判が、アメリカ国内の政治過程に浸透していたことは確かである。その意味で、アメリカの世論に訴え、アメリカの世論を変え、それを通してアメリカ政府の政策を変えるという方法が、限定的にせよ、ある程度有効でありうることは示唆されている。そのためにも、有識者やNGO、米国の州など、さまざまなチャンネルを使って議論していくことが重要である。

ただし、民主党はテロ対策や安全保障問題において、アメリカの有権者から共和党ほど信用されていない。アメリカで選挙を勝ち抜くには、テロに対して断固たる対応をとる必要がある、という側面があることは否定しがたい。今後のアメリカの政権は、どの政党が与党になろうと、テロの問題ではきわめて強硬な対応をとるものと推測せざるをえない。

(4) イラク復興とアメリカの役割

ブッシュ大統領による戦闘終結宣言から二〇〇五年一月三〇日までのイラクの状況は、アメリカにとって、誤算の連続であった。国連安保理の決議なしで戦争に突入したために、フランスやドイツなどヨーロッパの主要国からの協力をほとんど得ることができず、当然ながらアメリカがきわめて重い負担を背負うことになった。占領統治の困難さも過小評価し、準備もまったく不十分であった。

ただし、一月の選挙は比較的平穏に行われ、ともかくイラク国民の民主的代表者が選出された。同年に行われたその後二回の選挙についても同様である。民主的正統性をもつ政府が組織されることの意義は、いくら強調しても強調しすぎることはない。今後、正統性をもつイラク政府が要請すれば、より多くの国々がイラクの復興に協力する可能性がある。イラク人自身の軍と警察の強化も、それによってはかどるであろう。また武装抵抗勢力は、自爆攻撃の大義を、とくにイラク人自身に対して行う場合には、徐々に失っていくかもしれない。

アメリカにとって必要なことは、イラク復興のための財政支援などをそのまま継続することである。これに対し、アメリカ外交の弱点の一つとして、長期にわたって、多額の海外援助を続けること、および米軍を海外に駐留させ続けることに対して、国内に根強い抵抗感が存在することを指摘できる。むろん、冷戦状況の存在など、正当化する強力な理由があれば、その傾向は緩和される。

冷戦状況が解消した一九九〇年代後半には、議会での共和党の多数体制化も影響して、海外援助予算が急激に削減された。アフガニスタンへの支援も含めて、アメリカが海外援助に積極的であり続けることを望みたい。G・W・ブッシュ政権下では海外援助予算は大幅に伸びている。この点は評価されるべきであろう。

(5) 中東の変化とアメリカ

昨今、中東では注目に値する現象が起きている。サウジアラビアで初めて選挙が行われ、またパレスチナでも選挙によってアッバス氏が議長に選出された。エジプトではきわめて厳しい制限付きながら複数候補の競争による大統領選挙が行われた。レバノンでも選挙が実施された。これらは偶然の一致の可能性もあり、とくにアメリカに批判的な人々はアメリカの貢献を認めない傾向が強いが、この一月にイラクで行われた選挙が、あるいはアメリカを初めとする中東の外からの民主化要求が、直接・間接にさまざまな形で及ぼした影響を推測することは不可能でない。問題は、この民主化の動きを、一方でさらに促進・拡大するように、アメリカを中心とする国際社会が注意深く支援しつつ、他方で、これが民族・宗派対立の激化、あるいは原理主義の台頭につながることなく、むしろ宗教的・民族的に寛容で穏健な勢力の影響力拡大に資するような努力を最大限行っていくことができるかどうかである。地道な選挙実務の支援なども重要な貢献となろう。中東における貴重な民主化の芽を、アメリカを初めとする国際社会が慎重に擁護していく必要がある。

(6) アメリカと日本

日本も含め同盟国は、アメリカに対するチェック機能を強め、同盟国としての信頼関係をもとに、厳しい注文も含めてもっと言えるようになるべきであるという意見もある。しかし、その信頼関係をいかに維持するかという問題も残る。当初から全面的に反対かつ反米では、肝心の信頼関係そのものが崩壊してしまうであろう。また、日本としては、日本自身の国益、日本自らの安全保障上の利益をもっとも重視すべきである、とも考えられる。それは、日本に対して現に切迫した脅威が存在する場合には、より強く妥当するであろう。そのためには、批判と同時に、アメリカと連携協力していくことも必要であろう。

II　グローバル・ガバナンスと国連

大芝　亮

冷戦後の秩序構想を考えるうえでの新たな概念として、一九九〇年代にはグローバル・ガバナンスという言葉が注目されるようになった。大国間の戦争の可能性は低くなり、テロや麻薬、感染症や貧困、そして環境破壊などの「新たな脅威」を取り除くことがこれから重要な課題であるとして、国連を中心とする秩序論が展開した。

しかし、現実には、民族紛争が頻発し、軍事的脅威は決して消滅したわけでもなんでもなく、それどころか、この軍事的脅威には国連は有効には対処できず、アメリカによる帝国的秩序の模索が行われた。一〇年間、このような試行を行ったが、アフガニスタンやイラクではその行き詰まりが顕著となっている。こうしてようやく、国連改革による楽観的な国際秩序論でもなければ、単純なアメリカ帝国型秩序論でもない、グローバル・ガバナンスを議論する時期に到達した。

グローバル・ガバナンスにおける国連のありかたについて、正統性の確保・充実、包括的なシステムの構築、グローカルな仕組みの導入・形成、国連のガバナンスの改善、加盟国の責任感向上の五つの視点から、次のような提言を行いたい。

1 正統性の確保・充実

グローバル・ガバナンス・システムの担い手には、国連・国際組織のほか、国家、企業、市民社会とNGOなど、多様なアクターがある。そのうち、まず、国家間組織・枠組みに限定してみても、国連システムを構成する国連諸機関、地理的近接性に基づく米州機構（OAS）、アフリカ連合（AU）、欧州安全保障協力機構（OSCE）などの地域的国際組織、さらには社会的経済的類似性をひとつの基準とする経済協力開発機構（OECD）やサミットなど多様なものが存在する。こうした多種多様な国際組織・地域的国際組織が存在するなかで、なぜ国連を重視しなければならないのだろうか。

日本政府にとり、国連と並んで重視してきた枠組みとして、サミットがある。たしかに、理論的にはグローバル・ガバナンスとは「政府なき統治」ということを意味し、その具体的な例としてG7／G8サミットがあげられることも多い。一九八〇年代にはG7サミットは国際経済秩序を維持する上で非常に有効に機能した。また、湾岸戦争において安保理常任理事国（P5）を中心とする体制で物事が決定され、日本とドイツは財政的負担だけを背負わされたとの認識・反発から、日独両国は、旧ユーゴスラビア紛争においてはサミットを積極的に活用した。しかし、G7／G8サミットのメンバーは世界の多くの国の承諾を得て決められるわけではなく、国連と比べると、正統性という点で問題が残る。国連加盟国の普遍性はやはり国連の正統性の大きな源泉である。多くの小国にとり、国連しか世界的な発言の場がないことには留意すべきである。

それでは、現在の国連は正統性の点で問題がないのか、となると、いくつかの疑問が提示される。この点で次の提言を行いたい。

第一に、安保理における拒否権行使の制約である。事項別で制約を課すか、二カ国の拒否で拒否権が成立する仕組みにするか、さまざまなアイデアがすでに提示されており、具体的方法はここでは述べないが、国連改革において、この点を強く主張すべきではないだろうか。

いうまでもなく、武力を行使しようとするならば、安保理での承認を得なければならない。しかし、コソボ紛争では、中国の拒否権行使が予想されたために米国は安保理での審議を回避した。また、イラク戦争開始直前には、フランスの拒否権行使の意志表明を受けて、やはり米国は安保理を回避した。中国の場合は他の問題とのリンクが原因であったため、拒否権の乱用として批判され、フランスの場合とは若干事情は異なる。しかし、拒否権の存在が、結局、安保理での審議を回避するという行動を生んでいることも事実である。国連創設時には、安保理における拒否権という仕組みは現実的配慮として組み入れられたが、冷戦時代には国連の機能低下を招き、今日では、しばしば武力行使の決定の際に安保理が回避される、という事態を生んでいる。

日本政府のめざす新常任理事国に拒否権を付与するかどうか、という問題とも絡むが、グローバル・ガバナンスの構築をめざすという視点からは、国連六〇周年における国連改革において、拒否権行使の仕組みの改革問題はより正面から再検討すべきではないだろうか。

第二に、提言ではないが、安保理決議を欠いた武力行使を、国連は安易に事後承認すべきではない。たとえば、安保理決議を得ないまま実施されたイラク戦争を、戦後、国連が追認したが、これでよいのだろうか。本書第II部第4章田中論文でもこの問題を指摘している。

たしかに米国と国連の関係を修復し、平和構築において国連が積極的な役割を果たすためには政治的妥協も必要だろう。しかし、「安保理決議なしの武力行使」という、国連に対する重大な挑戦に対して、あまりに安易な妥協ではないだろうか。そして、追認することにより、国連自身がイラクの市民から信頼を失ってしまっていることにより敏感になるべきだろう。国連による集団安全保障構想が非現実的である現状において、武力をもたない国連は信用だけがパワーなのである。

第三に、テロについての最小限の定義を確立すべきである。ハイレベル委員会では、テロ組織による「差し迫った危機」が存在するときは、テロ組織に対する先制攻撃もやむなしとする見解が表明された。久保論文（提言I）で指摘があるように、「差し迫った危機」をだれが判断するのかにより、容易に恣意的な判断が生まれやすい。先制攻撃の是非を論じ、また提言を行うためには、まずその前提として、テロの定義について最小限の合意を形成しなければならないだろう。

2 包括的なシステムの構築

グローバル・ガバナンスが新たな脅威に有効に対処するためには、グローバル・ガバナンスは単に伝統的な安全保障に関するシステムにとどまらず、より包括的なシステムとして機能しなければならない。人間の安全保障では、「欠乏からの自由」は「恐怖からの自由」と一体であり、かついずれも不可欠のものであるとの認識が示された。この点を考えると、国連機関は、市場の力を積極的に活用していくことが必要である。

従来、国連では、おもに一九七〇年代以降、専ら市場原理を否定する議論が展開されてきた。国連は南北対決の舞台であり、クラスナーは、開発途上国の要求は、市場原理による資源配分ではなく、政府間の取り決めによる資源配分の国際秩序であると分析したのである。[1]現在でも、経済のグローバル化が開発途上国においてさまざまなひずみを起こしている。開発途上国内における経済格差の拡大は、貧困層がますます麻薬や人身売買に従事せざるをえない状況を作り、「新たな脅威」を生んでいるとして、反（経済の）グローバル化運動が活発に展開されている。

このような状況を考えると、国連が手放しで市場原理の導入に賛同するとは考えられない。むしろ、市場における企業行動を変えるという発想が必要だろう。

具体的提言として、第一に、グローバル・コンパクトをより強力に推進すべきである。グローバル・コンパクトは、企業活力を利用しつつ、企業行動にも一定の修正を求める動きだからである。[2]グローバル・コンパクトとは、国連の掲げる人権、労働、環境の分野における九原則を個別企業が受け入れることを求め、こうした企業と国連とのネットワークを形成していこうというものであり、一九九九年一月、世界経済フォーラムにおいてコフィー・アナン国連事務総長が提唱した。国連のよびかけのもとに、ビジネス倫理の浸透を図ることを目的とし、国連がビジネス倫理のミニマム・スタンダードを提示するというものである。二〇〇〇年七月、国連本部で正式に発足し、二〇〇四年六月には、腐敗に関する原則が追加され、現在では一〇原則となった。このグローバル・コンパクトは、企業の社会的責任が問題として言われる今日、極めて重要な活動であるといえる。ただし、果たして、グローバル・コンパクトに参加した企業が受け入れた理念を遵守しているかどうかについて、より適切なフォロー・アップの制度を形成すべきだろう。

第二に、国連はブレトンウッズ機関との連携を強化すべきであり、ハイレベル委員会での指摘のとおりである。このような提言は過去にも何度かなされ、一定の進歩も見られるが、容易には実現しない。むしろ、本部レベルでの連携だけでなく、むしろ、現地オフィス・レベルでの連携強化を進めるほうがより現実的だろう。

第三に、これと関連するが、アナン国連事務総長報告書のいうように経済社会理事会の改革も推進すべきである。この点も、過去に、安保理と同程度の組織に改革してはどうかなど、さまざまな提案はなされるものの、改革の困難なテーマである。経済社会理事会はNGOとの協議制度なども発達させている機関ではあるが、基本的に政府代表が理事となる仕組みである。しかし、この点にメスを入れるべき時だろう。

3　グローカルな仕組みの導入・形成

なぜ、「国際秩序における国連のありかた」ではなく、「グローバル・ガバナンスにおける国連のありかた」について考えるのだろうか。それは、グローバル・ガバナンスとは、単なる国際秩序の問題ではなく、リージョナル・ガバナンス、ナショナル・ガバナンス、そしてローカル・ガバナンスと相互に強く結びついたものでなければならないとの思想が根底にあるからではないだろうか。グローバルとローカルを結びつけるべきであるとする考え方は、グローカリズムとよばれる。

この点について、ハイレベル委員会報告書も、「グローバルからローカルまで、あらゆるレベルで公衆衛生の再建に力を入れれば、病気の蔓延を防ぐだけでなく、生物テロに備える意味でも効果あり」と述べ、グローバル、リージョナル、ナショナル、そしてローカルなレベルでの取り組みが、「新たな脅威」に対処するグローバル・ガバナンスには不可欠であるという。

国連がグローカルな仕組みを導入し、形成するために、以下の点を提言したい。

第一に、現地からの異議申し立て制度の拡充である。すでに、世界銀行やアジア開発銀行ではローカルな地域住民との連携である、インスペクション・パネルやオンブズマン制度なども具体的に成立し、活動を展開していっている(3)。こうした制度は、現地NGOの育成にも寄与できる。

国連の主導の下に国家人権委員会の形成が進められていることも注目できる。多くの国において、政府とは独立性を保つ国家人権委員会が設立され、オンブズマン制度を補うように活動してきている。ただし、人事などで実際に政府からの独立性が確保されているかどうかをモニターする制度を国連がもつこともよいかもしれない。

第二に、NGO代表が参加する、いわゆる第二総会について、アジェンダとしてとりあげ、検討を開始すべきだろう。第二総会の設立についてはいまだ議論も必要だろうし、また具体的構想の作成には時間もかかるだろう。しかし、ハイレベル委員会は総会と市民社会の関係強化のメカニズムを創るべきであるといい、実際に国連はＮＧＯとの間でさまざまな協議の場を設けてきた。また、一九九二年の地球サミット以降の一連の世界会議開催がＮＧＯの参加を促進したことは間違いない。国連がＮＧＯにさまざまな機会を提供し、ＮＧＯの発展を支援することにより、国連自身の影響力の拡大も図ることは重要だろう。

第三に、国連はＮＧＯとの間でさまざまな連携制度を今後とも、ますます発展させていくべきだろう。

4　国連のガバナンスの改善

グローバル・ガバナンスの主体としてきわめて重要な役割を担えるだけの体制を、国連システムおよび国連が築くことが不可欠である。この点では以下の点を提言したい。

第一に、国連システムの諸機関間の調整は現地中心あるいは具体的問題領域ごとに進めるべきである。というのは、解決すべき具体的課題が明確であり、相互協力・調整の必要性が明瞭だからである。たとえば、ハイレベル委員会で平和構築委員会の設立が提案されているが、平和構築の推進において、国連諸機関の調整を考えるほうが、一般的な調整問題を考えるよりも、より実現可能性は高いだろう。

第二に、国連の監査制度の公開制・透明性を高めるべきである。

イラクの石油・食糧交換プログラムで露呈したように、国連行政における腐敗は国連に対する信用を大きく傷つけた。国連が平和構築に関わるようになり、国連行政の範囲が拡大し、巨大な利権が絡むようになってきているだけに、監査制度の改革はきわめて重要になってきている。

内部監査制度・外部監査制度については、まず仕組みを明瞭にし、情報公開を進めるべきである。次に、外部監査は適切な人物・企業に依頼されているのかどうか。世界銀行では、以前に、組織の活動をよく理解している人物に実施してもらうことが現実的であるとの理由から、少なくない数の元職員が監査に携わることがあった。さらに、NGOによるモニターの制度化も必要だろう。NGOとの連携は政策形成や事業活動の領域でしだいに進展しているが、国連諸機関の活動の評価についても、NGOの参加が求められていよう。

5 加盟国の責任感の向上

以上のように、グローバル・ガバナンス・システムにおける国連諸機関のありかたについて、政府との関係、企業との関係、市民社会との関係、そして国連諸機関自身の四つの次元で提言を行った。しかし、国連諸機関から構成される国連システムを活性化させるのも、あるいは機能低下させるのも、最終的には加盟国自身の態度如何である。国連を他者とせず、自らの問題としてとらえる見方が必要であり、国連もまた加盟国がオーナーシップを感じるような組織に自ら改革していくことが大切である。

注

（1） Stephen Krasner, *Structural Conflict : The Third World Against Global Liberalism*, Berkley : University of California Press, 1985.

（2） John Ruggie, "The Theory and Practice of Learning Networks : Corporate Social Responsibility and the Global Compact," *The Journal of Corporate Citizenship* (JCC), Issue 5, Green Publishing 2002 [http://www.greenleaf-publishing.com/pdfs/jcc5rugg.pdf]. 大芝亮「グローバル・ガバナンスと国連―グローバル・コンパクトの場合」『国際問題』二〇〇四年九月、一四-二七頁。

（3） 『平成一四年度環境社会配慮研究会報告書―「開発金融機関等の環境社会配慮実現のための組織・制度のあり方」について―』財団法人 地球・人間環境フォーラム、二〇〇三年二月。

III　グローバル・ガバナンスと日本の役割

横田洋三

本書をしめくくるにあたり、グローバル・ガバナンスにおける日本の役割について検討しておきたい。なぜなら、これまで日本を含む多くの国家は、自国の利益、自国民の利益を最優先に活動してきた。しかし、グローバル化が進み、国境を越えた活動が日常的になり、相互の依存関係が深まると、国家も、これまでのように自国の利益のみを前提に行動することは許されず、つねに国際社会の共通利益を念頭において行動する必要があるからである。その場合、国家の行動を規律し、その活動を評価する枠組みを提供するものが、グローバル・ガバナンスである。

このことを、序章で扱ったグローバル・ガバナンスの対象、主体、要素、手段に分けて考察してみよう。

1　グローバル・ガバナンスの対象と日本

まず、グローバル・ガバナンスの対象について考えてみると、国土が狭隘で資源に乏しい日本は、現在の経済規模（世界の総生産の一五％）を維持しさらに拡大するうえで、国際社会との共存が不可欠である。資源と市場の確保という狭い経済関係を考えても、日本は世界の経済問題の解決に国家として取り組む必要がある。たとえば、貧困の撲滅や開発援助、さらには自由な世界市場の実現に向けて、日本には積極的な行動が求められる。具体的には、日本は長らく世界第一位の政府開発援助（ＯＤＡ）提供国であったし、現在でもアメリカに次ぐ第二の政府開発援助（ＯＤＡ）大国であるが、しかし、日本の経済力に見合った援助額を提供しているかというと、現在は国民総生産（ＧＮＰ）の〇・二％にすぎない。かねて先進国はＧＮＰの〇・七％の援助額を達成するよう国際的に要請されているが、現在の日本は、経済停滞と財政赤字のために、三分の一にも満たない達成率である。この点では、日本は一層の努力をする必要がある。

政治的問題については、日本は世界の紛争地域の多くから地理的に離れていることもあり、現在差し迫った脅威にさらされているとは言えない。しかし、アフリカ、中東、東南アジアなどの政治的混乱や紛争は、日本への資源供給および日本製品の市場確保の点で、決して他人事ではない。中東のイラクやイランの政治的不安定や混乱は、日本にとっても重大な関心事項である石油価格に直接影響を与える。また、原油供給ルートに当たるマラッカ海峡付近の治安の維持や紛争の回避は、日本にとっても重要な関心事項である。また、日本の周辺についても、北朝鮮の核兵器やロケット開発、あるいは台湾海峡の緊張は、直接日本および日本人の安全保障にとって脅威となり、国家としての適切な対応が求められる。その場合、アメリカ、韓国、ロシアなど周辺諸国との連携、協力が不可欠である。

社会問題としては、日本海の環境汚染、酸性雨などの環境問題、北朝鮮からの難民流出などの人権問題も、日本としては取り組む必要のあるグローバルな課題である。また、中国の洪水や砂漠化問題、フィリピンやインドネシアの地震、津波、火山爆発などの自然災害も、日本が国家として解決に協力すべき問題である。

このように、グローバル・ガバナンスの対象となる政治的、経済的、社会的、文化的、自然的問題のすべてが、どこで起こっても日本とは切り離せない、国家として取り組むべき問題である。その場合、日本は、グローバル・ガバナンスの観点から適切に対応することが求められる。

2 グローバル・ガバナンスの主体と日本

日本が国家として地球的規模の問題と取り組む場合、そのすべてを国が実施する必要は必ずしもない。他のグローバル・ガバナンスの主体と一緒に協力して実施することも、場合によっては効率や効果を高める場合がある。

まず、国連などの国際機構との協力による地球的規模の問題との取り組みが重要である。実際日本は、たとえば、世界銀行、国連開発計画（UNDP）、アジア開発銀行などに資金や人材、場合によると資材などを提供する形で、開発問題や貧困撲滅などと取り組んでいる。子どもや女性の権利、健康、地位の向上などに関しては、国連児童基金（ユニセフ）や世界保健機関（WHO）などと協力して問題解決に取り組んでいる。実際、国際機構はグローバル・ガバナンスの観点からは、中立性、正統性、専門性という利点をもっているから、日本としては、関係の国際機構を活用して地球的規模の問題の適切な処理を行うことが必要である。

次に、開発、人権、環境、軍縮、文化などの分野で活動するNGOの協力をえることも、日本としては積極的に進める意味がある。とくに日本は、近年、草の根支援と称して、一件二、〇〇〇万円を上限に、現地の大使館の判断でNGOを通してODAを提供する活動を進めている。このような形で、NGOと協同して地球的規模の問題を適切に処理する道を切り開くことは、意義がある。

このほか、日本がスリランカの内戦を仲介するために元国連事務次長の明石康氏を活用しているように、有能な個人を通して、国際的問題の適切な処理にあたることも、これからは積極的に推し進めるべきである。

3　グローバル・ガバナンスの要素と日本

日本が、独自に、あるいは他の国際的主体と協力して、地球的規模の問題を適切に処理するうえで重要なことは、グローバル・ガバナンスの構成要素である効果、効率、公平、公開、民主主義、責任の六つの側面をしっかり押さえることである。そのためには、日本が行う対外的活動について、これらの六つの要素がどの程度実現されているかを評価する仕組みをつくることが肝要である。たとえば、日本の政府開発援助（ODA）について、効果、効率、公平、公開、民主主義、責任の六つの側面がどのように実現されているかを、五（非常によく実現されている）、四（おおむね実現されている）、三（どちらとも言えない）、二（あまり実現されていない）、一（まったく実現されていない）の五段階評価を行い、今後の活動の参考に利用することも一案である。

4 グローバル・ガバナンスの手段と日本

日本は、これまで、開発、環境などの地球的規模の問題と取り組む際に、資金や資材の提供に偏る傾向があった。これからは、これに加えて人的資源の提供、技術の提供、そして軍事的協力を積極的に進める必要がある。

日本が、たとえば国連の平和活動に軍事的に協力することについては、これまで、憲法九条との関係で国内世論は消極的であった。しかし、一九九二年の国際平和協力法およびその後の一連の同法の改正を通して、地球的規模の問題の適切な処理に積極的に自衛隊を派遣するようになった。このことは、憲法前文の「われらは、平和を維持し、専制と隷従、圧迫と偏狭を地上から永遠に除去しようと努めてゐる国際社会において、名誉ある地位を占めたいと思ふ」という決意に沿うものであり、また、「いづれの国家も、自国のことのみに専念して他国を無視してはならない」という原則にも一致するものである。そしてそのことは同時に、国連憲章第二条五項の「すべての（国連）加盟国は、国際連合がこの憲章に従ってとるいかなる行動についても、国際連合にあらゆる援助を与え……なければならない」という規定の要請に応えるものでもある。

ただし、自衛隊の海外派遣のような軍事的国際協力を行う際には、国際法の諸規定に従い、日本国憲法の前文や第九条の主旨を生かして、次のような要件を満たす必要がある。第一は、国連の安全保障理事会や総会などの権限ある機関による決議に基づくものである、ということである。第二に、かかる国連の活動そのもの、および、日本の自衛隊の海外派遣について、グローバル・ガバナンスの六つの要素（効果、効率、公平、公開、民主主義、責任）を満たすものであることである。そして、第三に、国際法および憲法その他の国内法の規定を遵守して行う必要があるということである。

グローバル・ガバナンスの手段のうち、これまで日本があまり使ってこなかったものに、人的資源がある。国連職員として、あるいは国際協力機構（ＪＩＣＡ）の職員として地球規模の問題と取り組む人材を育成することに、日本はこれまであまり成功してこなかった。これからは、学校、大学などの教育機関や政府が率先して、国際協力人材の育成に取り組む必要がある。

また、グローバル・ガバナンスの手段の中で、これまで比較的に軽視されてきたのは、日本の技術力である。日本には、開発、環境、軍縮などの分野で活用できる技術が十分に備わっており、また、必要な技術を開発する力もある。たとえば、地震や津波の観測・警報システム、地雷除去技術、産業廃棄物の再利用技術などである。このような技術開発を積極的に推進するとともに、その活用、とりわけ技術移転に取り組む必要がある。

おわりに

日本は、第二次世界大戦の荒廃から立ち上がり、短期間で世界第二の経済大国になった実績をもっている。その過程では、日本自身の努力ももちろんあったが、アメリカによる資金的、物質的、軍事的支援、世界銀行による鉄鋼業や新幹線建設への資金援助などがあった。また、経済的発展を実現しさらに発展していくうえでは、世界各地からの資源の調達および世界各地（市場）への日本製品の供給が大きな支えになった。他方で、日本は、多くの開発途上国にとって第一のODA供与国である。また、国連等の国際機構にとって、日本は第一または第二の資金提供国である。このように、日本の平和や繁栄にとって、世界は不可欠の存在であり、また、世界にとっても日本は不可欠の存在になっている。

このような現状認識を前提にするならば、日本は、地球的規模の問題と、一層積極的に取り組む必要性と責任がある。その際、本書で理論的に、あるいは具体例を通して実証的に検討されたグローバル・ガバナンスの視点を十分に考慮して、グローバル・ガバナンスを推し進め強化する形でその責任を果たしていくことが求められる。

NIRA「グローバル・ガバナンス――新たな国際秩序を求めて」研究会

（執筆順）

座　長　横田洋三　中央大学法科大学院教授・国際連合大学学長特別顧問
副座長　久保文明　東京大学大学院法学政治学研究科教授
副座長　大芝　亮　一橋大学大学院法学研究科教授
委　員　佐々木卓也　立教大学法学部政治学科教授
川上高司　拓殖大学国際開発学部教授
遠藤義雄　拓殖大学海外事情研究所教授
酒井啓子　東京外国語大学大学院教授
田中浩一郎　㈶日本エネルギー経済研究所研究主幹・元国連アフガニスタン特別ミッション政務官
星野俊也　大阪大学国際公共政策研究科教授
庄司克宏　慶應義塾大学法科大学院教授
事務局　小池洋次　総合研究開発機構理事
福島安紀子　同主席研究員
平井照水　同国際研究交流部主任研究員
佐々木香代　同研究開発部主任研究員
今泉卓也　同（前）国際研究交流部研究員
Daniel Bob　同（前）客員研究員
Christopher Worth Kelly　同（前）客員研究員
田村篤子　同（前）客員研究員
蔣　真実　同（前）主席研究員付

総合研究開発機構（略称 NIRA）
総合研究開発機構法に基づく政策志向型の研究機構として，独自の視点から研究，基礎情報を提供しています．NIRAは，世界平和と繁栄，人類の健康と幸福を求めて，現在の経済社会及び国民生活の諸問題の解明のため総合的な研究開発を行っています．http://www.nira.go.jp

NIRA チャレンジ・ブックス
グローバル・ガバナンス
「新たな脅威」と国連・アメリカ

2006年2月25日　第1刷発行

定価（本体2800円＋税）

編者　総合研究開発機構
横田洋三
久保文明
大芝亮

発行者　栗原哲也

発行所　株式会社日本経済評論社
〒101-0051 東京都千代田区神田神保町3-2
電話 03-3230-1661　FAX 03-3265-2993
振替 00130-3-157198
シナノ印刷・協栄製本

落丁本・乱丁本はお取替えいたします　Printed in Japan

© NIRA, Yokota Yozo, Kubo Fumiaki and Oshiba Ryo et al. 2006

ISBN4-8188-1827-5

・本書の複製権・譲渡権・公衆送信権（送信可能化権を含む）は㈱日本経済評論社が保有します。
・JCLS 〈㈱日本著作出版権管理システム委託出版物〉
本書の無断複写は著作権法上での例外を除き禁じられています．複写される場合は，そのつど事前に ㈱日本著作出版権管理システム（電話03-3817-5670，FAX03-3815-8199，e-mail : info@jcls.co.jp）の許諾を得てください．

「NIRAチャレンジ・ブックス」の刊行にあたって

二一世紀を迎えてヒト、モノ、カネ、情報のグローバル化が一層進展し、世界的規模で政治・経済構造の大変革が迫られています。冷戦構造崩壊後の新しい世界秩序が模索されるなかで、依然として世界各地で紛争の火種がくすぶり続けています。国家主権が欧州連合のような地域統合によって変容を余儀なくされる一方で、文明、民族、宗教などをめぐる問題が顕在化しています。二〇世紀の基本原理であった国民国家の理念と国家の統治構造自体が大きな試練を受けています。他方、わが国は、バブル崩壊後の長期経済停滞に加えて、教育、年金、社会保障、経済・財政構造などの分野で問題が解決できないままに新世紀を迎えました。わが国のかたちと進路に関する戦略的ビジョンが求められています。

人々の価値観が多様化するなかで諸課題を解決するには、専門家によって多様な政策選択肢が示され、良識ある市民の知的でオープンな議論を通じて政策形成が行われることが必要です。総合研究開発機構（NIRA）は、産業界、学界、労働界などの代表の発起により政府に認可された政策志向型のシンクタンクとして、現代社会が直面する諸問題の解明に資するため、自主的・中立的な視点から総合的な研究開発を実施し、さまざまな政策提言を行って参りました。引き続き諸課題に果敢にチャレンジし、政策研究を蓄積することが重要な使命と考えますが、同時に、より多くの人々にその内容と問題意識を共有していただき、建設的な議論を通じて市民が政策決定プロセスに参加する道を広げることがいま何よりも必要であると痛感しております。「NIRAチャレンジ・ブックス」はそうした目的で刊行するものです。この刊行を通して、世界とわが国が直面する諸問題についての広範囲な議論が巻き起こり、政策決定プロセスに民意が反映されるよう切望してやみません。

二〇〇一年七月

総合研究開発機構

市民社会民主主義への挑戦　ポスト「第三の道」のヨーロッパ政治　山口二郎・宮本太郎・小川有美編　本体3200円

アメリカの連邦財政【アメリカの財政と福祉国家 第1巻】　渋谷博史・渡瀬義男編　本体3400円

ヨーロッパ統合と国際関係　木畑洋一編　本体3800円

国際機関と日本　活動分析と評価　NIRA研究会代表 田所昌幸・城山英明編　本体5000円

アクセス安全保障論　山本吉宣・河野勝編　本体2800円

グローバル化と反グローバル化　D・ヘルド／A・マッグルー　中谷義和・柳原克行訳　本体2200円

変容する民主主義　グローバル化のなかで　A・マッグルー編　松下冽監訳　本体3200円

第三の道を越えて　アレックス・カリニコフ　中谷義和監訳　吉野浩司・柚木寛幸訳　本体2000円

衝突を超えて　9・11後の世界秩序　K・ブース／T・ダン編　寺島隆吉監訳　塚田・寺島訳　本体3000円

グローバルな市民社会に向かって　M・ウォルツァー　石田・越智・向山・佐々木・高橋訳　本体2900円

アフガニスタン　再建と復興への挑戦　NIRA・武者小路公秀・遠藤義雄編　本体3500円